Dietrich Steinwede

Nun soll es werden
Frieden auf Erden

Dietrich Steinwede

Nun soll es werden
Frieden auf Erden

Weihnachten
Geschichte, Glaube und Kultur

PATMOS

Die Deutsche Bibliothek - CIP-Einheitsaufnahme
Steinwede, Dietrich:
Nun soll es werden Frieden auf Erden :
Weihnachten: Geschichte, Glaube und Kultur / Dietrich Steinwede. - Düsseldorf : Patmos, 1999
ISBN 3-491-70315-8

1. Auflage 1999
Umschlagbild: Sandro Botticelli, Mystische Geburt Christi, 1500 (Ausschnitt)
Layout: Thomas Brink, Viersen
Druck und Bindung: Westermann Druck Zwickau

ISBN 3-491-70315-8

Inhalt

Zur Einführung

Fest der Feste

Ein Gegner des Festes sagte: »Weihnachten muß man stark sein, sonst macht man am Ende noch mit« (Georg Kreisler). Das mag wohl zutreffen angesichts der inneren Wahrheit, der immer noch geheimnisvoll verwandelnden Kraft dieses Festes. Aber auch die, die mitmachen, müssen stark sein, denn es gilt, dem Trend zur umfassenden Vermarktung dieser 1700 Jahre alten Festtradition zu widerstehen.

»Weihnachten, das Fest des Trostes, das Fest der großen Einfachheit Gottes, ist weithin der große Betrug des Menschen geworden«, klagt der Dichtertheologe Wilhelm Willms. Und nicht von ungefähr bekennt der Dominikaner Frei Betto, hoher kritischer Repräsentant seiner Kirche in Brasilien: »Ich glaube weder an den Gott des Weihnachtsrummels noch an den Gott der eingängigen Werbung: Der Gott meines Glaubens wurde in einer Höhle geboren. Und er war Jude.«

»Geboren im jüdischen Land.« Dort liegt der Ursprung. Und heute?: Weihnachten ist ein Fest, das auf dem ganzen Planeten wahrgenommen (berücksichtigt) wird. Eine seltsame Wirkung geht (immer noch) aus von dem Kind in Betlehem: Intensiver als im Jahr sonst gedenkt man allüberall der Hungernden, Obdachlosen, Kranken, Gefangenen. Man zeigt Solidarität. Niemals sind bei uns die Kollektenteller der Kirchen reicher gefüllt als am Heiligen Abend im Volksgottesdienst der vielen. Kein Kirchenlied wird inbrünstiger gesungen als »Stille Nacht«. Friedvoll geben sich die Politiker auch »nichtchristlicher« Staaten. Amnestien werden erlassen, gelegentlich auch Kriegshandlungen unterbrochen. »Schalom« (»Friede Gottes«, »Gerechtigkeit«) scheint – wenn auch nur für wenige Tage – ein Wort für jedermann.

Und dann die Bräuche: In den christlich geprägten Ländern Europas und Amerikas werden sie – überall unterschiedlich – weiter gepflegt. Bei uns ist es das Einanderbeschenken, fast immer die Tradition des Baumes; es sind traute Atmosphäre, brennende Kerzen, Weihnachtsmusik, erlesenes Essen. Und es ist lebendige Volkskultur: Die Weihnachtsmärkte mit ihrem (noch) unvergleichlichen Zauber, Weihnachtskonzerte und Weihnachtsspiele, adventlich/weihnachtliches Backen, Basteln, Singen, Erzählen in zahllosen Kindergärten, Schulen, Familien. Es ist der Adventskranz, das Transparent und nicht selten auch noch die Krippe unter dem Baum.

Und es ist im Dunkel der Winterzeit die Sehnsucht: Einmal im Jahr wirklich zur Besinnung kommen, bewußt Licht wahrnehmen, in Geborgenheit und Stille nachsinnen über das Heilsein, das Heilen, das Heil. Sehnsucht ist es auch nach dem ganz anderen, dem Neuen, das revolutioniert, nach dem neuen Äon, einem besseren, friedvoll erfüllten Zeitalter.

Und bei manchen, nicht selten bei Christen, die außerhalb der Amtskirche stehen, ist es die Besinnung auf den Ursprung des Festes, die Erinnerung an die Geburt jenes Kindes von Gott, ein Vordringen zu den Wurzeln.

Dieses Buch will an die Anfänge neu erinnern, über alles Vordergründige hinaus das Fest neu wahrnehmen, damit einer gewissen Ratlosigkeit, wie man denn recht feiern solle, begegnen. Es will Geschichtliches – gelegentlich überraschend – aufzeigen, Theologie erhellen und vertiefen, den vielfach verschütteten Reichtum christlicher Weihnachtskultur wieder aufdecken. Dies geschieht vor allem auch in den Bildern, viele davon in theologisch eigenwilliger Deutung von hoher Aussagekraft, viele selten, ja kostbar, frühe Zeugnisse der Katakombenmalerei und Sarkophagskulptur darunter, ebenso wie Werke der Buch- und Tafelmalerei, der Bildhauerkunst des frühen, des hohen, des späten Mittelalters. Aber auch Beispiele der Neuzeit, der Gegenwart. Keine Idylle sind diese Bilder, vielmehr Programm. Sorgfältig wurden sie gewählt, interpretiert, eingebunden in den jeweiligen Zusammenhang, so daß sie oft konstitutiv sind für den sachlichen Fortgang.

Geschichte

»Die geschichtlichen Vorkommnisse sind keine trügerischen Schattenbilder«, sagte der frühchristliche Kirchenlehrer Origenes bereits im 3. Jahrhundert im Hinblick auf Leben und Geburt des Jesus aus Nazaret. Geschichtlich ist die Geburt Jesu im Jahr 7 vor der Zeitenwende, der römisch/syrische Census (als erster Akt einer Steuereintreibung) in Palästina im Jahr 7 v. Chr., die Konjunktion von Jupiter und Saturn im Sternbild der Fische ebenfalls im Jahr 7 v. Chr., errechnet von antiken Astronomen und von Johannes Kepler 1604 bestätigt.

Geschichtlich ist die Überwindung des Weltenheilandes Augustus (griech. Soter = Retter) durch den Gottesheiland Christus (Soter), die Ablösung der Pax Romana durch die Pax Christiana.

Geschichtlich ist ohne jeden Zweifel der Mann aus Nazaret, der sich »Menschensohn« nannte, den erst die Jünger, die Gemeinden nach Ostern zum Messias (= Christus = gesalbter König von Gott) erhoben, weil ihnen deutlich geworden war, daß sich hinter der Bezeichnung »Menschensohn« das göttliche Geheimnis Jesu verborgen hatte. Geschichtlich ist seine Geburt, ganz unbekannt, irgendwo in Palästina (vielleicht in Nazaret), zu Anfang ohne jede weltgeschichtliche Bedeutung.

Geschichtlich ist seine Mutter Maria, eine einfache jüdische Frau, die auf natürliche Weise empfing und gebar, die neben Jesus andere Kinder hatte, die bei seiner Geburt in Kindesnöten schrie, die ihn säugte, ihn wie üblich wohl auch fest mit Leinenbinden umwickelte, die ihn vielleicht, wenn er denn in Betlehem geboren wurde, von einer tiefergelegenen Höhle in den Stall zu den Tieren hinauftrug – aber hier vermengen sich bereits Historie und Legende.

Geschichtlich ist, daß die Mutter Jesu später emporgehoben wurde zur »unbefleckten« Jungfrau der Geistempfängnis, zur Gottesgebärerin, zur Himmelskönigin, zur gnadenreichen Frau der Altäre. Das war, nachdem die Theologen, z. B. Lukas, begonnen hatten, sich der Sache anzunehmen, nachdem die Ur- und Nachfolgelegenden, die mit ihren Überhöhungs-, ihren Wundertendenzen jeweils spezifische Ziele verfolgten, entstanden waren.

Geschichtlich ist, daß Jesus aufgrund seiner Menschenliebe, seines Aufrufs zum Frieden, seiner ungewöhnlichen Gotteslehre, seiner Unbedingtheit zu Gott längst eine weltgeschichtliche Autorität geworden ist. Jüdische Theologen

Zwischen Jerusalem und Betlehem halten Engel den achtstrahligen Weihnachtsstern, das Sonnenrad Christi.

akzeptieren ihn als großen Bruder ihres Volkes. Muslime sehen in ihm – sie nennen ihn Isa – einen bedeutenden Propheten. In vielen Kulturen dieser Welt wird seine Geburt dargestellt. Und denen, die sich nach ihm glaubwürdig Christen nennen, ist er der Verheißene Gottes, Zentrum ihres Glaubens, »Stern« ihrer Hoffnung.

Theologie

Geschichtlich ist, *daß* Lukas, Matthäus und Johannes (jeder anders) über die Geburt geschrieben haben. Aber *was* sie schrieben, das ist Theologie. Von ihnen als Personen wissen wir nur das, was sich aus ihren Evangelien (bei Lukas auch aus der Apostelgeschichte) erschließen läßt. Und das ist wenig. Ihre Theologie (Christologie) indes ist abzulesen:
Lukas inszeniert seine (auf Vorlagen beruhende) Geburtslegende – Legenden als Sprachform enthalten innere Wahrheit, verdichten Historisches – um der Überbietung willen, einmal gegenüber dem Täufer Johannes (der ist Vorläufer), zum anderen gegenüber dem Caesar Augustus in Rom.
Jesus ist für Lukas schon von Anfang an der Christus, ein Christus-Kind von Ostern her, geboren von einer Jungfrau, damit vergleichbar den jungfrauengeborenen Göttersöhnen seiner noch ganz den antiken Götterkulten verhafteten Umwelt. Gegenüber dem »Heiland« Augustus wird dieser Christus dann vom Engel Gottes Hirten, den Ärmsten der Armen, als der *wahre* Weltenheiland und Retter proklamiert. Lukas tut ein Übriges: Er läßt auch noch Engelscharen (es handelt sich um den alttestamentlichen Hofstaat Gottes) im Chor ein himmlisches Gloria und irdischen Frieden verkünden. Die Nutzung übernatürlicher Mittel ist ihm geläufig. Geschichtlicher Anknüpfungspunkt seiner Legende ist dabei neben dem Caesar Augustus in Rom der nicht unbedeutende syrische Statthalter Quirinius, der den römischen Census in Palästina zu verantworten hatte. Im aufstrahlenden Lichtglanz göttlicher Ewigkeit läßt Lukas die Geburtsproklamation sich vollziehen. Das ist weitaus mehr, als man über die Geburt des Octavian Augustus zu berichten wußte.
Matthäus, dem die alttestamentlichen Vorankündigungen soviel bedeuten, bei dem Maria und Josef von vornherein in Betlehem wohnen – der Ort ist durch die Verheißung des Propheten Micha (Micha 5,1) als Geburtsort des Messias legitimiert –, sieht das Kind als den neuen Mose (auch der alttestamentliche Mose wurde von Kindestötung bedroht), er sieht es von Jesaja her als den neuen König auf Davids Thron. Der Kosmos kommt bei ihm in Spiel, und Völker der Welt nehmen den neugeborenen König der Juden wahr. Nichtjuden aus ferner Fremde, Magier, Stern-Deuter des Ostens, setzen sich nach ihren astronomisch-astrologischen Ermittlungen in Bewegung, in Palästina den endzeitlichen Friedenskönig zu finden. Mit ihrem Weg, ihrer Huldigung, ihren Gaben repräsentieren sie zugleich Ankündigungen der Hebräischen Bibel: »Nationen machen sich auf von den Enden der Erde, ihn zu sehen« (Jesaja 11,10). »Dieser König soll leben. Man bringe ihm das Gold von Saba. Man bete jetzt für ihn. Man wünsche ihm alle Tage Segen« (Psalm 72, 15).
Und dann Johannes, der in seinem Weihnachtshymnus vom präexistenten Christus her denkt, von einem Christus als Logos (Wort), der, von Anfang an bei Gott, sich aus der göttlichen Sphäre löst, um Licht in die dunkle Welt zu bringen.

Zwei Legenden und ein Hymnus, seltsam, darauf beruht das größte Fest des Christentums, das eines der bedeutendsten religiösen Phänomene der Menschheitsgeschichte ist. Zwei Legenden, in unterschiedlichen Farben gemalt, und ein Hymnus – und eine Welt ist in Bewegung gesetzt.

Kultur

»Der Punkt, an dem alle Farben und Kulturen zusammentreffen, ist da, wo Gott ein verwundbares menschliches Wesen wird« (Hans-Ruedi Weber). »Das Fest der Geburt Christi übertrifft alle anderen christlichen Feste an Resonanz in den künstlerischen Medien.Vor allem in den Klängen, den Worten und Bildern früherer Zeiten verbergen sich dabei verschlüsselte Aussagen, Symbole, die den Menschen der Moderne nicht mehr bewußt sind« (Edith Neubauer).
»Mag die geistige Kultur nun immer fortschreiten, mögen die Naturwissenschaften in immer breiterer Ausdehnung und Tiefe wachsen, und der menschliche Geist sich erweitern, wie er will, über die Hoheit und sittliche Kultur des Christentums, wie sie in den Evangelien schimmert und leuchtet, wird er nicht hinauskommen« (Johann Wolfgang von Goethe, Gespräche mit Eckermann, 11.3.1832).
Ein Beispiel: In Sandro Botticellis »Mystischer Geburt«, gemalt im Jahr 1500 (siehe S. 177, sowie den Ausschnitt auf dem Einband) sind Geschichte, Glaube und Kultur des Weihnachtsfestes eng miteinander verwoben: Das Bild steht u.a.

Mosaik aus der Apsiswand von San Vitale in Ravenna.

– für die Verbindung von Transzendenz und Immanenz: Gott kommt auf die Erde, unfaßlich,
– für die Friedenssehnsucht eines einzelnen (der Maler Botticelli wünscht sich nach den Florentiner Wirren um den exzentrischen Dominikanermönch Savonarola nichts sehnlicher als ein Reich des Friedens in seiner geliebten Heimatstadt),
– für die innere Gewißheit, daß vor dem göttlichen Frieden der Weihnacht das Böse keinen Bestand hat (der Weg zur Krippe ist offen) und
– für den weltverändernden Wandel, den die Geburt des Friedensstifters zu bewirken vermag. Altes, Gängiges wird auf den Kopf gestellt. Zeichen dafür: Menschen und Engel umarmen und küssen einander.

Text der Texte

Die Weihnachtsgeschichte des Lukas, der bekannteste Text der Weltliteratur, ist ein Text, der im Sinne Ernst Blochs nicht in abweisender Ferne belassen, aber auch nicht dem Hier und Jetzt unterstellt sein will, vielmehr ein Text, der derart zu übersetzen ist, daß er die jeweilige Gegenwart trifft und mitdeutet; ist also ein Stück Prosa, »das nicht gelassen nacherzählt, sondern parteiisch, betroffen, subjektiv, sanft und zornig ausgemalt werden will, gut Lutherisch also, oder gut Brechtisch« (Walter Jens).
Menschheitsgeschichte ist »aufgehoben« in diesem Text (und dem zugeordneten Fest). Seine weltweite Ausstrahlung ist einmalig. Nicht zuletzt deshalb haben andere Religionen sich der Christgeburt in ihrem eigenen kulturellen Kontext angenommen. »Ich glaube, daß es höchste Zeit ist, Jesus in eine Brücke der Versöhnung zu verwandeln, um zu jenem Schalom zu führen, der nicht nur ein Leitmotiv der Lukastradition ist, sondern auch die große Sehnsucht unserer verängstigten Menschheit« (Pinchas Lapide).
»Unter ihm soll Friede sein«, heißt es im Brief an die Gemeinde in Kolossä (1,20), »ein Friede, den er gestiftet hat. Dieser Friede umfaßt die Menschen auf der ganzen Erde.« Es ist ein Friede der Herzen, unbegreiflicher göttlicher Friede, der hier ersehnt wird. Allen Menschen ist er zugesprochen, auch denen, die sich nicht in einem Glauben gebunden wissen. Es ist ein tiefer, tragender Friede. »Et in terra pax«, gewiß einer der zentralsten Sätze der Bibel, ist Wort aller Völker, aller Hautfarben und Religionen dieser Welt. Gemeint ist ein »Frieden ohne Ende« (Jesaja 9,6), Friede als Heilwerden, Heilsein der ganzen Menschheit, utopisch vielleicht, aber im Sinne einer Realutopie, an der festzuhalten ist, weil sie alle Menschen guten Willens zu einen vermag.

Weihnachten

»Er hat unter uns gewohnt« (Evangelium des Johannes 1,14). Das bekennen Christen. »Und er wird kommen«: Weihnachten als Traum, als Traum der Zukunft, der Wiederkunft dessen, der als Kind geboren wurde vor 2000 Jahren. Weihnachten als jene Zeit, da der »Nachkomme Isais als Zeichen dastehen wird, weithin sichtbar für alle Völker« (Jesaja 11,10). Weihnachten, solange es diese Legenden gibt und Menschen, die Wunder, Stern und den Lichtglanz Gottes auch vor den Schrecknissen einer jeweiligen Gegenwart nicht vergessen, Menschen, die zusammen mit diesen Legenden ernst sein können, kritisch und gelassen, die mit ihnen zu lächeln vermögen und zu hoffen, daß eine Zeit begann, die nie mehr aufhört.
Weihnachten, Tag der neuen Sonne, die von Ostern her leuchtet. »Denn die Finsternis vergeht, und das neue Licht scheint jetzt« (1. Brief des Johannes 2,8).
Weihnachten: Tag des Christus-Sol, dessen Geburtstag am 25. Dezember jenes Jahresfest des unbesiegten Sonnengottes der Römer, des Sol invictus, abgelöst hat. Weihnachten, das Fest des Friedens, der höher ist als alles Denken, tiefer als alle Angst, jenes Friedens, der den alten Simeon ruhig (in pace) sterben läßt, denn seine Augen haben den Heiland gesehen.
Weihnachten: »Der Herr, der sich offenbart im Kleinsten wie in den Galaxien, den unermeßlichen, gab ein Signal in die Nacht: die Geburt seines Boten« (Richard Münch).
Weihnachten: »Ich fasse keinen anderen Gott als den, der in jenem Menschen ist, der vom Himmel kam. Ich fange bei der Krippe an« (Martin Luther).
»Alles freue sich des kommenden Weltenjahrhunderts« (Vergil, vierte Ekloge). Jenseits aller Kalenderdaten gilt es an der Schwelle des 3. Jahrtausends Hoffnung zu wecken auf den kommenden, den neuen Äon, in dem die sanfte Gewalt von Betlehem sich Bahn bricht, »damit aus guten Vorsätzen gute Werke werden, aus Stein Brot, Obdach, Segen« (Istvan Stamoskösi).
Noch *ein* Weihnachtsfest, und wir schreiben ein neues Jahrtausend, eine neue Zahl, eine neue Zeit: MM.

Dietrich Steinwede

Ankunft

So wie die römische Antike einem endzeitlichen Weltenherrscher entgegenharrte, so wie die Juden noch heute auf den Messias warten, so ist den Christen die alljährliche Vorbereitungszeit auf die Erinnerungsfeier der Geburt ihres Messias vor 2000 Jahren eine Zeit der Ankunft, des adventus, des Advents.

Wolfgang Borchert, der von den Schreckenserfahrungen des Zweiten Weltkriegs gezeichnete, frühverstorbene Dichter, schrieb 1947 (nicht christlich gedacht):

»Wir sind eine Generation der Ankunft. Vielleicht sind wir eine Generation voller Ankunft auf einem neuen Stern, in einem neuen Leben. Voller Ankunft unter einer neuen Sonne, zu neuen Herzen. Vielleicht sind wir voller Ankunft zu einem neuen Lieben, zu einem neuen Lachen, zu einem neuen Gott. Wir sind eine Generation ohne Abschied. Aber wir wissen, daß alle Ankunft uns gehört.«

Hoffnung also, Offenheit. Rose Ausländer, die jüdische Dichterin, kennt den Zauber dieser offenen Zeit der Christen. Für die Christen ist es zugleich eine Zeit des Lichtes in bedrängender Dunkelheit. Sie lesen es bei Jesaja:

Wir hoffen auf das Licht.
Aber rings um uns ist es dunkel.
Wir warten darauf, daß es hell wird,
aber da ist nichts als finstere Nacht.

Jesaja 59,5

Die christliche Autorin Andrea Schwarz spricht vom Aushalten dieses Dunkels. Ein Pragmatiker sagt: »Es ist besser, eine Kerze anzuzünden, als die Dunkelheit zu verfluchen.«

Wie auch immer, der Advent der Christen ist nicht zuletzt durch den Schein der Kerzen konstituiert. Hilde Domin sieht in der Kerze ein kaum atmendes kleines Licht, aber eben doch ein Licht.

Die Kerze brennt,
eine stille Nacht.
Ich sehe mich
auf den Weg gebracht.

Dietrich Bonhoeffer, der große evangelische Märtyrertheologe des 20. Jahrhunderts, besingt diese Kerzenzeit:

Laß warm und hell die Kerzen heute flammen,
die du in unsre Dunkelheit gebracht,
führ, wenn es sein kann, wieder uns zusammen.
Wir wissen es: dein Licht scheint in der Nacht.

Jochen Klepper, der evangelische Dichter, der im Dezember 1942 mit den Seinen aus dem Leben schied, weil er sich dem Druck der Nazimacht wegen seiner jüdischen Frau und seines halbjüdischen Kindes nicht mehr gewachsen sah, wußte alles in zwei Zeilen zusammenzufassen:

Gott will im Dunkel wohnen
und hat es doch erhellt.

Wir sehen: Gerade die im Dunkel und Todesschatten Lebenden lassen nicht vom Licht.

Kerzenlicht verbreitet Stille. Das ist eine ganz eigentümliche Erfahrung. Dietrich Bonhoeffer wurde angesichts seines Todes 1945 diese Stille transparent für Jenseitiges:

Wenn sich die Stille tief nun um uns breitet,
so laß uns hören jenen vollen Klang
der Welt, die unsichtbar sich um uns weitet,
all deiner Kinder hohen Lobgesang.

Unerschütterlich ist der Licht-Glaube dessen, der im Neuen Testament den ersten Johannesbrief schrieb:

Denn die Finsternis vergeht,
und das wahre Licht scheint jetzt.

1. Johannes 2,8

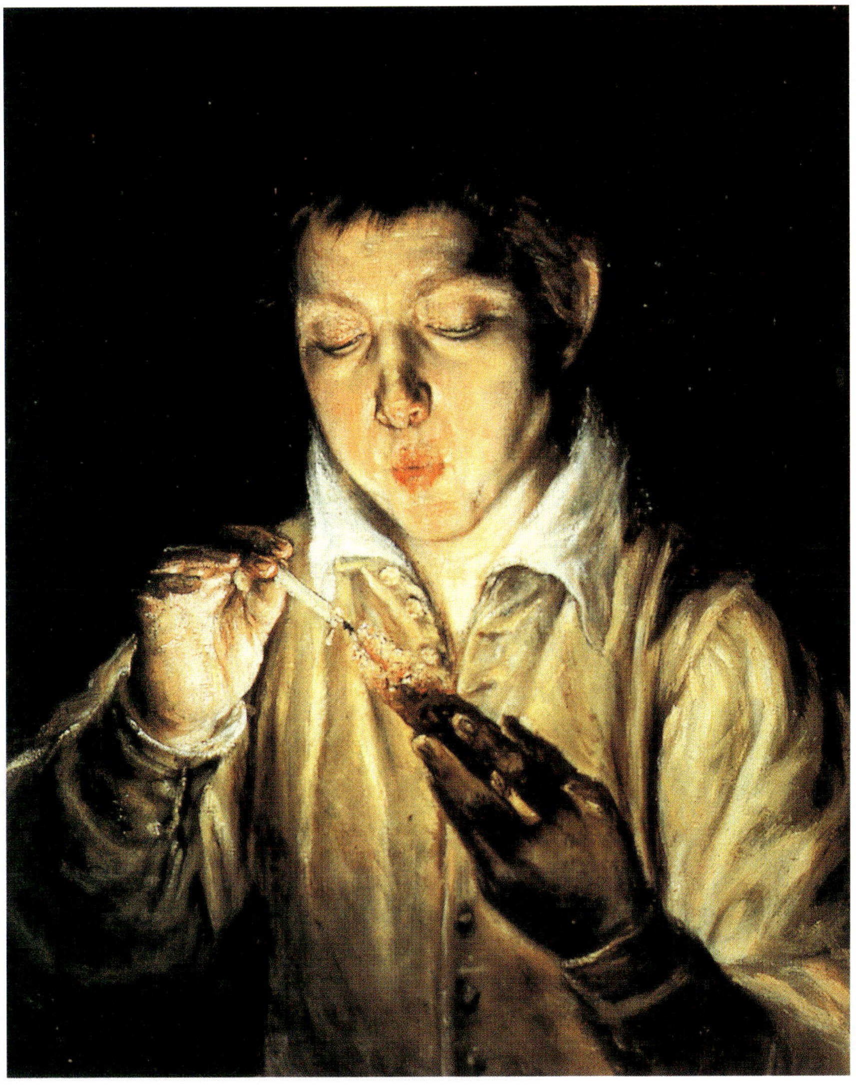

El Greco, Knabe, der eine Kerze entzündet (1570/72).
Museo Nazionale di Capodimonte, Neapel.

El Greco (spanisch »Der Grieche«), eigentlich Dominikos Theotokopulos (1541-1614), der geniale Manierist aus der zweiten Hälfte des 16. Jahrhunderts, zeigt in seinem Knaben auf dunklem Hintergrund, der vom Licht der Kerze, die er gerade entzündet, angestrahlt wird, ein Symbol all dieser Lichtsehnsucht im Dunkel. Hohe Intensität liegt in dem ganz einfachen Vorgang.

Menschenkind – Gotteskind
Vorahnung in der Hebräischen Bibel
Jesaja, Prophet der Hoffnung

Als Rufer, Mahner, Bote, »Hervorsager«, als einer, der Gott in seinem Herzen schaute, hat Jesaja in seiner Zeit – er lebte und wirkte zwischen 735 und 697 unter den Königen Ahas (742-726) und Hiskija (725-697) in Jerusalem im Südreich – eindringlich vor der assyrischen Gefahr (das Nordreich Israel war 722 bereits der Großmacht Assur anheimgefallen) gewarnt. Jesaja, der sich als Mann »unreiner Lippen« sah – in der Berufungsvision Jesaja 6,5-7 reinigt ihm ein sechsflügliger Seraph mit glühender Kohle die Lippen –, schaute einen Messias, der das Volk *seiner* Zeit retten sollte.

Die Juden der Jesus-Zeit bezogen sich in ihrer Messias-Erwartung auf ihn. In der Sicht der Christen hatte er auf die Geburt des Messias Jesus verwiesen.

So kann der jüdische Theologe Pinchas Lapide schreiben: »Die biblischen Verheißungen, ursprünglich von Israels Propheten verkündet, wurden in der Rückschau der judenchristlichen Urgemeinde auf den neugeborenen Messias als den künftigen Erlöser Israels umgedeutet und der christlichen Weltanschauung angepaßt.« Ähnlich der christliche Theologe Hubertus Halbfas: »Christen befragten das Alte Testament, weil sie sicher waren, daß hier bereits ein stilles Wissen von Jesus enthalten war.«

Alte Texte mit den Augen der Gegenwart je und je neu zu lesen und zu deuten, ist uralter Brauch. Das gilt neben der Bibel auch für Literatur und allgemeine historische Überlieferung. Nur kann die Gegenwartsdeutung unterschiedlich sein: Juden stehen noch heute in der Erwartung des Messias. Für Christen hat sich die Erwartung seit 2000 Jahren erfüllt.

Wurzel aus Isai – Wurzel Jesse

Ein Baumstumpf ist da, alt und verkrustet.
Und seht: Er treibt aus.
Ein Sproß wächst hervor –
etwas Neues aus den Wurzeln.
Sie blieben lebendig.
So ist es mit dem, den Gott uns sendet,
erfüllt mit seinem Geist,
dem Geist der Weisheit und der Einsicht,
dem Geist der Erkenntnis und der Ehrfurcht,
dem Geist, der stark macht.

Denn der, der da kommt, der gehorcht Gott.
Freude ist in ihm.

Er urteilt nicht nach dem Augenschein.
Er verläßt sich nicht auf's Hörensagen.
Nein, er sieht, wo etwas nottut.
Wer ohne Recht ist, der bekommt sein Recht.
Wer arm ist, der hat einen Helfer.
Treue umgibt ihn wie ein Gürtel.
Mit Gerechtigkeit ist er gegürtet.

Was dann sein wird?:
Alles verändert. Alles wie umgekehrt.
Alles ganz unglaublich:
Als wenn der Wolf beim Lamm zu Gast ist.
Als wenn der Panther bei der kleinen Ziege liegt.

Der Prophet Jesaja.
Purpurevangeliar
von Rossano (Kalabrien).
Entstanden im 6. Jh. in Syrien.
Ausschnitt.
Erzbischöfliche Bibliothek Rossano.

Als wenn das Löwenkind und das Kalb
miteinander aufwachsen.
Und ein kleiner Junge hütet sie.
Als wenn die Kuh neben der Bärin weidet.
Und nichts geschieht ihr.
Als wenn ein Löwe Stroh frißt.
Als wenn ein Säugling neben dem Schlupfloch
der Otter spielt.
Und nichts geschieht ihm.

Niemand tut Böses.
Niemand stiftet Unheil.
So wie das Meer voll Wasser ist,
so ist das Land voll der Erkenntnis des Herrn.

So wird es sein, wenn jene Zeit kommt,
weithin sichtbar für alle Völker.

Und der aus der Wurzel des Isai,
der wird ein Zeichen sein.
Alle kommen und flehen ihn an
und suchen Rat bei ihm.

Und dort, wo er wohnt, dort strahlt sie auf,
die Herrlichkeit Gottes des Herrn.

nach Jesaja 11, 1-10

Im Jesse-Baum (Isai griech. »Jesse«) ist der Vater Davids, in halber Sitzhaltung auf seinem Pfostenbett schlafend, dargestellt. Aus ihm wächst der Stamm-Baum Christi. Unten ein (nicht identifizierbarer) musizierender König. Darüber David mit der Harfe, darüber die gekrönte Himmelskönigin Maria, darüber in der Mandorla der erhöhte Christus. Sieben Geisttauben, zwei Engel dahinter, fliegen auf ihn zu. »Ihn wird der Herr mit seinem Geist erfüllen, dem Geist der Weisheit und Einsicht.« Links drei Propheten. Rechts ein Hoherpriester, ein Prophet und eine gekrönte Frau, alle ebenfalls von Geist-Tauben inspiriert. Unzählige Darstellungen der »Wurzel Jesse« (Skulpturen, Buch-, Decken-, Fensterbilder) schuf das Mittelalter. Im Marienlied »Es ist ein Ros entsprungen« klingt es auf: »Von Jesse kam die Art ...«

Psalter der dänischen Königin Ingeborg, der zweiten Frau König Philipps II. von Frankreich (1180-1223), entstanden um 1200 in Nordfrankreich. Musée Condé, Chantilly.

Jesaja – Prophet des Friedens, Prophet der Weihnacht

Jesaja wird nachhaltig in Anspruch genommen für das christliche Weihnachten. Eindringliche starke Worte von ihm, Hoffnungs- und Friedensworte, Worte des Lichts, haben ihren festen Ort in der christlichen Advents- und Weihnachtsliturgie gefunden:

Das Volk, das im Dunkeln lebt, sieht ein großes Licht.
Für die, die im Lande der Finsternis wohnen,
leuchtet dies Licht auf.
Herr, du schenkst ihnen große Freude.
Darum jubeln sie laut.
Sie freuen sich vor dir wie bei der Ernte.

Jesaja 9, 1-4

Du weist die Völker zurecht und schlichtest ihren Streit.
Dann schmieden sie aus ihren Schwertern Pflugscharen
und aus der Spitze ihrer Speere Winzermesser.
Kein Volk wird mehr das andere angreifen.
Und keiner lernt mehr das Kriegshandwerk.

Jesaja 2, 4-5

Jesaja schaut den Friedenskönig auf Davids Thron:

Denn ein Kind ist uns geboren.
Der zukünftige König ist uns geschenkt.
Man wird ihn nennen »Wunder-Rat«, »Gott-Kraft«,
»Ewig-Vater«, »Friede-Fürst«.
Auf Davids Thron wird er regieren.
Und seine Herrschaft dauert ewig.
Es ist der Eifer des Herrn, der das vollbringt.

Jesaja 9, 5-6

Jesaja singt ein Jubellied:

Die Steppe wird sich freuen, wenn er kommt.
Das dürre Land wird fröhlich sein.
Die Wüste wird blühen und sie wird singen.
Mit Blumen bedeckt, wird sie jubeln und tanzen.
Schreien wird sie vor Glück.

Dann sehen wir die Herrlichkeit,
die Pracht und die Hoheit unseres Gottes.
Stark werden die erschlafften Hände
und fest die zitternden Knie.

Ruft es den Verzagten zu: »Habt keine Angst!
Faßt wieder Mut!
Er ist auf dem Wege.
Er naht sich schon, euer Gott.
Er bringt euch die Freiheit und himmlischen Frieden,
Frieden des Herzens, Schalom!«

Und dann: Die Blinden können sehen.
Die Tauben können hören.
Und der Gelähmte springt wie ein Hirsch.
Der Stumme jubelt vor Freude.

Und seht: Eine Straße!
Sie ist gut.
Man nennt sie »heiliger Weg«!
Die Heiligen Gottes gehen dahin
als die Befreiten des Herrn.

Und hört: Sie rufen einander zu:
»Dort kommt er, unser Gott!«

nach Jesaja 35, 1-10

Chronologia Sacra von Gallus. Nordspanien. Anfang 14. Jh. Königlich Belgische Bibliothek, Brüssel.

Und nicht nur Jesaja, auch andere Propheten des Alten Testamentes werden von den Christen als Vorauskünder der Christgeburt in Anspruch genommen. Im spätmittelalterlichen Bild oben sind es ingesamt 16 engelgeleitete Propheten, die auf das messianische Kind verweisen. Entsprechende Worte stehen auf ihren Spruchbändern. Der Maler fügte auch mit Augustus (oben) und Tiberius (unten) die beiden römischen Kaiser hinzu, unter denen sich das Leben Jesu begab.

Der Menschensohn in der antiken Welt

»Gott hilft«, das war der zentrale Inhalt der Botschaft Jesu, das ist für die Weihnachtsgeschichte des Lukas Programm geworden. Am Ende des lukanischen Weihnachtsevangeliums (Lukas 2,21) erhält das Kind den Namen »Jesus«, hebräisch »Yeshua« = »Gott hilft«.
Der sehr unterschiedlichen Kunde der Evangelisten Matthäus, Lukas und Johannes von der Geburt des Messias Jesus geht dessen Wirken unter den Menschen (etwa 3-4 Jahre = »Jesus-Zeit«) voraus. Ebenso sein Tod und die Erfahrung von Ostern als die Erfahrung des lebendigen Herrn, des Christus. Die »Christus-Zeit« dauert seit Ostern überall dort an, wo Menschen sich zu Christus als ihrem Herrn bekennen.
Alles begann indes mit dem Mann aus Nazaret, nicht mit dem Kind in der Krippe, nicht mit Hirten auf dem Felde, nicht mit Engeln, die da sangen. Es ging um das Wirken dieses Mannes Jesus.
Er lehrte. Er zeigte, wie man ganz anders, ganz neu leben kann. Viele horchten auf. Viele kamen. Viele glaubten. Und als er starb und auferstand, gaben sie die Kunde von ihm weiter, ganz neue Kunde. Und erst im Lichte von Ostern erzählten sie die Geschichte von der Geburt in Betlehem.

Hebräische Inschrift auf einem Ossarium (einer Gebeintruhe)

des 1. Jahrhunderts mit dem Namen »Yeshua«.

Paulus war der erste, der den Namen »Jesus«, »Jesus Christus« (der Hoheitstitel »Christus« = »Messias« = »Gesalbter Gottes« war bald zum Eigennamen geworden) in die Welt hinaustrug.

Zuerst war der Mensch da, der Mann Jesus aus Nazaret.

Nazaret heute, beherrscht von der Kuppel der Verkündigungskirche. Der Ort ist 4000 Jahre alt.

Die ersten Siedler ließen sich vermutlich in der Nähe einer Quelle nieder, die heute Marienbrunnen heißt.

Nazaret damals war ein winziger, unbedeutender Ort im galiläischen Bergland. Manchen gilt er als der Geburtsort Jesu, fast allen Theologen aber als der Ort, wo Jesus aufwuchs. Es war ein Ort in felsigem Gelände mit wenigen flachgedeckten Steinhäusern und vielleicht einer kleinen Synagoge. Südlich lag die Ebene Megiddo (Jesreel), einige Wegstunden zu Fuß nach Osten der See Gennesaret, nördlich die Stadt Sepporis, wo Herodes Antipas, der Sohn Herodes des Großen, residierte. Die Galiläer waren nach dem Zeugnis ihres jüdischen Zeitgenossen Josephus Flavius kampfeslustig von Kindesbeinen an; sie kannten keine Furcht und hatten eine Leidenschaft für Freiheit, Umsturz und Rebellion.
In Nazaret geschah laut Lukas die Verkündigung der Geburt Jesu an die junge Frau Maria.

Er wurde ein Mensch in dieser Welt und teilte das Leben der Menschen.

Brief des Paulus an die Gemeinde in Philippi 2,7

Er hat unter uns gewohnt.

Evangelium des Johannes 1, 14

Das neutestamentliche Zeugnis von Jesus ist nachösterliche Verkündigung, also nicht Geschichts-, sondern Glaubenswahrheit. Die Evangelien bieten keine Biographie Jesu. Sie setzen sein Leben gewissermaßen voraus und sind nur an seiner Heilsbedeutung interessiert. Über Predigt und Wirken Jesu gibt es also keine Augenzeugenberichte. Viele der ihm zugeschriebenen Worte stammnen nicht von ihm. Obwohl er lesen und schreiben konnte, hat er (anders als Paulus mit seinen Briefen) der Christenheit nicht eine einzige Zeile hinterlassen. Und in dem Grab, das in Jerusalem verehrt wird, lag er nie. Nicht einmal die Namen der Evangelisten sind authentisch. Dennoch läßt sich über Jesus als Mensch unter Menschen vieles zwischen den Zeilen der neutestamentlichen Briefe und Evangelien erlesen. Seine Klugheit und Schriftkenntnis spiegelt z. B. die Lukasgeschichte vom zwölfjährigen Jesus im Tempel.

Wer war dieser Jesus?

Es gibt nach Meinung einiger Gelehrter ein wohl zutreffendes außerbiblisches Zeugnis: »Er war ein weiser Mensch. Er wirkte außerordentliche Dinge. Er war Lehrer derjenigen, die die Wahrheit mit Freuden aufnahmen. Er zog viele Juden an sich und auch viele Griechen« (Josephus Flavius, 37-97 n. Chr.).
Josephus Flavius, Angehöriger des jüdischen Priesteradels, geboren in Jerusalem, von den Römern während des jüdischen Aufstands um 70 gefangengenommen, später begnadigt und freigelassen, dann in Rom lebend, schrieb diese Zeilen in seinem Werk »Jüdische Archäologie« (»Antiquitates«) um 93 n. Chr. in griechischer Sprache. Josephus Flavius kannte die christliche Urgemeinde. Mit der neuen Religion ging er kritisch, aber durchaus fair um.

Jude unter Juden

Tausende von Theologen, Historikern und anderen haben versucht, der Persönlichkeit des Mannes aus Nazaret, der zu Anfang, weltgeschichtlich betrachtet, ohne jede Bedeutung war, nahezukommen. Erfolg war ihnen nur in Ansätzen beschieden. Eins ist gewiß: Jesus war ein Mensch aus Fleisch und Blut, mit Essens-, Schlaf- und Reinigungsbedürfnissen. »Es gelingt nicht, den geschichtlichen Jesus in Legenden aufzulösen« (Ernst Bloch).
Jesus war Jude unter Juden, im Judentum fest verwurzelt. Er war ein gesetzestreuer, wenn auch nicht gesetzeshöriger Jude. Aber er hat wie seine jüdischen Glaubensgenossen Pessach gefeiert, das Fest des Auszugs aus Ägypten, Schawout, das Fest der Kornernte, Rosch-ha-Schana, das Neujahrsfest, Jom Kippur, den Versöhnungstag, und Sukkot, das Laubhüttenfest.
Seine Heimat war Nazaret in Galiläa, ein kleines Gebirgsdorf am Nordrand der Ebene von Megiddo, dessen Bewohner in den frommen Kreisen Galiläas keinen guten Leumund hatten. In den Bergen Galiläas gab es die nationalistische antirömische Guerillabewegung der Zeloten mit ihren Schlupfwinkeln, Rekrutierungs- und Ausbildungsstätten. Der spätere Jünger Judas stand dieser Bewegung nicht fern.

Jesus, wer sollte das sein?
Ein Galiläer.
Ein armer Mann.
Aufsässig.
Eine Großmacht
und eine Ohnmacht.
Immer.
Heute noch.

Marie Luise Kaschnitz

Ein Mensch wie wir

Im Jahre 7 vor der Zeitenwende geboren, hat Jesus unter der römischen Fremdherrschaft gelebt, bis zu seinem 21. Lebensjahr unter der Herrschaft des Caesars Augustus, der im Jahr 14 n. starb, dann bis zu seinem Lebensende unter der Herrschaft des Tiberius (14-37). In Palästina regierte bis zu seinem 3. Lebensjahr noch König Herodes (gestorben 4 v.), den Josephus Flavius ein Ungeheuer nannte, einen Mann, »der gegen alle ohne Unterschied mit gleicher Grausamkeit wütete, der im Zorn kein Maß kannte und der sich über Recht und Gerechtigkeit erhaben dünkte.«

Als Kind dürfte Jesus im Haus seiner Eltern der Tora mit dem »Höre Israel«, mit den Ur-, Väter- und Mosegeschichten begegnet sein. Vielleicht besaß die Familie Josefs einige Schriftrollen, aus denen der Vater dem Sohn die Buchstaben und Wörter beibrachte.

Später ging dieser Sohn des Bauhandwerkers Josef vielleicht mit anderen Jungen des Dorfes in die Synagogenschule oder aber in die »Dorfschule«, wie sie seit Simon ben Schetach (um 75 v.Chr.) – in der Antike einmalig – allenthalben eingerichtet war. Durch die Lesungen in den Gottesdiensten der Synagoge dürfte der Heranwachsende seine Schriftkenntnis ständig erweitert haben. In späteren Jahren konnte ein nachdenklicher junger Mann dann die Bibelrollen im Haus oder anderweitig selbständig studieren. Denn das wird deutlich im Neuen Testament: Jesus spricht nicht nur die aramäische und griechische Umgangssprache seines Landes. Er kann die hebräische Bibel lesen, vorlesen, und er beherrscht ihren Inhalt vollständig.

»Jesus hat dieselbe ›Bibel‹ gelesen wie seine Zeitgenossen in Palästina. Aber er hat sie mit anderen Augen gelesen. Er hat darin nicht Verbote, Lehrsätze und erbauliche Geschichten nachgelesen. Er hat darin den lebendigen Gott gefunden, der seine Sonne aufgehen läßt über Böse und Gute, der regnen läßt über Gerechte und Ungerechte, den Gott, der die Freiheit liebt und das Leben, die Schönheit, die Größe, die Leidenschaft, die Stille, die Unscheinbarkeit und verborgene Herrlichkeit. Den Gott der barmherzigen Güte« (Ethelbert Stauffer).

Rabbi aus Galiläa

Hauptschauplatz seines Wirkens ist Galiläa. Seine öffentliche Wirksamkeit beginnt wohl um 27/28 in Kafarnaum am Nordufer des Sees Gennesaret, einem Fischerdorf, das er immer wieder aufgesucht hat. Erst gegen Ende seiner Tätigkeit kommt er nach Judäa und Jerusalem. Johannes der Täufer, der zwischen 27 und 28 in der Wüste Buße predigte und taufte, hat auf ihn als den Kommenden hingewiesen. Er hat ihn auch getauft (Jesus selbst taufte nie). Wie Johannes sammelt Jesus Jünger und Jüngerinnen um sich, die er im Einzelfall durch einen Entscheidungsruf (so bei Simon Petrus, Andreas, Johannes, Jakobus), immer aber durch gelebte Gemeinschaft an sich bindet. Die Zahl 12 erinnert dabei an die 12 Stämme Israels. Die, die ihm nachfolgen, nennen ihn voller Verehrung »Lehrer«, »Rabbi«.

In seiner Gottespredigt knüpft Jesus an die Vorstellungen und Erwartungen der Hebräischen Bibel an, setzt sich aber scharf mit anmaßenden, selbstgerechten Forderungen, die manche aus ihr entwickeln, auseinander. Er kann streng sein, auch hart urteilen. Doch bleibt im Zentrum seiner Botschaft die liebevolle Menschenfreundlichkeit Gottes: »Liebe deinen Nächsten, deinen Mitmenschen, als ob du es selbst bist.« Mit dieser Botschaft bringt Jesus vor allem den »Armen« Hoffnung, Zuversicht und neuen Lebensmut.

Jesus, der »galiläische Rabbi«, ist der »Prophet« der neuen Welt Gottes. Er zeigt Gott als den, der immer zur Vergebung bereit ist. Wenn Menschen wie »Kinder« vor Gott werden, ist ihnen seine Zuwendung sicher.

»Den Menschen Jesus kennzeichnet eine ungekünstelte, unverkrampfte, geradezu beschwingte und ansteckende Zärtlichkeit und Mütterlichkeit. Er zeigt die ganze Skala menschlicher Gefühle. Er schämt sich seiner Tränen nicht« (Alfred Läpple).

Als Mensch war Jesus »schlechthin gut« (Ernst Bloch). Kraft ging von ihm aus, wie von einem Magneten. Auf die, die ihm zuliefen, muß er einen überwältigenden Eindruck gemacht haben, hier als Prediger, dort als charismatischer Arzt.

Viele brachten voller Vertrauen ihre Kranken zu ihm: »Hilf ihnen! Du kannst es!« Allen Dämonen (die damalige Zeit sah sie in den geistig Verwirrten mächtig) sagte er den Kampf an. Seine Heilungen waren Zeichen und Bestätigung seiner Botschaft: »Taube hören, Blinde sehen, Aussätzige werden gesund.«

Er war ein Mensch, der in einmaliger Weise von Gott zu erzählen wußte:

»Gott ist wie ein Vater für euch – wie eine Mutter. Dabei ganz anders als jeder Vater, jede Mutter sonst. Ihr könnt Gott vertrauen von ganzem Herzen, von ganzer Seele, mit aller Kraft. Er streckt euch seine Hand entgegen. Er will euch beschützen. Er nimmt euch wieder an, wenn ihr gestrauchelt seid.«

So war es: »Viele horchten auf und kamen. Und er lehrte sie das Leben« (Detlev Block).

Eine wenig bekannte Zeichnung Rembrandts zeigt Jesus am Tisch (lesend) – ganz menschlich. Rijksprentenkabinet, Amsterdam.

Was wollte er?

»Er wollte eine Belebung, eine Erneuerung der Religion seines Volkes mit prophetischem Anspruch und ohne Aufschub« (Eugen Drewermann). Er war »die Krone der Propheten« (Pinchas Lapide). Er lehrte: Die Vergebung Gottes ist bedingungslos. Sie bedarf keiner Vorleistungen. Darum: »Kehrt um! Gott hat alles bereitet. Der Tisch ist gedeckt. Jetzt ist die Zeit der Gnade!« Darum: »Seid wach!«

Seine revolutionäre Tat war, daß er Zolleinnehmer, die mit den Römern kollaborierten, und öffentliche Sünder/Sünderinnen zur Gemeinschaft mit Gott einlud.

Er war ein frommer Jude, der seine Heilsbotschaft der ganzen Welt bringen wollte. Dabei scheute er keinen Konflikt, wenn es um die Auslegung des Gesetzes für ein lebenswertes Leben ging. Auch nicht den Konflikt mit dem Synhedrium, dem »Hohen Rat«, der obersten religiösen Behörde der Juden. Gewalt aber lehnte er ab. Er war kein Pazifist im heutigen Sinne, doch hatte er »die Vision eines weltweiten göttlichen Friedens« (Pinchas Lapide).

»In der Schilderung der Evangelien erscheint er als ein Mensch, der seine Umgebung mit Glück ansteckte, der seine Kraft weitergab, der verschenkte, was er hatte« (Dorothee Sölle).

Jesus war kein Dogmatiker. »Er war klug genug, jede Situation nach ihren eigenen Meriten zu beurteilen. Er entzog sich jeder Verabsolutierung. Er war sehr feinhörig für die Differenz einer Antwort an einen römischen Centurionen oder an einen galiläischen Bauern« (Pinchas Lapide). Der Himmel Gottes war immer offen für ihn. Er liebte die Menschen.

»Er lebte ohne Rückendeckung« (Dorothee Sölle). Und so verlor er sein Leben – für die Menschen, die er liebte. Er starb, damit die Seinen (die Menschen) Frieden gewännen, den Frieden von Gott. Daß er sich opferte, um alle Sünder von ihrer Schuld zu befreien, ist spätere christliche Dogmatik.

»Die Evangelien«, das sollte man sich noch einmal verdeutlichen, »wollen nicht historische Information über Jesus festhalten, sie wollen aus dem geschichtlichen Objekt Jesus die Erfahrung eines Du werden lassen. Gerade der eigenartige und überzeugende Zusammenhang von Jesus-Erfahrung und Jesus-Werbung macht ihr typisches und unverwechselbares Flair aus« (Alfred Läpple).

Er lebte unter Tiberius und Pontius Pilatus

Zur Zeit des Auftretens Jesu ging die Herrschergewalt im Römischen Weltreich von Kaiser Tiberius (14-37), in der Provinz Judäa von dem korrupten Praefekten Pontius Pilatus (26-36) aus.
Tiberius versorgte die römische Welt rund 20 Jahre lang mit dem »Zinsgroschen«, der Jesus Matthäus 22,19 gezeigt wird. Es war der amtliche Steuerdenar, die Einheitsmünze des gesamten Reichsgebietes, als führende Weltmünze gewissermaßen der Euro der Jesuszeit.
Tiberius stammte aus der ersten Ehe der Livia mit Claudius Nero. 46jährig im Jahr 14 von Augustus adoptiert, wurde er, der sich als Feldherr in verschiedenen Provinzen hervorgetan hatte, dessen Nachfolger. Als Kaiser suchte er mit Härte und Geschick den innen- und außenpolitischen Zustand des augusteischen Reiches zu erhalten. In den Provinzen sicherte er den Frieden. Neue Reformen unternahm er nicht.
Seit 26 lebte er zurückgezogen auf der Insel Capri, während in Rom der Prätorianerpraefekt Sejanus eine Schreckensherrschaft ausübte.
Lukas erwähnt den Kaiser im 3. Kapitel seines Evangeliums: »Es war im 15. Regierungsjahr des Kaisers Tiberius (also 28 n. Chr.), Pontius Pilatus war Praefekt von Judäa, da erreichte Johannes, den Sohn des Zacharias, der Ruf Gottes in der Wüste« (Lukas 3,1-3).
Pontius Pilatus war eine finstere Gestalt. Sejanus hatte ihn 26 (im Jahr, als Tiberius nach Capri ging) nach Judäa entsandt. Dort übte er eine grausame Willkürherrschaft aus. In Caesarea am Meer residierend, zu Festzeiten in Jerusalem, verletzte er bereits gleich nach Amtsantritt jüdische Vorrechte und Gefühle, indem er in Jerusalem Kaiserbildnisse mitführte. Darüber hinaus ließ er Weiheschilder mit dem Kaisernamen aufstellen und für den Bau einer Wasserleitung Geld aus dem Tempelschatz entnehmen. Rücksichtslos setzte Pontius Pilatus bei Aufständen seine Truppen ein. Lukas berichtet von einer Metzelei unter galiläischen Passapilgern (Lukas 13,1). Die Kreuzesstrafe war an der Tagesordnung. Unzählige Juden – insgesamt etwa 6000 – starben zwischen 26 und 36 den schändlichen Verbrechertod wegen angeblichen Hochverrats, häufig wegen ihres Reichtums. Aus den dann eingezogenen Vermögen zog Pilatus persönlichen Vorteil. Das schürte den Haß.
Sejanus hatte Pontius Pilatus den Ehrentitel »amicus Caesaris« – »Freund des Kaisers« – verschafft. Damit wurde dieser beim Prozeß Jesu von aufgebrachten Juden provoziert: Johannes läßt das Volk vor Pilatus schreien: »Lässest du diesen frei, so bist du des Kaisers Freund nicht!« (Johannes 19,12). Pilatus, so jedenfalls das Johannes-Evangelium, gab der Forderung nach (Johannes 19,16).
Doch setzte dieser »Kaiserfreund« seine Brutalitäten fort. Als er im Jahr 35 wieder ein Blutbad, diesmal unter samaritanischen Pilgern, anrichtete, griff der übergeordnete Statthalter von Syrien, Lucius Vitellius, ein. Pilatus wurde mit sofortiger Wirkung suspendiert und zur persönlichen Verantwortung vor Tiberius – Sejanus war inzwischen entmachtet und hingerichtet worden – nach Rom geschickt. Dort verliert sich seine Spur. Nach Eusebius von Caesarea (265-339) nahm er sich das Leben.

Silberner Tiberiusdenar.
Die Umschrift der Vorderseite, ausgeschrieben Tiberius Caesar Divi Augusti Filius Augustus (Tiberius, Caesar, Sohn des göttlichen Augustus, selbst Augustus), feiert den Herrscher als den anbetungswürdigen Sohn des vergöttlichten Augustus.
Die Rückseite zeigt seine Mutter Livia, eine außergewöhnliche Frau, aber herrschsüchtig und intrigant, auf dem Thron einer Göttin. Umschrift hier: Pontifex Maximus (höchster Priester). Der Kaiser stand an der Spitze des römischen Priesterkollegiums und beaufsichtigte den gesamten öffentlichen wie privaten Kult. Livia war unter ihrem Sohn bereits vergöttlicht.
Eine im Jahr 22 geprägte Münze zeigt sie als »Salus Augusta«. Salus war die Göttin des Heils. Später wird Christus als »Salus Mundi«, als Heil der Welt, verherrlicht werden.

Welche Spuren diese »eindeutige Fehlbesetzung« jedoch in Judäa hinterlassen hat, das geht aus einem Brief hervor, den der junge Herodes Agrippa, Enkel Herodes des Großen, nach der Absetzung des Pilatus über diesen an den neuen Kaiser Caligula (37-41) nach Rom richtete. Stichworte: Bestechungen – Gewaltakte – Ausplünderungen – Mißhandlungen – unaufhörlich Hinrichtungen ohne Gerichtsverfahren – willkürliche Grausamkeit.

Gelebt unter Kaiser Tiberius.
Gelitten unter Pontius Pilatus.
Gekreuzigt.
Gestorben.
Begraben ...

In der gesamten Weltliteratur gibt es nichts, was der »Ehrung« des Pilatus im christlichen Glaubensbekenntnis gleichkäme.

Pilatusstein von Caesarea mit der einzigen bekannten inschriftlichen Erwähnung des Pontius Pilatus.
Das Fragment wurde 1961, im Theater von Caesarea als Stufe verbaut, gefunden. Zu lesen (ergänzt):
... TIBERIEUM ... PONTIUS ... PILATUS ... PRAEFECTUS JUDAEAE ...
Sinn: »Pontius Pilatus, Praefekt (= vom Kaiser oder Statthalter ernannter Militärgouverneur) von Judäa, errichtet das Tiberieum« = einen Bau zu Ehren des Tiberius.
Ausschnitt. Jerusalem, Israel Museum.

Vereint sind Kaiser und Praefekt auf einer von Pontius Pilatus 31 n. Chr. geprägten Münze (Kaisername der Umschrift griechisch!).
Der Krummstock, Zeichen der Auguren, der römischen Wahrsager, somit unverkennbar heidnisch, mußte jüdisches Empfinden zutiefst verletzen.

Caesarea am Meer (hier ein Rekonstruktionsmodell), die prachtvolle Hafenstadt, von Herodes dem Großen dem Caesar Augustus zu Ehren erbaut, war seit 6 n. Chr. Amtssitz der Praefekten Judäas und römische Hauptgarnison.
Die Stadt war nach römischem Muster planmäßig angelegt mit ausgebautem Hafen, beherrschendem Augustustempel, einem Tiberieum, mit Theater, Amphitheater und einem (hier nicht sichtbaren) noch erhaltenen Aquädukt, der Quellwasser von den Karmelbergen heranführte.
Caesarea (Paulus wurde hier gefangengehalten) diente 600 Jahre lang als Hauptstadt des römischen Besatzungsgebietes.
1265, in der ausgehenden Kreuzfahrerzeit, wurde es zerstört.

Wie sah er aus?

Wir wissen es nicht. »Wir kennen sein Äußeres genausowenig wie das seiner Mutter. Doch das Bedürfnis, authentische Bilder zu besitzen, ist groß« (Augustinus). Man hätte Jesus fotografieren können, hätte es die heutigen Möglichkeiten gegeben. Man hätte mit den damaligen Möglichkeiten eine Porträtbüste von ihm meißeln lassen können, wie es bei vornehmen Römern geschah. Oder sein Bildnis in Münzen schlagen, wie man es Jahrhunderte später dann auch tat. Aber da war er schon längst der Christus, der Weltenherrscher, der Pantokrator. Und es ging nicht mehr um Abbilder, sondern einerseits um gespiegelte Glaubensbilder, andererseits um Programmbilder mit durchaus politischen Akzenten.

Welches Bild mag den Vorstellungen, die wir haben – und jeder macht sich andere –, nahekommen? Ist es der geisterfüllte Holländer des 17. Jahrhunderts auf Rembrandts Hundertguldenblatt, ein gütiger nachsinnender Mensch, einer, der mehr sieht als andere, der nach innen schaut, der Gott sieht, ein lichterfüllter Mensch? Oder ist es jener junge kraftvolle Italiener der Frührenaissance, wie ihn Masaccio 1426/28 in Florenz malte, bärtig, langhaarig, mit einer starken Nase und einem gleicherweise entschieden-wissend nach außen wie nach innen gerichteten Blick?

Einiges, sein Äußeres betreffend, weiß man aus der Zeitgeschichte, einiges läßt sich (indirekt) den Evangelien entnehmen: Die Hautfarbe des antiken Palästinajuden war hellbraun, die Augenfarbe meist braun. Man geht davon aus, daß Jesus bärtig war. In seiner Zeit und Heimat trugen die Männer das Haar schulterlang, in der Mitte gescheitelt, gekämmt (Matthäus 6,17) und mit leichtem feinen Öl gesalbt (Lukas 7,46). Jesus trug ein ärmelloses Untergewand,in einem Stück gewebt, ohne Naht (Johannes 19,23), das übliche Obergewand (Lukas 8,44) und mit Riemen zu bindende Sandalen (Markus 1,7; 6,9). Er könnte, wie damals üblich, ein weißes Tuch auf dem Kopf, mit einer Schnur gebunden und nach hinten schulterlang herabhängend, getragen und auf seinen Wanderwegen eine einfache Vorratstasche sowie einen Wanderstab (Markus 6,8) benutzt haben.

Wie sah er sich selbst?

Auch hier sind wir auf Vermutungen angewiesen. Neutestamentler gehen indes davon aus, daß er sich selbst nie als Messias bezeichnet hat, wenn ihm auch viele Forscher so etwas wie ein messianisches Bewußtsein nicht absprechen wollen. Der Würdename »Christos« (= Messias) kommt in den vier Evangelien als klares Selbstzeugnis Jesu nicht vor. Vom Alten Testament her (die Schattierungen sind zahlreich) heißt Messias auch »endzeitlicher Heilsbringer«. Dies wurde der Urgemeinde wichtig. Und so übertrug sie den Titel auf Jesus. Mehr noch: Die Messiasprädikation wurde zum Fundament des Glaubens in den Gemeinden und kehrte dementsprechend in allen Glaubensformeln der Urkirche wieder. Darin blieb auch die Kontinuität zwischen Israel und der Kirche gewahrt.

Indes: der Titel verblaßte mehr und mehr. Für viele Christen wurde »Christus« bald zum Eigennamen.

»Menschensohn« aber könnte Jesus sich selbst genannt haben. Der Begriff findet sich bereits in der sogenannten Logienquelle, einer (erschlossenen) Sammlung von Jesusworten, die den Evangelien vorausging. In den Evangelien selbst begegnet der Titel nur im Munde Jesu; wird nie von Jüngern, Anhängern oder gar Gegnern gebraucht. In den Bekenntnissen der Urgemeinde fehlt er völlig.

In der jüdischen Apokalyptik des Alten Testamentes ist »Menschensohn« – »einer, der aussah wie ein Mensch« (Daniel 7,13) – der bei Gott präexistente Messias. Das Neue Testament interpretiert im Blick auf Jesus neu. Jetzt bedeutet Menschensohn: Er hat Macht von Gott, Sünden zu vergeben, wie bei dem Gelähmten Markus 2,5. Menschensohn heißt, er hat ein neues bisher unübertroffenes Gottesbewußtsein; heißt, er ist jemand, der das jüdische Gesetz weiter zu vertiefen, neu auszulegen vermag. Menschensohn heißt: an der Stellung zu ihm entscheidet sich die Zukunft der Menschheit. Er ist ohnmächtig und wehrlos, heimatlos, verfolgt und ausgeliefert. Aber: »Ich bin gekommen, das Verlorene zu suchen und zu retten. Ich bin gekommen, zu dienen und mein Leben hinzugeben für viele« (Lukas 19, 10; Markus 10, 45).

»Niemand kennt den Vater, nur der Sohn.« Das hat vor, neben oder nach Jesus niemand so zu sagen gewagt. Auch die Urgemeinde nicht. Möglicherweise konnte nur Jesus selbst so sprechen: »Mein Vater hat alles in meine Macht gestellt. Nur der Vater kennt den Sohn; und nur der Sohn kennt den Vater – und jeder, dem der Sohn ihn zeigen will« (Matthäus 11,27).

Jesus. Aus: Der Zinsgroschen.
Freskomalerei von Masaccio 1426-1428. Brancacci - Kapelle der Kirche Santa Maria del Carmine in Florenz.

Wie sehen ihn Juden heute?

Als Bruder. »Daß er einzigartig war, sowohl als Jude, wie als Mensch, ist unbezweifelbar. Und: Kann denn der Herr des Lebens, dessen Wundertaten die Erde füllen, nicht einen frommen Juden zum Heiland der Welt berufen? – Jesus glaube ich seine Gottergriffenheit, die der Schlüssel zu seiner Lehre ist. Ihm kann ich Glauben schenken als einem Gerechten, als Vorbild, als Lehrer, als Gottesknecht, der in allem den Brüdern gleich werden mußte, als Mensch, von einer Frau geboren und unter die Tora getan (Galater 4,4). Er war ein Mann Gottes, der in der unsichtbaren Gegenwart Gottes wirkte und dessen Leben eine ständige Antwort war auf die göttliche Liebe.«

Pinchas Lapide

»Jesus habe ich von Jugend auf als meinen großen Bruder empfunden. Daß die Christenheit ihn als Gott und Erlöser angesehen hat und ansieht, ist mir immer als eine Tatsache von höchstem Ernst erschienen, die ich um seinet- und um meinetwillen zu begreifen suchen muß ... Gewisser als je ist mir, daß ihm ein großer Platz in der Glaubensgeschichte Israels zukommt, und daß dieser Platz durch keine der üblichen Kategorien umschrieben werden kann.«

Martin Buber

»Jesus ist für mich der ewige Bruder, nicht nur der Menschenbruder, sondern mein jüdischer Bruder. Ich spüre seine brüderliche Hand, die mich faßt, damit ich ihm nachfolge. Es ist nicht die Hand des Messias, diese mit den Wundmalen gezeichnete Hand. Es ist bestimmt keine göttliche, sondern eine menschliche Hand, in deren Linien das tiefste Leid eingegraben ist. Das unterscheidet mich, den Juden, vom Christen, und doch ist es dieselbe Hand, von der wir uns angerührt wissen ... Der Glaube Jesu einigt uns ..., aber der Glaube *an* Jesus trennt uns.«

Schalom Ben-Chorin

»Ich glaube, daß es höchste Zeit ist, diesen Jesus nicht mehr länger zum Graben der Entfremdung umzufunktionieren, sondern, seinem Anliegen getreu, ihn in eine Brücke der Versöhnung zu verwandeln, um uns zu jenem Schalom zu führen, der nicht nur als Leitmotiv der Weihnachtsgeschichte des Lukas dient, sondern auch die große Sehnsucht unserer verängstigten Menschheit ist.
Ich glaube, daß Juden und Christen unverbesserliche Heilsoptimisten sind, die sich brüderlich den Weltrekord für Hoffnungskraft teilen sollten. Christen warten über 1900 Jahre auf Jesu Wiederkunft, Juden warten schon fast 3 Jahrtausende auf die Ankunft des Messias, der beide erlösen soll. Ich kenne keine dritte Religion, die solch hartnäckige Ausdauer bewiesen hat.«

Pinchas Lapide

Die jüdischen Christen der Frühzeit geben die Menorah, ihr Symbol des Alten Bundes (heute Symbol des Staates Israel), gegenüber dem Kreuz, dem Symbol des Neuen Bundes, nicht auf. Die Grabplatte des Christen Germanos (Sohn des Alexander) von der Akropolis in Avdat, der alten Nabatäersiedlung im Süden des Negev (Ausschnitt), beweist es. Wir sehen das Kreuz neben der Menorah. Jesus bleibt der »exemplarische Jude« (Martin Buber).

Er kam zu Tode

»... nachdem Pilatus ihn, auf die Anklage unserer angesehensten Männer hin dem Kreuzestod überantwortete ...« (Josephus Flavius), warfen sie ihn auf's Kreuz. Sie nagelten ihn an. Sie ließen ihn dort hängen. Dort starb er.
Jesus starb am Freitag, dem 7. April des Jahres 30. Es war der 15. Nisan des jüdischen Jahres, der Tag der Vorbereitung zum Pessachfest. Am Abend würde man den Seder feiern. Jesus starb um die neunte Stunde (um 15 Uhr), da im Tempel die Pessachlämmer geschlachtet wurden. So Paulus, so Johannes, so die Apokalypse, so die altrabbinische Jesustradition.
»Die Todesursache bei Kreuzigungen und damit wohl auch bei dem gekreuzigten Jesus von Nazaret war Erschöpfung, Blutstokkung, Schockgeschehen, Kollaps, Kreislaufzusammenbruch, Ersticken« (Alfred Läpple).
»Ein dreckiger Tod, ein langsames begafftes Sterben, ein Ende in Schande und Fluch« (Gottfried Bachl).

Mathis Gothart Nithart (Matthias Grünewald), Kreuzigung, Ausschnitt. Isenheimer Altar 1512-1515, Mitteltafel, erste Schauseite, geschlossener Zustand. Musée d'Unterlinden, Colmar.

Er wurde ein Mensch in dieser Welt
und teilte das Leben der Menschen.
Im Gehorsam gegen Gott erniedrigte er sich so tief,
daß er sogar den Tod auf sich nahm,
ja, den Verbrechertod am Kreuz.

Paulus, Brief an die Gemeinde in Philippi 2,7-8

Er wurde »gesehen«

»Nachdem Pilatus ihn, auf die Anklage unserer angesehensten Männer hin, dem Kreuzestod überantwortete, verschwanden doch die nicht, die ihn von Anfang an geliebt hatten. Und noch heute (im Jahr 93!) hat die Schar derer, die nach ihm Christen heißen, nicht abgenommen« (Josephus Flavius).

Kreuze unter Vorhang und Arkaden. Symbolische Darstellung der Auferstehung. Marmorsarkophag. 1. Hälfte 6. Jh. Sant Apollinare in Classe, Ravenna.

Ein geheimnisvoll geraffter Vorhang zwischen zwei Säulen, die einen Tempelgiebel tragen, darunter ein Kreuz, das ist das Zentrum dieser Arkadenarchitektur auf der Rückseite eines frühchristlichen Sarkophags. Das Ganze ist Symbol für das Ostergeschehen. Dort, wo der Leib lag, ist jetzt das Kreuz in seiner neuen Bedeutung aufgerichtet, als Zeichen des Sieges über den Tod. Gestützt wird diese Aussage durch zwei spiegelsymmetrisch angeordnete Kreuze mit dem A und Ω (»Ich bin das A und das O, der Erste und der Letzte, der Anfang und das Ende« – Offenbarung 1,8; 21,6; 22,13) unter seitlichen Rundarkaden. Der Haken an den Enden der Längsarme ist der berühmte Rho-Haken (Rho = R = zweiter griechischer Buchstabe des Würdenamens Christus; das Kreuz selbst wird dabei als X = Chi = erster griechischer Buchstabe der Bezeichnung Christus verstanden). Beides macht diese Kreuze eindeutig zu Lebens-, zu Osterkreuzen.

Wir glauben fest,
daß Jesus nach seinem Tod auferstanden ist.

Paulus, 1. Brief an die Gemeinde in Thessalonich 4,14

Habe ich nicht Jesus,
unsern Herrn,
gesehen?

Paulus, 1. Brief an die Gemeinde in Korinth 9,1

Für die judenchristliche Urgemeinde von Jerusalem – die Überlieferung von der Auferstehung Jesu ist hier entstanden – bringt die Erfahrung von Tod, Erweckung und Erhöhung Jesu eine Wende im Glaubensverständnis, insofern als sie den Gekreuzigten nun als den Herrn (Kyrios) und Gesalbten (Messias) verkündet: »Alle Menschen in Israel sollen erkennen, daß Gott diesen Jesus, den ihr gekreuzigt habt, zum Herrn und Retter der Welt gemacht hat« (Apostelgeschichte 2,36, Pfingstpredigt des Petrus). So gelingt es einerseits, das Skandalon des schmachvollen Todes am Kreuz zu bewältigen, andererseits die messianischen Hoffnungen Israels als erfüllt anzusehen.

Für Paulus, den Ostertheologen der Christenheit – er ist der eigentliche Begründer der christlichen »Religion« –, beginnt alles mit der Auferstehung Christi. Er verkündet den Auferstandenen, nicht Jesus als Menschen. Seine authentischen Briefe liefern uns die ersten (ältesten) historisch faßbaren Auferstehungszeugnisse:

Gott hat mich seinen auferstandenen Sohn sehen lassen,
damit ich ihn überall unter den Völkern bekanntmache.

Paulus, Brief an die Gemeinden in Galatien 2,15

Christus ist am dritten Tag vom Tode erweckt worden,
wie es in den Schriften vorausgesagt wurde.
Er hat sich dem Petrus gezeigt. Danach dem Kreis der zwölf Jünger.
Er ist mehr als 500 Brüdern zugleich erschienen.
Die meisten von ihnen leben noch.
Er ist Jakobus erschienen, schließlich allen Aposteln.
Ganz zuletzt ist er auch mir erschienen,
obwohl ich es am wenigsten verdient habe.

Paulus, 1. Brief an die Gemeinde in Korinth 15, 4-8

»Erscheinen« kann auch übersetzt werden: »Gott hat sichtbar gemacht.« »Er – Christus – ließ sich sehen.« »Er hat sich sichtbar gemacht.«
»Gesehen« – »erschienen«, was meint das?: Mit Sicherheit etwas von außen Zukommendes. Mit Sicherheit etwas, das tiefste Beteiligung dessen, der sah, voraussetzte. Das also Glauben gleichzeitig voraussetzte und stiftete.
Als Offenbarung Gottes, als »Widerfahrnis des Sehens«, als »Erscheinungswiderfahrnis« wird dieses Sehen von Theologen unserer Zeit beschrieben: »Sehen von etwas, das einem zu sehen gegeben wird. Kein stets wiederholbares Sehen, nicht ein Sehen von etwas, das immer da ist« (Jürgen Moltmann). Vorausgreifendes Sehen, verbunden mit Berufung und Auftrag. Sehen als Wiedererkennen. »Ein reales Sehen in Raum und Zeit, ein Geschehen in dieser Zeit und Welt und doch zugleich ein Geschehen, das dieser Zeit und Welt Ende und Grenze setzt« (Günther Bornkamm).
Die Rettung Jesu aus dem Tod vollzieht sich im Bereich Gottes – ist keine Rückkehr in die Zeit. Eine Kamera hätte die Auferstehung nicht filmen können. »Halte mich nicht fest«, sagt der Auferstandene zu Maria Magdalena (Johannes 20,17).
»Als historisches Ereignis ist nur der Osterglaube der ersten Jünger faßbar« (Rudolf Bultmann).

Und dieser Osterglaube besagt: »Er ist auferstanden« – »Wir haben ihn gesehen!«

Wäre er nicht auferstanden, dann hätten weder die Verkündigung noch der Glaube einen Sinn.

Paulus, 1. Brief an die Gemeinde in Korinth 15,14

Ein Symbol entsteht, ein neues Zeichen, die Anfangsbuchstaben der Bezeichnung »Christus«: Chi - Rho: ☧ das Christusmonogramm.

Theodor-Sarkophag. Detail der Vorderseite. Sant Apollinare in Classe, Ravenna. Um 680.

Wer zu Christus gehört, ist ein neuer Mensch geworden.
Was früher war, ist vorbei. Etwas ganz Neues hat begonnen.

Paulus, 2. Brief an die Gemeinde in Korinth 5,17

Er wird zum »Christus« der Christen

Ostern ist das Zentraldatum der Christenheit. Ohne Ostern wäre kein christliches Bekenntnis, kein Christentum, kein christliches Abendland. Daß Christen sagen: »Jesus ist der Messias, der von Gott erhöhte Herr«, das hat das Christentum zur Weltreligion gemacht.
Was bliebe von Jesus »übrig«, wenn kein Mensch, geschweige eine Gemeinde, je gesagt, geglaubt und sich dazu bekannt hätte, daß er der Messias, der Christus, ist! (Fridolin Stier).
Ostern, das heißt, der alte jüdische Messias-Begriff erhält eine neue Bedeutung. Im Auferstandenen, in »Christus«, verdichtet sich alles, was durch und mit Jesus je geschehen ist. Christus, das heißt, der machtlos und elend am Kreuz verendete Mann aus Nazaret, ist schon am Kreuz der Retter, nicht in einer Zukunftszeit, sondern hier und jetzt. Er ist der Heiland, der Helfende, der Solidarische, der Bringer göttlichen Friedens, eine Hoffnung auf ewig. Und so auch wird ihn Lukas später verkünden, als den Retter von vornherein, als das Christus-Kind bereits in der Krippe.

Was ein Jude denkt:

Und wenn jene geschlagene und zermürbte Jüngerschar, die nach der Kreuzigung ihres Meisters drauf und dran war, seine Sache mit ihm zusammen zu Grabe zu tragen, sich über Nacht in eine heilsbewußte Glaubensbewegung verwandeln konnte, so war das im Grunde ein weit größeres Wunder als die Auferstehung selbst. Aus der Talsohle heraus gelang es jener Gruppe von Gefährten Jesu, sich zu der beglückenden Einsicht durchzuringen, daß der Tod als Übergang, das Kreuz als Prüfstein und die Auferweckung als Angeld auf das ewige Leben auszulegen sei.

Pinchas Lapide

Was Christen glauben:

Er ist der Messias! Ein Licht ist aufgegangen, wie ein Licht aus dem Dunkel der Nacht. Wir haben ihn »gesehen«. Mit Staunen. Mit Schrecken. Unbeschreiblich. Christus, das ist eine neue Qualität. Das ist der Glaube an den Unsichtbaren: »Selig, wer nicht sieht und doch glaubt« (Johannes 20,29)
Ja: Sehen! Anders sehen. Neu sehen. Mit dem Herzen. Mit den Augen des Glaubens. Wie ein Blitz ist das, wie ein Lichtblitz von Gott. Gott macht offenbar, was tief und verborgen ist. Gott macht etwas sichtbar: Er ist unter uns als der Lebendige, der Christus Gottes.

Gott ist auf unserer Seite.
Kann uns da noch jemand von Jesus Christus und seiner Liebe trennen?
Etwa Leid, Not, Verfolgung, Hunger?
Etwa Entbehrung, Gefahr oder Tod?
Nein, mitten in all dem triumphieren wir
mit Hilfe dessen, der uns seine Liebe erwiesen hat.

Paulus, Brief an die Gemeinde in Rom 8,31.35.37

Was die ersten Christen (Paulus vor allem) in kurzen Bekenntnistexten aussagten (Tod und Auferstehung haben eine erlösende Bedeutung), setzten die Christus-Prediger der nachösterlichen Zeit mit ihren Christus-Oster-Legenden fort.
Wozu ruft Ostern auf? Zur Auferstehung heute und jetzt. Zur Hoffnung der Christen, daß das Leben nicht vernichtet, sondern im Tod verwandelt wird. »Sterben gilt nicht für Gott und seine Kinder«, sagt die jüdische Dichterin Rose Ausländer.

Ostern ist nicht ohne die Gegenwart des Kreuzes zu denken. Darum trägt der Oster-Christus das Kreuz im Nimbus. Darum sprechen die Theologen vom Lebens-Kreuz, vom Oster-Kreuz. Darum setzten die frühen Christen an die Stelle des Cruzifixus den Siegeskranz und das Chi-Rho, das Herrschaftszeichen des Auferstandenen (Bild!). Darum erhält auch das weihnachtliche Christus-Kind des Lukas ganz konsequent den Kreuznimbus.

Sarkophag mit Christusmonogramm im Siegeskranz. Im Stil eines Passionssarkophags. Um 360. Ausschnitt. Museo Pio Cristiano, Rom, Vatikan.

Österlicher Christus mit Kreuznimbus. Buchmalerei der Reichenau. Gregormeister. Codex des Erzbischofs Egbert. Um 980. Trier.

Der Nimbus, die Ostersonne (hier das Kreuz einschließend, das über den Sonnenrand hinausragt, ein Bildmotiv, das sich nur in der westlichen Überlieferung findet) macht Jesus im Bild zum Christus. Malen konnte man solche Bilder nur als Ausdruck tiefster Erkenntnis, tiefsten Durchdrungenseins, nur von innen heraus. Machtvoll weist dieser Christus als *Lehrer der Weisheit* (*eine* der nachösterlichen Christusprädikationen), das Buch der Schriften fest umgreifend, voraus: »Ich bin der Weg. Ich bin Wahrheit und Leben« (Johannes 14, 6).

Grundsätzlich ist zu sagen: Der Auferstandene läßt sich nicht in ein Bild fassen. Seine Wirklichkeit weist über jedes Bild hinaus. Dennoch bestand (besteht) der Wunsch, ihn im Bilde zu haben. Darum der Nimbus als österliches Symbol und Würdezeichen. Zugleich markiert dies Zeichen aber auch die Grenze einer bildlichen Darstellung.

Er wird zum Gottes-Sohn

Anders als Juden und Muslime es akzeptieren können, ist Christus den Christen »Sohn« Gottes.

Ein Jude sagt:

Die Humanisierung der Menschenwelt,
ein Durchbruch zum Mitmenschen hin,
bedarf weder eines übermenschlichen Gottessohnes,
noch einer inkarnierten Gottheit,
wohl aber eines vorbildlichen, begnadeten Menschenbruders,
der so ist wie du,
um dir ein beispielloses Menschsein vorzuleben,
weder »auf den Wolken des Himmels«,
noch »sitzend zur Rechten des Vaters«,
sondern hier auf dieser gottgeschaffenen Erde,
die unsere gemeinsame Heimat ist.

Pinchas Lapide

Der Koran sagt:

Ungläubig, die da sprechen,
der Sohn der Maria ist Gott.
Wer Gott Ebenbilder zugesellt,
dem hat Gott den Himmel verwehrt.
Fern ist von seiner Heiligkeit,
daß er einen Sohn haben sollte.
Es gibt keinen Gott als den Einen Einzigen Gott.
Der Sohn der Maria war ein Gesandter.

Koran, aus Sure 5,72-76

Die Christen aber sehen Christus sowohl vom Alten Testament her als auch in Korrespondenz zur antiken Götterwelt als einen Gottes-Sohn: In Israel wurde der König am Tag seiner Inthronisierung zum »Sohn« Gottes erklärt: »Ich will für ihn Vater sein. Und er wird für mich Sohn sein« (1. Chronik 17,13). Der König reagierte entsprechend: Ich gebe bekannt, was der Herr verfügt hat. Er hat zu mir gesagt: »Du bist mein Sohn, heute habe ich dich dazu gemacht« (Psalm 2,7). Dies hatte indes nichts mit einer leiblichen, vielmehr mit einer Gottessohnschaft aus dem Geist zu tun.

Der antiken Welt war die Verehrung von gottgleichen Herrschern leiblicher Abstammung weithin selbstverständlich. Der ägyptische Pharao galt als leiblicher Sohn des Sonnengottes Re. Als Alexander Ägypten eroberte, ließ er sich ebenfalls als »Sohn des Re« verehren. Der Ptolemäer Antiochus IV. nannte sich »Epiphanes« (= sichtbar gewordene Gottheit). In Rom wurden Caesar als erstem göttliche Ehren zuteil. Nach seinem Tode wurde er auf Senatsbeschluß offiziell als Divus Julius (göttlicher Julius) in den Götterhimmel aufgenommen. Octavian sonnte sich in diesem Glanz seines Adoptivvaters. Auf einer frühen Münze bezeichnet er sich als »Sohn des Göttlichen« (Divi Filius).

Sein Ansehen bis in die fernsten Provinzen wuchs dadurch erheblich. Als er, noch hieß er Octavian, im Jahre 27 die res publica wiederhergestellt hatte, verlieh ihm der Senat den Titel »Augustus« = der »Verehrungswürdige«, der »Erhabene«, ein Titel, der bald Eigennamencharakter annahm. Später wurde der Monat Sextilis – bis heute unser Monat August – nach Augustus benannt. Bereits zu seinen Lebzeiten erbaute man Augustus in den Provinzen – in Rom duldete er das nicht – Tempel. Dort gestattete er auch den Titel »Soter« = »Heiland«. Ebenfalls bereits zu seinen Lebzeiten schrieb sein Freund, der Dichter Horaz (65-8 v. Chr.): »Hier auf Erden als Gott wird man Augustus ehren.« Kaum war Augustus im Jahr 14 n. Chr. verstorben, erhob der Senat ihn staatsoffiziell zum Gott.

Jetzt wurde ihm auch in Rom ein Tempel errichtet. Eine Münze zeigt, wie sein zweiter Nachfolger Caligula (37-41) ihm in diesem Tempel Opfer darbringt. Caligula war es auch, der von den Juden verlangte, im Tempel von Jerusalem eine Augustus-Statue aufzustellen.

Schon Cicero hatte in »De re publica« gesagt: »Ist es doch althergebrachter Glaube und weise von den Vorfahren geübt, daß wohlverdiente Staatsmänner nicht nur göttlich begabt, sondern auch Göttersöhne sind. So folgte dem Divus Julius (Caesar) der Divus Augustus, der »göttliche« Augustus, wie es bald sprichwörtlich wurde. Noch 65 Jahre später – eine Erinnerungsmünze des Kaisers Titus weist es aus – gedachte man öffentlich seiner Göttlichkeit.

Und so ging es weiter: Die Kaiser Trajan (98-117), Hadrian (117-138), sowie Commodus (180-192), der wahnsinnige Sohn Marc Aurels, ließen sich als Jupiter verehren. Unter Diocletian (284-309) wurde die Gleichsetzung des Kaisers mit Jupiter zur Staatsreligion. Erst Constantin (307-337), in seinen Anfangsjahren ein Anhänger des »Sol invictus«, des unbesiegten Sonnengottes, verzichtete seit 312 auf die Verehrung als Gottkaiser.

Paulus versteht die Auferweckung als Einsetzung des Christus zum »Sohn Gottes« (Römer 1,3f.). Dahinter steht das jüdische Krönungsritual von Psalm 2,7. In Galater 4,4-7 läßt Paulus auch die Christen als »Kinder«, als »Söhne« Gottes gelten, weil »Gott uns den Geist seines Sohnes ins Herz gab« (Galater 4,6). Für Markus ist bereits der irdische, der vorösterliche Jesus »Sohn« Gottes. Über dem von Johannes Getauften wird proklamiert: »Du bist mein lieber Sohn, heute habe ich dich erwählt!« (Markus 2,11). Das gleicht ebenfalls dem jüdischen Krönungsritual.

Lukas, über Markus hinausgehend, sieht Jesus von Empfängnis und Geburt an als »Sohn Gottes«, sieht ihn zugleich als Armutskind in der Krippe, dem Zeichen der Armut, kommt doch bei Lukas der Gottessohn zu den Armen. Ernst Bloch drückt das so aus: »Die christliche Liebe enthält die Neigung zu dem vor der Welt Unscheinbaren – als Begegnung mit ihm. Sie enthält das Pathos und das Geheimnis der Kleinheit. Daher wird das Kind in der Krippe so wichtig zusammen mit der Niedrigkeit aller Umstände im niedrigen, engen Stall.«

In seiner göttergläubigen griechischen Umwelt läßt Lukas den Engel bei seiner Ankündigung an Maria sagen: »Dies Kind wird »Sohn Gottes« genannt werden (Lukas 1,35). Und die Engel über den Hirtenfeldern Betlehems verkünden Christus als gottgeborenes Retterkind (Lukas 2,11-14). Ja, römische Kaisertitel werden auf das Kind übertragen. Noch entschiedener zeigt sich Johannes: Er stellt jedem nichtgöttlichen Verständnis von »Sohn Gottes« die Einzigartigkeit des Logos, des »eingeborenen«, »einziggeborenen« Sohnes vom Vater, voller Gnade und Wahrheit, gegenüber (Johannes 1,14).
Die frühen Konzilien vertieften diese Sicht.In Nicäa (325) rang man noch um ein »wesensgleich« – »wesenseins«, um das Faktum der vollkommenen Zugehörigkeit Jesu zu Gott. Im Credo des Konzils von Nicäa-Konstantinopel (381) heißt es dann: »Gottes eingeborener Sohn, aus dem Vater geboren vor aller Zeit: Licht vom Licht, wahrer Gott vom wahren Gott, gezeugt, nicht geschaffen, eines Wesens mit dem Vater.«
Martin Luther läßt keinen Zweifel daran, daß er sich damit identifiziert: »Der Sohn des Vaters, Gott von Art, ein Gast in der Welt hier ward« (1524, aus dem Weihnachtslied »Gelobet seist du, Jesu Christ«).
Viele heute indes können sich wiederfinden in dem, was schon der frühchristliche Schriftsteller Tertullian (um 160 - 220) schrieb: »Ex carne homo – ex spiritu deus«: »Mensch dem Fleisch, Gott dem Geiste nach«.

Wie kam es zur Rede vom gottgeborenen Christus-Kind?

Erst relativ spät erwachte im Urchristentum das Interesse an der Kindheit Jesu. Dann aber muß in den letzten Jahrzehnten des 1. Jahrhunderts die Frage nach der Geburt Jesu so herausfordernd gewesen sein, daß eine Verkündigung des Herrn nicht mehr mit dem Auftreten des Täufers Johannes und mit der öffentlichen Wirksamkeit Jesu beginnen konnte. Christen (auch Nichtchristen) wollten mehr über die Anfänge Jesu erfahren – zunächst weniger aus biographischen, denn aus theologischen Gründen. So entstand die Weihnachtsgeschichte des Lukas. Sie erzählt nicht, wie es historisch war, sie bezeugt von der Ostererfahrung her. Lukas konnte nicht absehen von seiner eigenen Christuserfahrung. Diese projizierte er zurück auf das nahezu hundert Jahre vorher irgendwo in Palästina geborene Kind Jesus. So ist die Weihnachtsgeschichte, zutiefst zeugnishaft (kerygmatisch) orientiert an der Geburt des Christus als Kind, des Christus-Kindes, entstanden.
»Und in österlichem Lichte gaben sie die Kunde weiter und erzählten die Geschichte der Geburt zu Betlehem« (Detlev Block).
Bei Hubertus Halbfas liest sich das so: »Die Urgemeinde hat die Anfänge des Lebens Jesu nicht historisch konstruiert, sondern sie aus ihrem Glauben an den ›erhöhten‹ Herrn interpretiert und aktualisiert. Indem Lukas die Kindheitsgeschichte in sein Evangelium einordnet, führt er die Heilsgeschichte des Kyrios Jesus bis in seine Geburt zurück.«
»Die österliche Perspektive eröffnet jenen Raum, in dem die Weihnachtspredigt ihren Ursprung hat und aus dem sie auch heute lebt. Sie bewahrt davor, das Weihnachtsevangelium zu psychologisieren und historisierend auszumalen, eine Gefahr, die sich mit der teilweise vordergründigen Weihnachtskultur unserer Tage einstellt. Die österliche Dynamik der Kindheitsgeschichte macht es auch unmöglich, Weihnachten lediglich als Erinnerung zu verstehen. Sie läßt nicht zu, sich in eine vergangene Welt zurückzuträumen und zu tun, als ob vorübergehend alles noch so sei wie damals. *Er* ist heute da, und zwar nicht als Kind in der Krippe, sondern als der Retter Christus Kyrios« (Franz Kamphaus).

Alles in allem ergibt sich im 1. Jahrhundert ein historisch-theologischer Entwicklungsgang in vier Schritten:

1. Jesuskind – Menschenkind:

Im Jahr 7 vor der Zeitrechnung wird das Kind Jesus als Sohn von Maria und Josef in Palästina geboren.

2. Jesus – Mensch unter Menschen:

Zwischen 27 und 30 tritt Jesus in Galiläa auf. Er verkündet seine Botschaft von der neuen Welt Gottes und hilft vielen Menschen. Im Jahr 30 wird er in Jerusalem gekreuzigt.

3. Christus – Sohn Gottes:

Dann als der Lebendige erfahren (Auferstehung), wird der Gekreuzigte von den Seinen als »Sohn Gottes«, als »Messias« (»Christus«) ins Bekenntnis aufgenommen.

4. Christus-Kind – Gotteskind:

Im Weihnachtszeugnis des Lukas um 90 wird die Geburt Christi Hirten in Betlehem, den Ärmsten der Armen, von Engeln (Gottesboten) als die Geburt des Gottes-Kindes, des Weltenretters, verkündet. Im Zentrum der Botschaft: Frieden für die Welt!

Die göttliche Sonne

Sonnengottheiten

Kein Symbol ist in der Geschichte des Mythos und des menschlichen Geistes bedeutsamer als das der Sonne. Schon in frühester Zeit erscheint die Sonnenscheibe als Gottessymbol. Vielerorts wird sie mit der Gottheit identisch. In Indien heißt es:
»Der gottgeborenen Leuchte, welche weithin schaut, dem Sonnengott, dem Sohn des Himmels, singt ein Lied« (Rigweda X,37). In Ägypten ist Nut die himmlische Mutter des Sonnenlaufes. Auf Erden erscheint sie als Hathor, das »Sonnenauge«. Das strahlende Gestirn ist identisch mit dem Gott Re. Amenophis IV. (14. Jh. v. Chr.) nennt sich nach der Sonne (= Aton) Echnaton (= Aton gefällig). Er begründet den ägyptischen Sonnnenkult. Hymnisch besingt er die Sonne: »Wenn du aufleuchtest, so leben und wachsen wir für dich. Du bist die Lebenszeit selbst.« Auf den Skulpturen der Echnaton-Zeit enden die Strahlen der göttlichen Sonne in menschlichen Händen.
Die Babylonier kennen den Sonnengott Schamasch, die Assyrer den Sonnengott Asur im geflügelten Sonnenrad. In Palmyra wird Malek-Bel als Sonnengott verehrt, in Emesa Heliogabal, den Kaiser Elagabal (218-222) als Hoherpriester dieses Gottes nach Rom brachte.
Sonnenbarken und Sonnenwagen, Sonnenpferde und Sonnenvögel kennen die Kulturen. Überall finden sich Kultstätten für die Sonne, in der Sonnenstadt Heliopolis in Ägypten ebenso wie in der Inka-Stadt Cuzco mit ihrem Sonnentempel.
Homer spricht in der Odyssee vom »Gott der menscherleuchtenden Sonne«. Das Alte Testament sieht es nicht anders: »Gott der Herr ist die Sonne, die uns Licht und Leben gibt« (Psalm 84,12). Mithras, der im 2.-4. Jahrhundert n. Chr. vor allem von römischen Soldaten verehrt wurde, und dessen Kult eine der »neuen« Religionen des Römischen Reiches war, hatte seinen Ursprung als bedeutender Gott des Sonnenlichtes und der Fruchtbarkeit im Iran. Auf seinen römischen Kultbildern erscheint immer auch Sol, der Sonnengott. Für die Mithras-Jünger war der tägliche Sonnenaufgang gleichzusetzen mit der täglichen Neugeburt des Gottes. Auch Mithras vermochte – manche Darstellungen zeigen es – wie Helios auf dem Sonnenwagen den Himmelsbogen emporzufahren. Später bauten die Christen ihre Kirchen über die tiefliegenden Mithrasheiligtümer.
»Gott ist das hellste Licht«, schreibt Hildegard von Bingen im 12. Jahrhundert. Und im 15. Jahrhundert philosophiert Nicolaus von Cues ausführlich über den Satz »Gott ist die Sonne«.
Aus der Sonnenverehrung erwuchs der Monotheismus. Nach Cicero speisen sich die beiden lateinischen Wörter »sol« (= Sonne) und »solus« (= allein, einzig) aus derselben Wurzel. Rom machte in dem Jahrhundert zwischen Elagabal und Constantin (307-337) den Sol Invictus, den unbesiegten Sonnengott, zur Staatsgottheit. Octavius, der Vater Octavians, glaubte, so berichtet der römische Historiker Dio Cassius (3. Jh.), mit der Geburt seines Sohnes (63 v. Chr.) sei im Schoß der Mutter die Sonne aufgegangen.
Für das Christentum wird Helios (= Apoll), der Griechengott, der als Allherrscher, Geist, Kraft, Licht der Welt in seinem vierspännigen Wagen die Sonnenbahnen durcheilt, bedeutsam, weil christliche Theologen dies Bild unmittelbar übernahmen.

Helios fährt in der Quadriga gleich der Sonne triumphierend über den Himmel. Antikes Mosaik.

Christus – der neue Helios

Gewölbemosaik der kleinen Grabkammer »M« der Julier in der Nekropole unter St. Peter. Rom, Anfang des 3. Jahrhunderts.

Christus mit Strahlennimbus auf dem auffahrenden Wagen des Helios (im zerstörten Teil zum Viergespann zu ergänzen) inmitten von Weinreben, Symbolen des lebensspendenden Altarsakramentes. Aussage: Christus ist der wahre Gott der Sonne!
Einzig bekannte Darstellung dieser Art, vermutlich gegen den Kult des Sol invictus gerichtet. »Ein kühnes Glaubensbekenntnis.«

»Alles an ihm ist lichthaft, das Auge feurig, weckend, belebend. Das in späthellenistischer Zeit geprägte, längst zum Schema erstarrte Herrscherbild mit den Lichtzacken ist hier in einem höheren Sinne ›aufgehoben‹. Es gewinnt eine sieghaft strahlende Lebendigkeit und zeigt, wie organisch die Verbindung von Antike und Christentum sein konnte« (Eduard Syndicus).
Es ist schon einmalig, wie Jesus, Mensch unter Menschen, 200 Jahre nach seinem Tod gleich Apoll mit dem Viergespann zu den Sphären des Himmels aufsteigt. Alle alten religiösen Positionen scheinen neu besetzt. Doch das Alte hat nicht automatisch seine Kraft verloren. Es verschmolz mit dem Neuen. Es hat das Neue wirkmächtig verändert. Aber es blieb darin erhalten. Nicht von ungefähr wurde der Mann aus Nazaret zum Sonnen- und Himmelsgott.

Nach einem Wort des Propheten Maleachi (Maleachi 3, 20) nannten die frühen Christen den Christus Helios auch die »Sonne der Gerechtigkeit«! Clemens von Alexandrien (um 150-215) schreibt: »Alles ist nun Licht geworden, das nicht untergeht. Und die Himmelsgegend des Sonnenuntergangs ist verwandelt in die des Sonnenaufgangs. Das ist der Sinn der neuen Schöpfung. Denn er, der auf seinem Sonnenwagen an allen Dingen vorbeifährt, die Sonne der Gerechtigkeit, besucht ohne Unterschiede die ganze Menschheit. Er ist der über das All dahinfahrende Helios der Gerechtigkeit.«
Und Christian David singt 1741: »Sonne der Gerechtigkeit, gehe auf zu unsrer Zeit; brich in deiner Kirche an, daß die Welt es sehen kann. Erbarm dich, Herr.«

Er fährt auf zur Vollendung
seines Werkes in der Welt
auf dem Viergespann der Jahreszeiten.

Bischof Zeno von Verona um 380 über den Christus-Helios

Wie die Sonne von Ost nach West,
so steigt Christus von den Tiefen des Hades
zum Himmel auf.

Athanasius von Alexandrien, 295-373

Wach auf, du Schläfer!
Steh auf vom Tod!
Denn Christus, deine Sonne,
geht auf für dich.

Paulus, Brief an die Gemeinde in Ephesus 5,14

Christus – der neue Sol

Im Jahr 321 erließ Kaiser Constantin das Sonntagsgesetz: Der »venerabilis dies solis«, der »verehrungswürdige Tag der Sonne« (die Ostersonne von Markus 16,2 spiegelt sich) wurde zum allgemein verbindlichen Ruhe- und Feiertag, von dem nur die arbeitende Landbevölkerung ausgenommen war.
So war die Ostersonne gewissermaßen institutionalisiert. Ebenso wichtig wurde die Institutionalisierung der Weihnachtssonne. Sie beruht auf der Ablösung des Sol invictus, des unbesiegten Sonnengottes (der alles überwindenden Allgewalt des Tagesgestirns), dessen Kult römischer Reichskult geworden war, durch Christus, den neuen Sol. Wie kam es dazu?
Die Römer kannten den Sol invictus bereits seit der Mitte des 2. Jahrhunderts. Unter Kaiser Elagabal, der vor seiner

Kaiser Aurelian mit der berühmten Strahlenkrone (Sonnendiadem des Sol), wie viele Kaiser des 3. Jahrhunderts sie trugen. Umschrift: Imp(erator) Aurelianus P(ater) Aug(ustus).

Sonnenaltar aus Rom (Ausschnitt), von Auswanderern aus Palmyra dem Sol Invictus errichtet. »Soli sanctissimo« beginnt die (hier nicht sichtbare) Inschrift. Bezeichnend, wie der Kopf des Sonnengottes (Strahlen, Nimbus) mit dem Machtsymbol Roms, dem Adler, verbunden ist.

Thronbesteigung 218 Priester des Sonnengottes in Emesa am Orontes gewesen war, gab es dann in der Hauptstadt einen ersten kurzzeitigen Sol-Kult mit Tempel und einem schwarzen Stein als Götterbild. Er erlosch mit der Ermordung Elagabals 322. Wichtiger wurde Kaiser Aurelian (270-275). Er besiegte, wie er glaubte, vom örtlichen Sonnengott unterstützt, die Königin Zenobia von Palmyra. Als Dank brachte er den dortigen Gott (es war ein anderer als der des Elagabal) nach Rom, errichtete ihm einen großartigen Tempel mit Senatoren als Sonnenpriestern (pontifices Solis!), weihte diesen Tempel am 25. Dezember 274 und erhob den Kult des Sol invictus zum römischen Reichskult. Sol war nun der dominus imperii Romani, der Herr des römischen Imperiums. Die Römer hatten erstmals den einen Gott! Sein Jahresfest (der Stiftungstag des Tempels) wurde von nun ab – bis in die Zeit Kaiser Constantins – alljährlich festlich begangen.
Erst nach dem Konzil von Nicäa (325) mündete dieser Kult in das christliche Weltbild. Das Jahresfest des Sol invictus wurde nun umgewidmet, das Datum übernommen.

Der erste an einem 25. Dezember in Rom gefeierte Weihnachtsgottesdienst ist für das Jahr 333 belegt. In der Ostkirche indes hält man bis heute am älteren Datum, dem 6. Januar, fest.

Es ergibt sich:
Aus der Verchristlichung des Sonnenkultes entstand das Weihnachtsfest. In den ersten drei Jahrhunderten feierte man am Epiphaniastag, dem 6. Januar, unter dem Bild der anbetenden Magier die Ankunft des göttlichen Kindes und die Berufung aus der Finsternis zum Licht. Schon um 200, also noch vor dem Zusammenstoß mit dem Sonnenkult der römischen Kaiser, wurde bei den Kirchenschriftstellern das Sonnengleichnis für Christus immer häufiger. Was die Sonne im Kosmos, das war Christus in der Ordnung des Heils. Die Sonne erschien Tag für Tag im Osten. Darum betete man nach Osten gewendet: Ex oriente lux! Augustinus, wortmächtig, brachte dann im 4. Jahrhundert das Zentralereignis des neuen Äons in einem Zweizeiler zum Ausdruck:

Verbum caro opportune tempore:
Conditor solis, conditus sub sole.

Die Menschwerdung des Schöpfers
geschah zu passender Zeit:
Der Schöpfer der Sonne kam
am Sonnengeburtstag zur Welt.

Und leuchtet als die Sonne in seiner Mutter Schoß – Das Christus-Kind als der kleine Sol

Das Christus-Kind mit der Kreuz-Sonnenscheibe allein auf dem Thron. Ausschnitt aus dem Mosaikzyklus des Triumphbogens. 432-440. Santa Maria Maggiore, Rom.

Das Christus-Kind, der kleine Sol, als Weltenherrscher auf dem Schoß der Mutter. Um 525. Sant Apollinare Nuovo, Ravenna.

Ein monumentales Repräsentationsbild ist dies Szenarium mit dem weißgekleideten Christus-Kind, das allein auf dem schwellenden Polster des edelsteingeschmückten, purpurverhangenen, viel zu großen Thrones sitzt. Das Herrscherkind trägt das Kreuz im Nimbus. Über ihm der achtstrahlige Stern der Magier und vier geleitende Engel, von denen einer den Nimbus des Kindes berührt.

»In diesem Christustyp des Immanuel (= Gott mit uns) glaubte man die Wesensgleichheit mit Gott am besten ausgedrückt. Das Bild ist offenkundig vom römischen Herrscherkult, der in Roms Stadtkultur besonders beliebt war, beeinflußt« (Edith Neubauer).

Bild rechts: Die Kirche, in der sich dieses Bild am östlichen Ende der Nordwand des Schiffes findet, wurde vom Ostgotenkönig Theoderich vor 526 fertiggestellt. Sie diente zeremoniellen Gottesdiensten des Hofes.

Wir sehen ein Bild herrscherlicher Hoheit. Das Ganze ist selbstbewußt durchkomponiert. Maria thront mit dem Logos-Knaben auf dem Schoß in strenger Frontalität. Sie ist Sinnbild einer höheren Ordnung, der sich der Mensch im kultischen Geschehen unterwirft. »Die nimmer sinkende Sonne, jetzt geht sie auf aus dem Schoß einer Jungfrau, zu erleuchten alles, was unter der Sonne lebt« (frühchristliche Liturgie).

Der Thron mit dem schwellenden roten Sternenpolster, mit Perlen- und Edelsteinschmuck, trägt oben zwei kleine in sich kreisende Sonnen. Maria mit ihrem ebenmäßig-ausdrucksvollen Gesicht (groß die Augen) hat auf der Stirn ein kleines Kreuz, ein zweites auf der dunkelvioletten Palla direkt darüber. Umgeben ist der Kopf von einem mächtigen rot-weiß gerandeten Nimbus. Der Kreuznimbus des herrscherlichen Kindes leuchtet gleich einer Sonne. Das weiße Gewand des Kindes hebt sich von dem dunken der Mutter farblich konstrastierend ab. Eine senkrechte Linie läuft über die beiden Köpfe, eine diagonale über die beiden ausgestreckten Hände.

Das ist die Maria, die vom Konzil in Ephesus 431 zur »Theotokos«, zur »Gottesgebärerin« erhoben wurde.

»Er leuchtet als die Sonne in seiner Mutter Schoß«, heißt es in dem alten Weihnachtslied »In dulci jubilo« (14. Jh.).

Hundert Jahre liegen zwischen diesen beiden Mosaiken. Was sie verbindet, ist die in der ost- wie weströmischen Staatskunst jetzt gültig gewordene Sicht: Bereits als Kind war er der Weltenchristus im Zeichen der Sonne.

Und leuchtet als die Sonne – vor Gott

Ostern, Weihnachten und die Verklärungsgeschichte

Ein einzigartiges Bildzeugnis dafür, daß Christen der Katakombenzeit die christologische Sicht des Lukas teilten, ist ein kaum erhaltenes Freskofragment vom Ende des 4. Jahrhunderts aus der Katakombe von San Sebastiano an der Via Appia in Rom. Die Nachzeichnung offenbart, was sich christologisch begeben hat: Ein überdimensionales Brustbild des jugendlichen Auferstandenen mit Nimbus (= Lichtglanz der Sonnenscheibe) erscheint über einem gewickelten Neugeborenen auf einer Pfostenkrippe mit erhöhtem Kopfteil. Unmittelbar dabei die Köpfe von Ochs und Esel. Entscheidend ist nun, daß auch das Kind den Nimbus trägt. Dieser, sozusagen vom

Osterchristus her übertragen, macht das Kind von Maria und Josef zum Christus-Kind von Anfang an. Die Ostersonne ist zur Weihnachtssonne geworden. Religionsgeschichtlich ist der meist goldfarbene Lichtring (lateinisch »nimbus« = Wolke; griechisch »halos« = Scheibe der Sonne/des Mondes) – er erscheint bei Christus etwa ab 350, bei Maria und den Aposteln erst im 5. Jahrhundert – auch in östlichen Religionen (Hinduismus, Buddhismus) bezeugt. In der Antike wurde er Göttern, Halbgöttern, später den römischen Kaisern zuteil. Er ist also ein Sinnbild höchster Auszeichnung. Kein Wunder, daß man das Antlitz Christi schon früh damit umgab.

Das Sonnenantlitz – Verklärung und Geburt

Rechts: Eine fast unglaubliche Szenerie tut sich auf in diesem großartig komponierten, farbig höchst delikaten Vierfelderbild. Auch im frühen Mittelalter wird der Osterchristus (der der Verklärung ist kein anderer) dem weihnachtlichen Christus-Kind vorgeordnet.

Oben links stürzen sich sechs Engel geradezu auf das gewickelte Kind (ein Erwachsener mit riesigem Kreuznimbus in der Kastenkrippe unter dem Stern). Die Krippe trägt eine Inschrift: »verbum caro factum est« = nach der lateinischen Bibel (Vulgata): Johannes 1,14: »Das Wort ward Fleisch«!

Oben rechts, nur durch den von unten her aufstrebenden Baum des Lebens getrennt, die ebenso dynamische Verkündigung an drei Hirten, deren Schafe einerseits staunend zu der Krippe, andererseits ebenso erstaunt zu ihren Herren aufblicken. Darunter, unter einem vielfarbig herabzuckenden Himmel (»leuchtende Wolke«, Matthäus 17,5; »schattenwerfende Wolke«, Markus 9,7), der Christus der Verklärung »in seiner ganzen Hoheit« (Lukas 9,32) zwischen Mose und Elija auf dem Berg. Während er betet, »verändert sich sein Gesicht« (Lukas 9,29). »Es leuchtet wie die Sonne« (Matthäus 17,2). Sein Kreuznimbus, Zeichen der österlichen Herrlichkeit, ragt direkt in den geöffneten Himmel hinein und trägt, wenn man so will, die Krippe.

Im vierten Bildteil rechts, nach unten weggestürzt – einer in sich verkrümmt –, die Jünger Petrus, Johannes und Jakobus. Gleichsam vom Alten Testament durch Mose und Elija (durch das Gesetz und die Propheten!) gestützt, haben wir vor uns das bei Matthäus und Lukas nur indirekt erfahrene, hier aber (wie in der Taufszene Markus 1,11) direkt ausgesprochene Bekenntnis Gottes:

Dies ist mein Sohn.
Ihm gilt meine Liebe. Ihn habe ich erwählt.
Auf ihn sollt ihr hören.

Matthäus 17,5

Was der ottonische Malermönch hier im Bild zusammenschaut, hat theologische Aussagekraft. Die beiden Christusköpfe, der des verklärten Auferstandenen und der des erwachsenen Gewickelten in der Krippe, sind – wie in der frühchristlichen Katakombenzeichnung oben – einander ganz nahe. »Et videmus gloriam eius« – »Und wir sahen seine Herrlichkeit« – steht in der Textzeile unten.

Geburt Christi,
Hirtenverkündigung und Verklärung.
Bamberger Evangeliar aus Köln. 1. Drittel 12. Jh.
Staatsbibliothek Bamberg.

VERBV CARO FACTVE
MOYSES
HELIAS
ET HABITAVIT IN NOBIS
ET VIDIMVS GLORIA EIVS GLAM QVASI VNIGENITI A PATRE

Heil der Welt – Der Heiland

Ein »Heiland« in Rom – Die Pax Romana

Schon Vergil hatte nach der friedlichen Einigung des jungen Octavian mit Marcus Antonius (es ging um Landverteilungen in Italien) bei Brindisium im Jahr 40 in seiner 4. Ekloge ein Hoffnungslied auf den Weltfrieden verfaßt. Octavian, nach Caesars Tod im Kampf um die Macht noch grausam und skrupellos, wandelte sich nach dem See- und Landsieg über Antonius bei Actium im Jahr 31 gründlich.
Es wurde abgerüstet. Octavian verringerte die Zahl der Legionen auf 28.
Am 12. Januar 29 wurden in Rom die Tore des Janus-Tempels geschlossen. Das geschah nur, wenn Frieden herrschte. Der Bürgerkrieg war beendet, die Ära eines neuen dauerhaften Friedens angebrochen. »Nichts können die Menschen von den Göttern erflehen,« schreibt der 20 v. Chr. geborene römische Historiker Velleius Paterculus später, »was nicht Augustus dem Staat, dem römischen Volk und dem Erdkreis vor Augen gestellt hätte: Der zwanzigjährige Bürgerkrieg wurde beendet, die auswärtigen Kriege niedergeschlagen, der Friede zurückgerufen, die Raserei der Waffen unterdrückt. Den Gesetzen wurde ihr Gewicht, den Gerichten ihr Ansehen, dem Senat seine hohe Würde zurückgegeben, die Gewalt der Beamten in die Schranken gewiesen. Ruhe und Sicherheit unter den Menschen wurde wiederhergestellt.« Octavian ordnete die Verhältnisse in Gallien und im Osten und brachte den Ländern des Erdreiches durch seine Gegenwart die Segnungen des Friedens. Kurzerhand ernannte er Apoll zum Gott des Friedens. Die Pax Romana nahm ihren Anfang.

Das alles fand einen ersten Ausdruck auf einer Münze des Octavian, die zwischen 31 und 27 geprägt wurde. Sie zeigt ein Tropaion, ein Denkmal der Flucht, bzw. des Sieges. Es wurde dort errichtet, wo der Feind sich zur Flucht gewendet hatte. Es bestand aus an Baumstümpfen aufgehängten Waffenstücken der feindlichen Beute. Hier ist der Stamm mit Brustpanzer, Helm, Schild, Speeren im Schiffsbug einer halben Galeere errichtet. Es ist gewissermaßen die Abrüstungsmünze des Siegers der Schlacht von Actium.

Im Friedensreich des Augustus, so heißt es später, einem Imperium der vielen Kulturen, einer Oikoumene, reisten die Menschen. Sie trieben Handel. Sie philosophierten, schrieben, redeten unangefochten miteinander, wie nie zuvor. Augustus war »Erster unter den Bürgern« (»princeps omnium«), erster Diener und Priester seines Reiches. Persönlich lebte er bescheiden.
Man gedachte seiner beim Tischgebet und auf dem Sterbebett. Kein Wunder, daß die Christen sich in diesem Reich mit seinen geschützten Land- und Seewegen, vor allem auch in der Zeit Kaiser Trajans (98-117), als das Römische Reich seine größte Ausdehnung erreichte, weithin ungehindert ausbreiten konnten.
Großartigster Audruck des augusteischen Friedenswillens ist der im Jahr 9 v. Chr. auf dem Marsfeld in Rom errichtete Friedensaltar (ara pacis), der erhalten ist. Er ist Beispiel eines ins Kultisch-Sakrale erhöhten Reichsfriedens.
Noch 250 Jahre später erinnern sich die Christen jenes »Goldenen Zeitalters«. Um 230 schreibt der Christ Origenes: »In seinen (des Augustus) Tagen ging die Gerechtigkeit auf und die Fülle des Friedens, die mit seiner Geburt begann.«

Rechts: Augustus, kein Soldat, geschweige denn ein Feldherr – die Schlacht von Actium gewann der ihm treu ergebene Agrippa – wird hier dennoch als solcher dargestellt. Was man nicht sieht: Mit weitgereckter Rechter spricht er zu seinen Truppen, barfuß. Das heißt, er ist Gott. Götterstatuen waren barfuß. Und der kleine Amor (Eros) an seinem rechten Bein erinnert an die Göttin Venus, auf die Augustus sein Geschlecht, das der Julier, zurückführte.
Auf dem prachtvollen Relief des Brustpanzers der Statue spannt der bärtige Himmelsgott »Caelus« (griech. »Uranos«) das Himmelstuch aus. 350 Jahre später, im Sarkophag des Junius Bassus (Rom 358), wird Christus seine Füße auf diesen Himmelsgott setzen. Unter Caelus lenkt Sol, noch ganz der griechische Helios, sein Viergespann durch die himmlichen Gefilde. Vor ihm die geflügelte »Aurora«, die »Morgenröte« (griech. »Eos«), seine Schwester, und »Phoebus« mit der Fackel, »der Leuchtende« (griech. »Apoll«).
Der Gottkaiser trägt also den antiken Götterhimmel auf seiner Brust. Und daß Sol im Zentrum steht, macht auch Augustus zum Sol, zum Sonnengott. Gleichzeitig aber wird er, wie die Kaiserinschrift von Priene verdeutlicht, als Heil der Welt, als Heiland, gesehen. Auf den Schulterspangen je eine Sphinx, die gleich der Sibylle als Zukunftsprophetin galt. Unten auf dem Panzer (nicht zu sehen) u. a. die Erdgöttin »Ceres« (»Mutter Erde«) mit zwei Kindern und dem Füllhorn, dem Symbol des Gedeihens, das mit dem Frieden kommt.
Auch nach seinem Tod wird Augustus, wie er es zu Lebzeiten immer wollte, nur als tatkräftiger junger Mann dargestellt.

Der römische »Heiland« Augustus von Primaporta. Ausschnitt. 14 n. Chr. oder später. Die Statue wurde 1863, völlig erhalten, in Rom an der Via Flaminia in den Ruinen einer Villa seiner Frau Livia gefunden. Vatikanische Museen.

Ein politisches Evangelium – Die Kaiserinschrift von Priene

Paulus Fabius Maximus, Prokonsul und Statthalter der Provinz Asia (Kleinasien), Hocharistokrat aus dem engsten Freundeskreis des Augustus, vom Kaiser mit persönlichem Auftrag entsandt, wollte seinen hohen Gönner in besonderer Weise ehren. Er hatte entdeckt, daß der kleinasiatische Neujahrstag, der auf das Herbstaequinoktium fiel, nahe am Geburtstag des Kaisers lag. So stellte er im Jahr 9 v. Chr. an den Landtag von Asia den Antrag, eine kleine Kalenderreform vorzunehmen und den 23. September als neuen Anfangstag des Jahres zu deklarieren. Der Landtag folgte dem Antrag. Beide, Antrag, wie Landtagsbeschluß, sind erhalten – amtliche Originaldokumente von unschätzbarem Wert, religionsgeschichtlich vor allem, weil hier zum ersten Mal der Begriff »Evangelium« für die kaiserlichen Epiphaniefeste gebraucht wird.

Gleich in den ersten Zeilen seines Antrags nennt Fabius Maximus den Geburtstag des allergöttlichsten Kaisers – »allergöttlichst gehörte in Kleinasien gewissermaßen zum hoftheologischen Dekorationsminimum« (Ethelbert Stauffer) – den Anfang aller Dinge. Denn der Kaiser habe die heillos zerrüttete Gestalt dieser Welt wiederhergestellt. Er habe den Kosmos vor dem Verderben gerettet und ihm ein neues Gesicht gegeben. Seine Epiphanie bedeute darum auch für jeden Einzelnen den Anfang eines neuen Lebens.

Der Landtag gestand Fabius Maximus einen Ehrenkranz zu, zugleich legte er fest, daß der Beschluß inschriftlich festzuhalten sei. Eine dieser Steininschriften wurde 1890 in der Stadt Priene (heute Türkei) entdeckt. Sie gilt seitdem als die Evangelieninschrift von Priene, als das Kaiser-Evangelium.

Der Kaisergeburtstag wurde so etwas wie eine zeitliche Markierung der Menschheitsgeschichte. In dem Beschluß heißt es u. a.: »Mit der Epiphanie des Kaisers sind die Hoffnungen der Vorzeit überschwenglich erfüllt. Denn er hat nicht nur die Segensbringer, die vor ihm waren, in den Schatten gestellt, sondern auch den kommenden Segensbringern alle Aussicht genommen, ihn zu übertreffen.«

Die Inschrift von Priene:

Dieser Tag hat der Welt ein anderes Gesicht gegeben.
Sie wäre dem Untergang verfallen gewesen, wenn nicht
in dem neu Geborenen für alle Menschen das Heil aufgestrahlt wäre.
Richtig urteilt, wer in diesem Geburtsfest den Anfang des Lebens
und aller Lebenskräfte für sich erkennt.
Endlich ist die Zeit vorüber,
da man es bereuen mußte, geboren zu sein.
Die Vorsehung hat diesen Mann mit solchen Gaben erfüllt,
daß sie ihn uns und den kommenden Geschlechtern
als Heiland (Soter) gesandt hat.
Jedem Krieg wird er ein Ende setzen, alles herrlich ausgestalten.
In seiner Erscheinung sind die Hoffnungen der Vorfahren erfüllt.
Er hat nicht nur die früheren Wohltäter der Menschheit allesamt übertroffen; es ist unmöglich,
daß je ein Größerer käme.
Der Geburtstag dieses Gottes hat der Welt
eine frohe Botschaft (Evangelium) gebracht:
Mit seiner Geburt beginnt eine neue Zeitrechnung.

»Wer die Sprache solcher Ankündigungen und Inschriften im Ohr hat, wird die Ankündigung der Geburt Jesu, das Lied der Engel auf dem Hirtenfelde, anders hören und verstehen. Er wird erfahren, wie sehr das Evangelium die Sprache der Zeit spricht. Der Geburtstag des Kaisers ist der Beginn einer neuen Zeit; seine Erlasse sind Evangelien. Er trägt den Titel ›Heiland‹ (›Retter‹). Mit seiner Geburt strahlt Licht auf in der Welt« (Eleonore Beck).

Ein weltliches Adventslied – Die vierte Ekloge Vergils

Schon zieht der Weltalter letztes herauf nach dem Wort der Sibylle,
und von neuem beginnt der Jahrhunderte mächtiger Kreislauf.
Schon kehrt die göttliche Jungfrau zurück und die Goldene Urzeit.
Schon steigt vom hohen Olymp ein neues Geschlecht zu uns nieder.

Sei der Geburt des Knaben, mit dem jetzt das Eiserne Weltjahr
endlich sich schließt und das Goldene rings sich erhebt auf dem Erdkreis,
keusche Diana, geneigt. Schon herrscht dein Bruder Apollo.

Göttliches Leben empfängt der Knabe und schaut die Heroen,
unter die Götter gemischt, und wird selbst unter ihnen erscheinen –
Friedenskönig des Reichs, das die Kraft des Vaters gebaut hat.

Komm, schon nahet die Zeit, tritt an die erhabene Laufbahn,
Kind und Liebling der Götter, du Jupiters herrlicher Nachwuchs!
Sieh, wie das schwere Gewölb des Weltalls schwanket und bebet,
Länder und Räume des Meers ringsum und die Tiefen des Himmels.
Sieh, wie alles sich freut des kommenden Weltenjahrhunderts!

Komm doch, Knabe, o komm, und grüße mit Lächeln die Mutter!
Trug sie doch Schmerzen genug um dich in neun langen Monden.

Publius Vergilius Maro (71-19 v. Chr.), deutsch von Ethelbert Stauffer (gekürzt)

Vergil, einer der größten Dichter der Antike, mit Klio, der Muse der Geschichte (links), und Melpomene, der Muse der Tragödie (rechts).

Auf der Papyrusrolle in Vergils Hand der 8. Vers der Aeneis. 3. Jh.n.Chr. Bardo Museum, Tunis.

Vergil, Freund des Augustus, hat in der vierten Ekloge (Ekloge = ausgewähltes Gedicht) seiner Bucolica, diesem »wichtigsten Dokument des vorchristlichen Messianismus« (E. Stauffer), ein Hirtenlied geschaffen, in dem er nach jahrzehntelangen Bürgerkriegen die Sehnsucht nach einem dauerhaften Frieden (Pax Romana) und einem Friedensfürsten ausgesprochen hat. Das Lied entstand um 40 v. Chr.

40 war das Jahr des Friedens von Brindisi zwischen den rivalisierenden Nachfolgern Caesars, zwischen Antonius und Octavian. Vergil verkündet mit kühnen Worten den Anbruch einer neuen Weltzeit in der Geburt eines Kindes. Aber man weiß nicht, an welches Kind er gedacht hat. Erst in der 29-19 entstandenen Aeneis (dem römischen Nationalepos) nennt er den, der da kommen soll, konkret:

Dies ist der Mann, dies ist er, der längst den Völkern Verheißene,
Caesar Augustus, Sohn Gottes und Bringer der Goldenen Endzeit.

Bei den Christen fand das Hirtenlied großen Anklang: »Göttliche Jungfrau«, »Geburt des Knaben«, »Friedenskönig des Reiches«, »erhabene Laufbahn«, »Goldene Weltzeit«, aber auch »Schmerzen der Mutter in neun langen Monden«, das waren Worte, die ihnen gefielen. 365 Jahre nach seiner Entstehung wurde das Hirtenlied auf dem Konzil von Nicäa (325) den versammelten Bischöfen von Kaiser Constantin in griechischer Übersetzung (und in einer Fassung, die bereits eine Deutung auf Christus vornahm) vorgetragen. Vergil war den Christen seitdem der »Christianus ante Christum«!

»Vergil war kein Prophet wie Jesaja ... Aber er hat einen mythischen Stoff gestaltet, der Beziehung zur ewigen Wahrheit der Engel, der Erzväter und Propheten hatte« (Theodor Haecker).

Der »Heiland« Christus – Die Pax Christiana

Augustus trug die Titel »Pater patriae«, »Vater des Vaterlandes«, und »Princeps«, »Der Erste«, Inhaber des höchsten sozialen Rangs in der römischen Welt, von ihm selbst als »Erster unter den Bürgern des Reiches« verstanden. Auf Augustus geht die Pax Romana, der römische Reichsfriede, zurück.
Spätestens seit Domitian (81-96), dem selbstherrlich-tyrannischen Flavierkaiser, aber war die Pax Romana durch innenpolitisches Despotentum, durch Verfolgung, Streit und Leid, unglaubwürdig geworden. Der Friedenskult des Divus Augustus, jahrzehntelang in Münz- und Steininschriften, in Standbildern, Altären und Tempeln betrieben, war erloschen. Der Gott-Kaiser Augustus war nicht mehr glaubwürdiger Retter der Welt; sein Geburtstag nicht mehr Anfang aller Zeiten, sein Goldenes Zeitalter von einer anderen Epoche abgelöst.
Für Lukas (um 90) mußte es deutlich geworden sein: Die auf die Legionen gestützte Pax Romana war nur Friede auf Zeit gewesen. Der Friede Christi aber, in der gesamten griechisch-römischen Welt offenbart, dieser Friede Gottes, höher als alles, was Menschen zu denken vermögen, bedeutete Hoffnung auf ewig (Jesaja 9,6). Dieser Friede hatte – allem alltäglichen Streit und Krieg zum Trotz – Bestand.
Die Konkurrenz Christus-Augustus war eindeutig zugunsten des Messias Jesus, des herrscherlichen Sohnes Gottes, entschieden.
Der augusteische Friede war dahin. Der augusteische Reichsgedanke aber lebte weiter. Die jungen germanischen Völker übernahmen ihn und verwandelten ihn unter dem Einfluß des Christentums zur Idee des »Sacrum Imperium«.
Mit dem für das Aachener Münster gestifteten, in Köln um 1000 gefertigten Lotharkreuz, dem nach Programm und künstlerischer Kraft bedeutendsten Kreuz des Abendlandes (es gibt in der Welt nichts Vergleichbares), wollte Kaiser Otto III., Sohn der byzantinischen Theophanu, sich als Nachfolger des Augustus der römischen Kaiserwürde bemächtigen. Er wollte sein Herrschaftprogramm symbolisch darstellen: einerseits die »renovatio imperii«, die Wiederherstellung der römischen Kaiserherrschaft auf deutschem Boden, andererseits den Anspruch, Stellvertreter Christi (vicarius Christi) auf Erden zu sein.

Folgende Deutung legt sich nahe:
Das Kreuz schließt den Kaiser ein. Es überwindet ihn. Es nimmt ihn neu wieder in Anspruch. Nicht mehr zu bestreiten aber ist der Sieg des Kreuzes. Nicht mehr zu bestreiten ist, daß der römische Adler seine Schwungkraft verloren hat. Die Pax Romana ist durch die Pax Christiana abgelöst. Ein neuer princeps hat die Macht übernommen, Christus, der princeps gloriae.

Adler. Herrschaftszeichen Roms. Fragment. Aus Sardis, Kleinasien.

Hier also das alles überwindende Kreuz, auf das die Christen sich berufen, als Siegeszeichen. Nach dem »Heiland« Augustus regiert nunmehr der »Heiland« Christus. »Ich bin der Weinstock. Ihr seid die Reben«, heißt es Johannes 15,1. Das Kreuz hier ruht im Weinstock, also gewissermaßen in Christus selbst.

Das Kreuz auf dem Lebenssymbol des Weinstocks. Fragment. 11. Jh. Aus einer byzantinischen Kirche in Jerusalem.

Das Lotharkreuz

Vorderseite (Ausschnitt). Schatzkammer des Münsters in Aachen.

Rückseite (Ausschnitt)

Es trägt den Namen, weil es am Fuß in einem Bergkristall das Bild des karolingischen Königs Lothars II. (855-869) enthält. Es dient noch heute in festlichen Gottesdiensten des Aachener Doms als Vortragekreuz.

Die kostbare Vorderseite (Edelsteine, Perlen, Filigran, Gold) – der Gekreuzigte der Rückseite bedarf all dessen nicht – umschließt einen feingearbeiteten Cameo (indischer Sardonyx; vielleicht aus dem Brautschatz der Theophanu) mit dem staatsoffiziellen Herrscherbild. Augustus trägt den Lorbeerkranz mit Binde und das Adlerszepter als Herrschaftsinsignien (der Adler war seit Marius um 100 v. Chr. das einzige römische Feldzeichen). Antlitz und Gestus des jugendlichen Herrschers sind von zeitloser Würde.

Der feingravierte Christus der Rückseite ist – wie eigentlich erst in gotischer Zeit üblich – ein Schmerzensmann mit eingeknicktem Leib und herabfallendem Haupt.

Doch die Botschaft ist unübersehbar, unüberhörbar: Der höchste Repräsentant Roms, der, von dem Sicherheit und Friede ausgingen, wird von dem herrscherlichen Gekreuzigten überwunden. Die Hand Gottes senkt den Lorbeerkranz, in dessen Mitte die Taube des Geistes schwebt – er wurde dem Kaiser auf der Vorderseite gewissermaßen genommen – auf Christus, den wahren princeps, herab.

Zwei Hände sehen wir: Dort die Hand des Kaisers, das Symbol weltlicher Macht umschließend, hier die symbolische Jenseitshand Gottes, die Christus mit dem Kranz göttlichen Königtums bekrönt. Zwei Vögel sehen wir: Dort den römischen Adler, hier die christliche Taube.

Altes und Neues durchdringen sich. Das Alte verliert nicht gänzlich seine Kraft (der römische Imperiumsgedanke hielt sich bis hin zum Römischen Kaiserreich deutscher Nation). Aber das Neue ist stärker. Doch muß gesehen werden, daß der herrscherliche Gottessohn ein anderes Programm hatte als die später in seinem Namen regierenden christlichen Herrscher, unter denen der Name Christus politisch und kirchenpolitisch manipuliert, ja für Untaten jeglicher Art mißbraucht wurde.

Die Weihnachtsbotschaft des neuen Testaments

Evangelist (Markus oder Lukas), um 400. Archäologisches Museum Istanbul (dort nicht mehr auffindbar).

Die Marmorbüste im Stil römischer Porträtplastiken zeigt einen kräftigen Mann in der Toga mit Bartkranz, Oberlippenbart, nach hinten gebürstetem Haar, mit großen Ohren und ernst aber offen auf den Betrachter gerichteten großen Augen. Beide Hände umgreifen ein in der Nähe des Herzens in die Beuge des linken Armes gebettetes Evangelienbuch (Kreuz auf dem Deckel!). Es scheint, als wolle der Evangelist – wir nehmen ihn als Lukas – sagen: »Dies ist das Wort, das euch Heil bringen wird«.

Um das Jahr 80 hatte sich die Gemeinschaft der Christen in vielen hundert Gemeinden im ganzen Mittelmeerraum ausgebreitet. »In einem geheimnisvollen Fackellauf hatte der neue Glaube, zentriert in den Versammlungsräumen der Städte, die Welt entzündet. Er kam aus dem Hören. Nichts war weniger selbstverständlich als der stille Siegeszug dieses Glaubens« (Frits van der Meer). Juden und Christen (Judenchristen) hatten erfahren, wie ihr zentraler Ort, Jerusalem, von den Römern vernichtet wurde. Dennoch:
Im römischen Orbis fühlten sich die Christen zu Hause. Sie erlebten, daß Rom sich für die neue, eigenartige Religion interessierte. Und solange der Staat ihnen eine Atempause gönnte, »genossen sie die Pax Romana als eine Art Wegbereiterin des Evangeliums« (Frits van der Meer).

Lukas – Theologe, Historiker, Schriftsteller

In der Weihnachtsgeschichte des Lukas hat unser Weihnachtsfest seinen bleibenden Sinnmittelpunkt gefunden. Wer war dieser Lukas?
Nicht der im Philemonbrief (Vers. 24) und an zwei anderen Stellen des Neuen Testamentes erwähnte Arzt und Begleiter des Paulus. Wäre dieser der Verfasser der beiden zwischen 80 und 90 entstandenen lukanischen Werke, würde sein Paulusbild der Apostelgeschichte nicht so sehr von dem historisch gesicherten Selbstzeugnis des Paulus in den authentischen Briefen (z.B. dem Galaterbrief) abweichen. Einem Begleiter des Paulus wäre das nicht unterlaufen. Wir können also nur vom Werk des Lukas her etwas über ihn in Erfahrung bringen. Er zählt zur zweiten oder dritten Generation nach Jesus (1,1-4). Sein gutes Griechisch verrät, daß er gebildet ist. Er will mit seinem Werk (Evangelium und Apostelgeschichte gehören zusammen) nicht informieren, sondern überzeugen. Er verfolgt also eine durchaus missionarisehe Tendenz. Seine Adressaten sind gebildete Griechen und hellenistische Juden. Seine Heimat wird irgendwo zwischen Athen und Antiochien angenommen. Nach einer Notiz des 4. Jahrhunderts (Antimarcionitischer Prolog zum Lukasevangelium) verfaßte er sein Evangelium in der Landschaft Achaia (Griechenland). Im Mittelalter (vor 1453!) verehrte man in Konstantinopel sein Grab. Lukas kennt die jüdische Tradition, die Hebräische Bibel, vermutlich in der Fassung der »Septuaginta«, einer griechischen Übersetzung, die zwischen 300 und 200 von zweimal siebzig jüdischen Männern in Alexandria, der geistigen Hauptstadt der damaligen Welt, angefertigt worden war.

In Palästina dürfte Lukas nicht gewesen sein. Seine Ortskenntnisse sind zu ungenau. Aber er weiß um den Untergang Jerusalems im Jahre 70 (19,41 ff.; 21,20).
Lukas steht in der Auferstehungstradition. Er lebt in Christus als dem Herrscher der Gemeinde. Davon legen seine Werke Zeugnis ab. Er ist Schriftsteller, ein Mensch, der über Phantasie verfügt. Seine Bücher sind ein öffentliches literarisches Produkt, bestimmt für den antiken Buchmarkt.
Lukas ist Historiker, indes anders als ein Historiker heute. Er arbeitet nicht mit wissenschaftlichen Methoden. Aber er blickt zurück. Er erzählt aus der Vergangenheit, aus einer Zeit, die fast 100 Jahre zurückliegt. Vor allem: Er sucht sein Werk in den weltgeschichtlichen Zusammenhang einzubinden: Lukas erwähnt, daß Zacharias zur Zeit Herodes des Großen lebte (Lukas 1,5). Er notiert, daß der Täufer Johannes im 15. Regierungsjahr des Caesars Tiberius auftrat (Lukas 3,1). Vor allem: Er verknüpft die Geburt des »Christus-Kindes« mit dem Census des Caesars Augustus und des kaiserlichen Legaten Quirinius. Er macht Christus damit überbietend zum princeps gloriae. Mehr noch: Er öffnet die oikoumenische Perspektive: Die Christus-Geschichte wird an die Weltgeschichte angebunden.
Man hat gesagt, Lukas sei mit seiner Apostelgeschichte der erste »Historiker« der Christenheit geworden. Er ist es schon mit dem Zeugnis seiner Weihnachtserzählung. In der Überschau läßt sich festhalten, daß sein theologisch-literarisches Werk für die Geschichte des frühen Christentums von hoher Bedeutung ist.

Christliche Lampe, 4. Jh., gefunden in Bet Shean, Israel. Israel Museum, Jerusalem. Stierlampen wurden im Kult antiker Tempel verwendet. Der Zusammenhang hier erschließt sich vermutlich über Offenbarung 4,7 ff., wo unter den vier mächtigen Gestalten um den Himmelsthron auch der Stier als Tag und Nacht Lobpreisender genannt wird.
Daß statt des Thrones auch das Kreuz gesehen werden kann, wird gestützt durch das berühmte Apsismosaik (um 400) von Santa Pudenziana in Rom, wo ein riesiger geflügelter Stier am Himmel neben dem Osterkreuz Christi zu sehen ist.
Seit dem 4. Jahrhundert wird der Stier zur Symbolfigur des Lukas. Der Stier und das Kreuz: Es liegt nahe, hier von einer Lukas-Lampe zu sprechen.

Lukas ist Theologe. Seine Weihnachtsgeschichte wird dem sogenannten Sondergut des Evangeliums zugerechnet. Das sind Geschichten von durchweg literarischer Qualität, die sich in keinem der anderen Evangelien finden.
Die dreiteilige Erzählung Kapitel 2,1-20 (Geburt – Engelsproklamation – Hirten an der Krippe) – ihr Ursprung könnte auf eine hellenistische Gemeinde, die wie Lukas in der Tradition der Septuaginta stand, zurückgehen – scheint die Ankündigung an Maria aus Lukas 1 nicht zu kennen. Sie ist eine kerygmatische Erzählung, eine »Dichtung des Glaubens«, eine Legende, die »in konkrete geschichtliche Umstände hineingestellt, mit zeitgenössischen Farben gemalt und auf Geschichte bezogen« (W. Grundmann), Motive aufgenommen hat, wie sie der hellenistischen Umwelt im Hinblick auf die Geburt göttlich verehrter Menschen (etwa römischer Kaiser) geläufig waren. Ihre weltgeschichtliche Anbindung, darin ist man sich weitgehend einig, dürfte wohl von Lukas selbst vorgenommen worden sein.

Was weiß Lukas?

Vermutlich weiß er ebenso vom Reichscensus des Augustus im Jahr 8 v., wie vom Provinzialcensus des kaiserlichen Ostlegaten Quirinius in Syrien (Palästina) vom Jahr 7 v. bis zum Jahr 7 n. Und darum läßt er Josef ganz nach Steuervorschrift an den Ort reisen, wo dessen Familie Landbesitz hat. Josef war Nachkomme des Königs David, der einst (vor 1000 Jahren!) aus Betlehem gekommen war. Und daß die Davididen in Betlehem noch Landbesitz hatten, kann aus einer Notiz des konstantinischen Hofbischofs und Kirchengeschichtsschreibers Eusebius (um 265-339) geschlossen werden, nach der Verwandte Jesu noch in der Zeit des Kaisers Domitian (81-96) im Zusammenhang mit dem Census 89/90 zur Erklärung ihres Grundbesitzes nach Betlehem zu reisen hatten.
Die Juden wollten den Census nicht. In Galiläa (vgl. Apostelgeschichte 5, 37) gab es z.B. einen Zelotenaufstand dagegen. Grund: In Psalm 86,6 heißt es: »Nur Gott allein darf Listen aufstellen.«
Lukas lebte in der Christus-Zeit, die getragen war vom Glauben an den auferstandenen Herrn der Gemeinde. In Lukas leuchtete das Licht von Ostern. Wir wissen nicht, ob er nach der Geburt des Jesus Christus gefragt wurde. Aber es ist denkbar. In jedem Fall ist seiner Geschichte abzulesen, daß er sie, vermutlich eine Vorlage abwandelnd, in einer dynamischen, fragenden, erkennenden jungen Kirche im Licht von Ostern erzählt hat.

Lukas hatte sich mit der höchst lebendigen Götterwelt seiner hellenistischen Umgebung auseinanderzusetzen.
Als Bildbeispiel dafür hier eine römische Priesterin beim Weihrauchopfer. Elfenbeintafel aus dem Diptychon der Nicomachi und Symmachi. Ende 4. Jh. Victoria und Albert Museum, London.

Dies Licht aber ist von Gott.

So kann es nicht wundernehmen, daß Lukas seinen christlichen Schwestern und Brüdern die doxa, den Lichtglanz Gottes, als »Licht vom unerschöpften Lichte« aufleuchten läßt. Er läßt es den Hirten aufleuchten, die wie David einst das Kleinvieh auf den Weiden von Betlehem hüten, Hirten bei Betlehems Herdenturm, dem von altersher die Verheißung der Messiasgeburt gilt, Hirten, die auch symbolisch für die »Armen« des Evangeliums stehen, für die im Dunkel und Todesschatten Lebenden.
Gleichzeitig kann Lukas es sich leisten, die Geburt des Messias-Kindes in der Davidsstadt in Worten der Kaiserliturgie – Retter (griechisch Soter) und Herr (griechisch Kyrios) ansagen zu lassen. Die Hirten aber, so Lukas, sind erwählt, es als erste zu hören: »Dieses Kind ist der Weltheiland.«
Der Botenengel der Hebräischen Bibel sagt es ihnen an. Und diese Ansage gilt einerseits dem Volk Israel (2,10), andererseits – so der Friedenshymnus der himmlischen Heerscharen, des alttestamentlichen Hofstaates Gottes – aller Welt, der Menschheit schlechthin, dem Erdkreis, der Oikoumene (2,14). Und dieser Gottesfriede, ein Friede der Herzen – er hat Bestand auf ewig –, steht eindeutig im Gegensatz zur Pax Romana, dem politischen Frieden des Augustus, der lediglich durch die überall gegenwärtigen Legionen und eine rücksichtslose Macht- und Ausbeutungspolitik (Census) gesichert war. Abgesehen davon war zu Lebzeiten des Lukas unter dem brutalen Kaiser Domitian (81-96), wie erwähnt, der Glanz des augusteischen goldenen Zeitalters längst erloschen, während die Herrschaft des Christus Jesus immer strahlender wurde. So konnte Lukas es auch in der Rückschau durch seine Geschichte hindurch deutlich werden lassen: Schon damals schuf Gott am Rande des Imperiums eine neue Mitte für alle, die sich Christen nennen würden. Und diese Geschichte, die im »jüdischen Land« (Luther) spielt und deren Handlungsträger Juden sind, wird von einem Nichtjuden erzählt. Das ist ein Signal. Ein Grieche erzählt von der Geburt des Messias, auf den die Juden warten. Für den Griechen ist der Messias gekommen, für viele Juden noch nicht. Dennoch: Im Festhalten an der Messiasvorstellung sind sie einander ganz nahe.
So wird das messianische Kind, das nach der Weissagung des Propheten Micha nur in Betlehem, im Gebiet der Sippe Efra, erscheinen konnte (Micha 5,1) – in Betlehem geboren. Und der Hymnus der Heerscharen (griechisch ein Zweizeiler, lateinisch ein Dreizeiler) feiert die Herrlichkeit Gottes, eines Gottes unendlich erhaben über den Gottkaiser Augustus, eines Gottes, der all das vermocht hat.
Das Besondere an der lukanischen Weihnachtsgeschichte ist, daß sie als »Dichtung des Glaubens« in ihrer Tiefe, ihrer anschaulichen Schönheit, in ihrem Zueinander von Niedrigkeit und Herrlichkeit, in ihrer »Nüchternheit und sanften Präzision« (Walter Jens) etwas sichtbar macht. Sie will mit den Augen des Glaubens »gesehen« werden. Sie ist wahr, auch wenn das, was sie erzählt, nicht alles so war. Noch nie war der Glaube darauf angewiesen, daß die Geschichten, in die die jeweilige Wahrheit eingebunden, eingekleidet, ja eingeschmolzen war, auch wirklich geschehen sein mußten. Weihnachten mit Lukas, das heißt: Gott geht zu den Menschen ein in ihre Geschichte. In einem Kind – einem Kind, dem Leid vorausliegt. Gott erscheint in diesem Kind, so, daß die Menschen nur noch staunen können (2,18), so, daß die Menschen sich wandeln müssen, so, daß ihnen alles neu erscheint, radikal anders. Die Hirten, die von der Krippe zurückkommen, sind Verwandelte, neue Menschen, Menschen der Freude (2, 20). Sie haben es erfahren: Himmel und Erde sind verbunden in diesem Kind. Gott und Mensch sind in einen Schwebezustand geraten.
So einfach ist diese Lukasgeschichte erzählt, zugleich zutiefst bildhaft. Eine pastorale Melodie klingt auf. Über die Jahrhunderte hinweg berührt sie die Menschen stets von neuem. Mit einer Geschichtserzählung, legendarisch stilisiert, haben wir es zu tun, gewiß. Aber viel mehr doch noch mit einer Wunder-Geschichte, raunend von dem unfaßbaren Wunder, daß Gott Mensch wurde, dir und mir zugute. Luther vermag es zu singen:

… daß sich wunder alle Welt,
Gott solch Geburt ihm bestellt.

Und Christen singen mit. Sie wissen: Alles gehört dazu, zur Feier dieser Geburt, zur Feier dieser Geburtsgeschichte, alles, was als Zeichen gesetzt ist: Musik, Spiel, Predigt, Brauchtum, Kerzenglanz und Gabentisch.
Nach 2000 Jahren ist es jedermann sichtbar: Sie ist immer noch lebendig, die Geschichte des Lukas. Bei fast zwei Milliarden Christen auf Erden ist sie – aller Säkularisation zum Trotz – immer noch die bekannteste, für Felix Timmermans sogar die schönste Geschichte der Welt.

Ankündigung an Zacharias. Speyerer Evangeliar Heinrichs III., 1043-46. Escorial, Madrid.

Wir haben vor uns eine Buchmalerei der salischen Epoche, als Doppelbild angelegt. Wir sehen rechts den Räucheraltar (Goldgefäß auf roter Decke; Rauch steigt auf; im Jerusalemer Tempel stand der Altar vor dem Allerheiligsten) von oben. Zacharias, ein germanischer Fürst, weißhaarig, mit kostbarer Fibel als Umhangschließe und einem mit breiten Borten besetzten Untergewand, hebt seine Linke dem Schwurfinger des Engels (dieser schwarzhaarig, mit Buchcodex, die Flügel elegant über dem Nimbus) entgegen. Ihre Augen begegnen sich. Zacharias hört die Botschaft. Sein Zweifel beginnt.

2. Szene: Zacharias wendet sich dem Volk (drei Köpfe!) zu. Er legt den Finger an den Mund: Ich bin stumm!
Im Tempel – hier eine frühromanische Kathedrale mit dreifachem Rundbogen im Innern (für drei Schiffe) – hängt die Krone, wie noch heute im salischen Kaiserdom von Speyer.

Weil Lukas seine Kindheitsgeschichten im Tempel, in dem auch Stieropfer dargebracht wurden, beginnen läßt, wird der Stier zu seinem Symbol (volkstümliche Erklärung).

Die Ankündigung der Geburt des Johannes

Es geschieht in den Tagen des Herodes, des Königs von Judäa,
da lebt in Jerusalem ein Priester mit Namen Zacharias, der zur Priestergruppe der Abija gehört.
Auch seine Frau stammt aus einer Priesterfamilie. Sie heißt Elisabet.
Beide führen ein Leben, das Gott wohlgefällt. In allem richten sie sich nach den Geboten des Herrn.
Aber sie sind kinderlos. Elisabet kann kein Kind bekommen.
Und beide sind schon sehr alt.
Nun aber geschieht es, daß Zacharias Priesterdienst im Tempel hat.
Und an diesem Tag ist ihm durch das Los die Aufgabe zugefallen, das Weihrauchopfer darzubringen.
Und er betritt das Innere des Tempels.
Die Volksmenge draußen im Vorhof verharrt im Gebet.

Da – ein Engel des Herrn steht an der rechten Seite des Rauchopferaltars.
Zacharias erschrickt. Er ist verwirrt.
Der Engel aber spricht zu ihm:

»Fürchte dich nicht.
Euer Wunsch nach einem Kind wird in Erfüllung gehen.
Elisabet wird einen Sohn bekommen.
Den sollt ihr Johannes nennen.
Ihr werdet euch freuen über den Sohn. Und viele mit euch.
Und er wird groß sein in den Augen Gottes.
Und der Geist Gottes wird ihn erfüllen von Mutterleibe an.
Und viele in Israel wird er zu Gott führen.
Er wird dem Herrn als Bote vorangehen
mit derselben Kraft und in demselben Geist wie der Prophet.

Er wird das Herz der Eltern ihren Kindern zuwenden.
Ungehorsame wird er auf den rechten Weg führen.
Und das Volk wird er vorbereiten auf die Ankunft des Herrn.«

Zacharias spricht zu dem Engel:
»Woran soll ich das erkennnen? Ich bin alt. Und meine Frau ist es auch.
Gib mir ein Zeichen!«
Der Engel spricht:

»Ich bin Gabriel, der vor Gott steht. Gott schickt mich zu dir. Alles wird so eintreffen.
Das Zeichen aber, um das du bittest, hier ist es: Sei stumm, bis es soweit ist!
Dann wirst du alles glauben!«

Und das Volk draußen wartet auf Zacharias.
Und als er herauskommt, sie zu segnen, ist er stumm. Er kann nur Handzeichen geben.
Und sie merken: Da ist etwas geschehen im Tempel. Er hat eine Erscheinung gehabt.

Und als er seine Dienstwoche im Tempel beendet hat, geht Zacharias wieder nach Hause ins Bergland von Judäa.
Elisabet aber wird schwanger, bald danach. Und sie zieht sich völlig zurück. Fünf Monate lang.
Und sie sagt:
»Gott hat meinen Kummer von mir genommen.
Gott ist voller Gnade. Ich werde ein Kind bekommen.«

Lukas 1,5-25

*Räucherwerkschaufel aus En-Gedi.
Auf die Schaufel kamen glühende Kohlen.*

*Die Weihrauchkörner lagen in den beiden Schalen.
Beim Opfer wurden sie auf die Kohlenglut gestreut.*

Der Engel Gabriel bei Maria

Ankündigung an Maria. Egbert-Codex. Reichenau um 980. Stadtbibliothek Trier.

»Adnuntatio« (»Ankündigung«) lesen wir und »Nazaret«. Der elegant gestaffelte Gebäudekomplex zur Rechten ist also Marias Heimatort. Sie aber steht vor der Stadt im Freien in Weiß und Purpur (Violett) gehüllt, mit weitgeöffneten Händen die Worte des Engels aufnehmend. Die Geste ihrer linken Hand drückt Überraschung, ihr Gesicht demütige Bereitschaft aus. Der Engel ihr gegenüber – barfuß auf einer Bodenerhöhung, mit dem Kreuzstab als »Würde- und Machtsymbol« –, sagt ihr mit weitgestrecktem Arm die Botschaft. Die Blicke der beiden gehen ineinander, ruhen gleichzeitig auf dem Kreuz als dem Zeichen der Erlösung. Wie zwei Sonnen leuchten die schwarzgerandeten, weißgepunkteten Goldnimben. Von höchster geistiger Intensität ist diese Szene. Sie wurde (gleich dem Bild der Heimsuchung gegenüber) vermutlich von dem sogenannten Gregoriusmeister, einem der großen Buchmaler der ottonischen Epoche, mit hoher Kunst gestaltet. »Alles Dinghafte der Örtlichkeit ist auf das geringste Maß beschränkt oder ganz fortgelassen. Die Figuren sind in einem neuen Sinne zu Trägern der Bildhandlung geworden und verdeutlichen in farbigen Silhouetten vor dem lichten Grunde die Geschehnisse« (Otto Jantzen).

Elisabet ist im sechsten Monat, da sendet Gott den Engel Gabriel nach Nazaret in Galiläa
zu einem jungen Mädchen mit Namen Maria. Sie ist verlobt mit Josef, einem Nachkommen des Königs David.
Der Engel tritt bei ihr ein und spricht:
»Sei gegrüßt, Maria. Du bist gesegnet. Gott der Herr hat dich erwählt.«
Maria aber ist erschrocken: Was kann das nur bedeuten? Dieser Gruß?
Der Engel spricht: »Hab keine Angst! Gott ist freundlich zu dir.
Du wirst schwanger werden. Du wirst einen Sohn gebären.
Den sollst du ›Jesus‹ nennen. Er wird ein Großer sein. Und man wird ihn ›Sohn Gottes‹ nennen.
Und er wird König sein wie David über Gottes Volk. Und seine Herrschaft wird kein Ende haben.«
Maria spricht: »Wie soll das geschehen? Ich war mit keinem Mann zusammen!«
Der Engel spricht: »Gottes Geist wird über dich kommen wie ein Schatten. Gottes Kraft wird all das bewirken.
Und darum auch heißt dein Kind ›heilig‹ und ›Sohn Gottes‹.
Sieh doch: Elisabet, deine Verwandte, sie ist schwanger in ihrem Alter mit einen Sohn im 6. Monat.
Dabei sagte man, sie sei unfruchtbar. Nein, bei Gott ist nichts unmöglich – kein Ding.«
Da spricht Maria: »So mag es denn sein. Es geschehe, wie du sagst. Ja, ich bin bereit.«
Da geht der Engel von ihr.

Lukas 1, 26-38

Maria und Elisabet

Maria bei Elisabet (»Heimsuchung«). Egbert-Codex. Reichenau um 980. Stadtbibliothek Trier.

Der Egbert Codex bietet die erste geschlossene und zugleich umfangreichste Bildfolge zum Leben Jesu in der deutschen Buchkunst. Man hat ihn als »die glänzendste Leistung der ottonischen Malerei« (Heinrich Volbert Sauerland) bezeichnet. Die Bilder sind aber von unterschiedlicher Qualität. Gleichrangig mit der Verkündigung indes ist die Heimsuchung.

Der Gebäudekomplex rechts ist Elisabets »Wohnort im Gebirge«, die civitas Juda (nach Lukas 1,39 die Stadt im Bergland von Judäa). Dieser tempelartige Bau hinter Mauern auf großen grünen Bergschollen bildet das Gegengewicht zu der Gruppe der beiden Frauen, die sich aufs innigste umfassen und küssen. Die Wölbung der Leiber deutet sich an. Wunderbar das Miteinander der Farben Grün und Violett, das Ineinander der Nimben. Vor dem dreifach getönten Hintergrund gewinnt diese älteste erhaltene, in einem deutschen Kloster gemalte Heimsuchung singuläre Kraft.

Und Maria macht sich auf in diesen Tagen.
Sie geht in eine Stadt im Bergland von Judäa.
Sie kommt in das Haus des Zacharias.
Sie grüßt Elisabet, ihre Verwandte: »Friede sei mit dir!«

Und als Elisabet das hört, diesen Gruß, da hüpft das Kind in ihrem Bauch.
Und Gottes Geist erfüllt sie ganz und gar.
Und laut ruft sie:
»Du bist gesegnet unter den Frauen!
Gesegnet ist dein Kind!
Du, die Mutter meines Herrn, du kommst zu mir!?
Dabei bin ich so gering. Du aber, du bist selig.
Mein Kind zeigt es an. Es hüpfte in mir, als du kamst.
Ja alles, alles wird sich erfüllen.
Du glaubst ja, was Gott dir sagte.«

Drei Monate bleibt Maria bei Elisabet. Dann kehrt sie wieder nach Nazaret zurück.

Lukas 1, 39-45.56

Verkündigung an Maria

Da kam ein Bote,
Engel des Himmels,
und brachte der Welt
teure Botschaft.
Flog Sonnenpfad,
Sternenstraße
und Wolkenweg
zu dieser jungen Frau,
zu eben der heiligen Maria.

Otfrid von Weißenburg (9. Jh.)

Die Verkündigung, vermutlich das am häufigsten und am schönsten dargestellte Thema der ganzen westlichen Kunst – »wie keine andere Geschichte der Bibel hat dieser ›heilsgeschichtliche Überfall‹ die Künstler des Abendlandes angeregt« (Gottfried Knapp) –, wird von den großen Malern Flanderns zumeist in den Kulissen eines bürgerlichen Wohn- oder Schlafgemaches inszeniert.

Hier ist es kein bürgerliches Interieur mehr. Maria befindet sich vielmehr in einem hochherrschaftlichen Wohnsitz. Durch das Fenster – es ist durch eine Säule geteilt – blickt man in den wehrhaft von Mauern mit Zinnenbekrönung verschlossenen Garten. Es ist der hortus conclusus, Symbol für die Verschlossenheit ihres Schoßes gegenüber einem irdischen Erzeuger. Die vollkommene Ausgewogenheit des mit minutiöser Genauigkeit und beeindruckender Klarheit wiedergegebenen Raumes ist von hoher Spiritualität, die Farbgestaltung insgesamt von außergewöhnlicher Feinheit. Maria, kniend in ihrer kostbaren rot und dunkelblauen Gewandung, beugt sich in graziösem Bogen nach hinten, schaut – lauschend – nach innen, hebt leicht die rechte Hand. Die linke ruht auf dem aufgeschlagenen Buch. Lang fließt ihr rotgoldenes Haar. Zarte Strahlen gehen von ihrem Kopfe aus. Die Ebenmäßigkeit ihrer Züge (ebenso beim Engel) lassen keinen Zweifel: Der Maler wollte das Zarteste und Schönste ausdrücken, das er zu gestalten vermochte. Vor Marias Betpult in edler Vase die große weiße Lilie, ihr Symbol, das Symbol der Reinheit.

Bemerkenswert der Engel. Er trägt Flügel aus Pfauenfedern. Der Pfau war von altersher der Vogel der Unsterblichkeit. Priesterlich ist der Engel gekleidet – mit der weißen Albe, der schweren goldbestickten Dalmatika, der leichten flatternden Stola, deren Bänder überkreuz liegen, so, wie die Bänder der priesterlichen Stola bei der Spendung der Sakramente. Und nicht nur dieses eine Kreuz. Auch das im Stirnreif. Und darüber hinaus: Dieser Verkündigungsengel trägt den Kreuzstab (wie jener im Egbert-Codex). Doch an diesem Kreuzstab flattert die Siegesfahne, die sonst nur der Auferstandene trägt. Also ein priesterlicher Engel, zugleich ein österlicher Engel, der bereits um Tod und Auferstehung dessen weiß, den er als zu gebärendes Kind verkündet.

Und der Engel ist weiblich. Eine Frau spricht zu einer Frau!

All das als mystische Inszenierung. Geheimes, kaum Wirkliches schwingt zwischen dem Engel und der jungen Frau. Die Bewegungen der Hände machen es deutlich – und die Blicke.

Es ist ein geschwisterliches Geben und Nehmen. Jenseitiges, zugleich ganz Inniges begibt sich und – das Wunder einer großen Stille.

Der Stifter des Bildes – sein Wappen im Fenster oben und im Teppich unten zeigt es an – war Ferrey de Clugny, Bischof von Autun, und später (1474) von Tournai, bedeutender Kunstsammler und Mäzen seiner Zeit.

Hans Memling (1433/40-1494), Verkündigung.
Metropolitan Museum of Art, New York.

Nicht, daß ein Engel eintrat

Nicht, daß ein Engel eintrat (das erkenn),
erschreckte sie. Sowenig andre, wenn
ein Sonnenstrahl oder der Mond bei Nacht
in ihrem Zimmer sich zu schaffen macht,
auffahren –, pflegte sie an der Gestalt,
in der ein Engel ging, sich zu entrüsten;
sie ahnte kaum, daß dieser Aufenthalt
mühsam für Engel ist.
Nicht, daß er eintrat, aber daß er dicht,
der Engel, eines Jünglings Angesicht,
sich zu ihr neigte; daß sein Blick und der,
mit dem sie aufsah, so zusammenschlugen,
als wäre draußen plötzlich alles leer
und, was Millionen schauten, trieben, trugen,
hineingedrängt in sie: nur sie und er;
Schaun und Geschautes, Aug und Augenweide
sonst nirgend als an dieser Stelle –: sieh,
dieses erschreckt. Und sie erschraken beide.

Dann sang der Engel seine Melodie.

Rainer Maria Rilke

Grünewald war ein ekstatischer Visionär. Alles ist dynamische Bewegung bei ihm. Mit Urgewalt bricht der Engel herein. Kaum berührt sein Fuß den Boden. Seine Gewänder, seine Flügel scheinen zu rauschen. Das Ende seines Umhangs züngelt hervor, ebenso wie die weisende Hand. Verkündigung als Urereignis.
Maria – keine Schönheit, ein Bauernmädchen –, aber mit wundervoll fließendem Blondhaar, weicht zurück, verschlingt die Finger ineinander. Aber das sind keine fromm gefalteten Hände. Sie ist zutiefst erschrocken. Leid steht ihr bevor. Schräg geht ihr Blick. Sie will nicht hinschauen, nicht ansehen.
Und doch: Die Blicke treffen sich. Sie weiß, sie kann nicht »nein« sagen. Denn im Buch auf der Truhe vor ihr steht es, geweissagt von Jesaja.
Gleich zweimal ist es zu lesen:

ECCE VIRGO CONCIPIET ET PARIET FILIUM
ET VOCABITUR NOMEN EIUS EMANUEL

Siehe, eine junge Frau wird empfangen
und einen Sohn hervorbringen.
Und sein Name wird gerufen »Immanuel«.

Jesaja 7, 14

»Immanuel« – »Gott mit uns«. Da ist wirklich keine Möglichkeit, »nein« zu sagen.
Der Raum (ein gotischer Kirchenraum) aber ist ganz still. Ein roter Vorhang vorn, ein blauer hinten vermögen ihn zu verkleinern, schaffen für Maria eine wohnliche Sonderzone. Geheimnisvoll schwebend über allem – man muß sie erst entdecken – die Taube: Gott ist gegenwärtig. »Heiliger Geist ist mit dir.«
»Für das mittelalterliche Denken bestimmen die Gestirnssphären die Vorgänge auf der Erde. Und so erscheinen die Engel als die im Dienste des Schöpfers stehenden Urmächte allen Geschehens in der Welt. Sie kommen nicht privat, für sich, sondern in ihnen kommt und handelt Gott« (Alfons Rosenberg).

Mathis Gothart Nithart (Matthias Grünewald), Verkündigung an Maria. Isenheimer Altar. 1513-1515. Linker Flügel der zweiten Schauseite. Musée d' Unterlinden, Colmar.

Das leidenschaftliche Lied der Maria

Maria jubelt:

Singen muß ich. Ich lobe Gott: Meine Seele erhebt den Herrn.
Ich bin doch nur eine einfache Frau. Er aber sieht mich an.
Ja, es geschieht: Alle auf Erden werden mich selig preisen.
Großes hat Gott an mir getan, der mächtig und heilig ist.
Nie wird sein Erbarmen enden bei allen, die ihn fürchten.
Hoch hebt er seinen starken Arm. Er fegt die Stolzen hinweg.
Mächtige stürzt er von ihrem Thron. Niedrige macht er groß.
Hungrige sollen nicht mehr hungern. Die Reichen läßt er leer.
Israel, sein Volk, nimmt er an in seiner großen Güte.
Das hat er Abraham versprochen. Und so wird es sein – auf ewig.

nach Lukas 1, 46-55

Eine hingerissene, begeisterte Frau spricht hier, entschlossen, stark, unerbittlich, zugleich demütig und stolz, zugleich voll tiefen Glaubens und revolutionär. Nicht die sanfte Madonna so vieler Bilder.

Das Lied ist dem alttestamentlichen Lobgesang der Hanna nachgedichtet. Die Mutter Samuels stimmte ihn an, als sie ihren jungen Sohn zum Heiligtum in Schilo brachte, um ihn dem Herrn zu weihen:

Ich bin voller Freude, jetzt kann ich lachen.
Herr, ich bin fröhlich in dir.

Du allein bist heilig, Herr.
Es gibt keinen Gott außer dir.

Starken Männern zerbrichst du die Waffen.
Schwachen gibst du Kraft.

Reiche müssen ihr Brot verdienen.
Arme können feiern.

Ja, du machst arm. Und du machst reich.
Töten kannst du. Du machst lebendig.

Verachteten gibst du den Ehrenplatz.
Stolze bringst du zu Fall.

Du wählst den König. Du setzt ihn ein.
Du gibst ihm Sieg und große Macht.

nach 1. Samuel 2, 1-20

Der lateinische Text »Magnificat anima mea dominum meum« – »Hoch erhebt meine Seele meinen Herren« ist seit alters Bestandteil der Vesper, des – heute zumeist in der Landessprache gesungenen – abendlichen Stundengebetes der Mönche. Die berühmteste Vertonung dieses »Magnificat« – großer Lobgesang der Kirche – stammt von Johann Sebastian Bach (1723, Überarbeitung 1728). Es ist ein sehr abwechslungsreich, zugleich straff komponiertes erlesenes Werk mit Einzelstücken von unvergleichlicher Schönheit. In festlichen Vespergottesdiensten der Leipziger Thomaskirche wurde es musiziert. Im 10. Satz, dem »Suscepit Israel« (»Er hat Israel angenommen«), einem Trio für zwei Soprane und Alt, läßt Bach in den Streichern über der Oboe die gregorianische Melodie des 9. Psalmtons (»Meine Seele erhebt den Herrn«!) aufklingen. Zeitentiefe öffnet sich darin, Verbindung zu jenen Jahrhunderten, in denen das adventliche, das weihnachtliche Singen der Christenheit begann.

Bei der Fülle der Ankündigungsbilder – ein Bild von der Maria, die das Magnificat singt, kennt die christliche Ikonographie nicht. Wohl aber – der geniale Sandro Botticelli hat es gemalt – ein Bild, auf dem – nirgendwo ist dergleichen berichtet – Maria das Magnificat *schreibt*. Während sie, wie immer bei Botticelli jugendschön und prachtvoll ausstaffiert, mit der Linken (zusammen mit dem Kind) den Granatapfel umgreift, während langhaarige junge Florentiner (Florentinerinnen) sie unter der Sonne mit dem lichten Sternreif krönen, andererseits Buch und Tintenfaß für sie halten, taucht sie mit der Rechten den Federkiel in die Tinte. Gleich wird sie den begonnenen Text »Magnificat anima mea ...« fortschreiben. Im Hintergrund dieses perspektivisch höchst komplizierten Bildes eine toskanische Landschaft. Im feinsten Lineament gezeichnet, farblich delikat abgetönt, in den Figuren leicht pretiös – das ist der höfisch verfeinerte Stil des Sandro Botticelli.

Sandro Botticelli (1445-1510), Madonna del Magnificat. Tondo. Tempera auf Holz. Uffizien, Florenz.

Wir bitten Gott um ein rechtes Verständnis dieses Magnificat,
daß es nicht allein leuchte und rede, sondern brenne und lebe in Leib und Seele.

Martin Luther

Als aber die Zeit erfüllt war

Die Geburt

In jener Zeit ging vom Kaiser Augustus eine Verordnung aus,
alle Bewohner des römischen Weltreiches in Steuerlisten zu erfassen.
Jeden am Ort seiner Vorfahren.
Es war das erste Mal, daß eine solche Volkszählung durchgeführt wurde.
Damals war Quirinius Statthalter in der Provinz Syrien.

So zog jeder in den Heimatort seiner Vorfahren,
um sich dort in die römischen Steuerlisten eintragen zu lassen.
So auch Josef aus Nazaret in Galiläa.
Er kam nach Betlehem in Judäa,
in die Davidsstadt,
denn er war ein Nachkomme des Königs David.
Er kam mit Maria, seiner ihm anverlobten Frau.
Die war schwanger.

Und als sie in Betlehem waren,
erfüllte sich die Zeit:
Das Kind sollte geboren werden.

Und Maria gebar ihren ersten Sohn,
umwickelte ihn mit Wickelbändern
und legte ihn in die Futterkrippe einer Viehhöhle.
Eine andere Unterkunft hatten sie in Betlehem nicht gefunden.

Lukas 2, 1-7

Einerseits hat diese Geschichte historische Züge: »Daß Josef mit Maria nach Betlehem geht, hängt damit zusammen, daß er der Familie Davids angehört und diese Familie dort ihren gemeinsamen Erbbesitz hat, den es nun gemeinsam zu versteuern gilt. Der Rahmen der Weihnachtsgeschichte ist alles andere als eine Idylle. Es dürfte sehr viel Haß in Betlehem versammelt gewesen sein, viel ohnmächtiger Zorn, viel stumpfe Resignation« (Jörg Zink).

Andererseits ist diese Geschichte eine Legende, eine Erzählung in der Irdisches und Überirdisches – in den nachfolgenden Versen wird es sich zeigen – wundersam gemischt sind. »Erzählt wird die Geburt desjenigen Juden, der wie kein anderer Jude, ja wie kein anderer Mensch in die Weltgeschichte eingegangen ist – so nämlich, daß er uns, ob wir wollen oder nicht, gegenwärtiger ist als irgendein anderer bekannter Mensch der vergangenen Geschichte« (Helmut Gollwitzer).

Als aber die Zeit erfüllt war, sandte Gott seinen Sohn,
geboren von einer Frau, dem Gesetz unterstellt.

Paulus um 50 im Brief an die Gemeinden in Galatien (Galater 4,4). Dies ist die älteste biblische Notiz über die Geburt Jesu.

Und eine Frau war schwanger
und schrie in Kindesnöten.
Und sie hatte große Qual bei der Geburt.
Und sie gebar einen Sohn.

Offenbarung 12,2.5

Und eine Frau schrie

Maria als Wöchnerin mit der Hebamme Salome links (apokryphe Überlieferung). Ausschnitt aus einer Geburt Christi. 1944 entdeckte Freskomalerei in der kleinen Kirche Santa Maria foris portas in Castelseprio, unweit Mailand. Byzantinischer Maler. Entstehung vermutlich im 6./7. Jh.

Wenn sie auch einen Nimbus trägt, so ist diese Maria doch in sehr menschlicher Weise die Frau, die eben geboren hat. Als Wöchnerin liegt sie auf einem großen Polsterlager. Sie ist ermattet – »damit die Menschwerdung Gottes nicht als eine nur scheinbare verdächtigt werde« (Nikolaos Mesarites, Bischof von Konstantinopel um 1200).

»Hat doch Gott bestimmt, daß Jesus empfangen werden, neun Monate im Leib der Mutter verweilen, Geburtswehen verursachen, geboren und von Muttermilch ernährt werden sollte« (Johannes Chrysostomos, 344-407).

Salome (links), so das Marien-Evangelium des Jacobus (um 150), konnte nicht glauben, was doch jeglicher Natur widerspricht. Sie wollte die Geburt aus der Jungfrau überprüfen. Dabei erstarrte ihre Hand (vgl. S. 144).

Die Malerei ist von hoher Qualität.

Heilige Nacht

Und niemand dachte sich etwas dabei.
Die Frau bekam ihr erstes Kind.
Sie stöhnte schrie und zerbiß den Schrei,
wie Frauen dabei so sind.

Es brauchte nicht gerade im Stall zu sein
und zwischen dem wiederkäuenden Vieh.
Doch hausten sie wenigstens allein,
der Mann, das Kind und sie.

Ein Ächzen ging durch die Finsternis.
Das Kind lag hilflos auf seinem Stroh.
Der Tod war seines Sieges gewiß.
Aber das blieb nicht so.

Manfred Hausmann

Mysterium der Menschwerdung

Er ist gewaltic unde starc,
der ze wîhen naht geborn wart,
der herre Krist.

Spervogel,
Spruchdichter des 12. Jahrhunderts

Nun komm, der Heiden Heiland,
der Jungfrauen Kind erkannt,
daß sich wunder alle Welt,
Gott solch Geburt ihm bestellt.

Dein Krippen glänzt hell und klar,
die Nacht gibt ein neu Licht dar.
Dunkel muß nicht kommen drein.
Der Glaub bleib immer im Schein.

Martin Luther 1524
nach dem Hymnus »Veni Redemptor Gentium«
des Ambrosius von Mailand um 386

Maria liegt (wie S. 59) auf dem Polsterlager. Über ihr auf einer gemauerten Krippe – die Assoziation »Altar« (Opferaltar) läßt sich nicht von der Hand weisen – das verschnürte Kind, von Ochs und Esel berührt.
Josef, rechts sitzend, scheint nachzusinnen. Er hat den Kopf in die Rechte gestützt. Vater, Mutter und Kind sind jeweils durch einen großen rotgerandeten Nimbus ausgezeichnet. So schweben drei große Sonnen im Zentrum. Kontrastierend dazu der achtstrahlige blauweiße Stern der Weihnacht im oberen Rund der Höhle.
Kräftige Farben (blauer Purpur, die Königsfarbe, im Gewand von Mutter und Kind), konturierende Schwarzlinien, das leuchtende Gold der Nimben, vor allem die wie in einem Kreis geschlossene Komposition bedingen die starke Bildaussage. Es handelt sich um eine der frühesten bekannten Darstellungen der Geburt, mit vier weiteren, wenige Zentimeter großen Bildchen (Jordantaufe, Kreuzigung, Frauen am Grabe, Himmelfahrt) auf der Innenseite des Reliquienkästchens im Vatikan zu einem theologisch tiefen Arrangement zentraler christologischer Szenen vereint.
Man geht davon aus, daß das Bild ein Apsismosaik (Halbrund!) aus einer frühchristlichen Kirche in Palästina wiedergibt. In jedem Fall haben wir es mit einer Darstellungsform zu tun, die für die byzantinische Welt durch Jahrhunderte die gleiche geblieben ist.
Auffällig ist, daß Maria nicht auf das Kind, sondern auf den Bogen unterhalb des Kindes – er befindet sich im Zentrum des Bildes – zeigt. Das erklärt sich daraus, daß die Frühzeit zwischen der tieferliegenden Grotte, in der Maria geboren hatte, und dem höherliegenden Stall der Tiere, wo sie ihr Kind in die Futterkrippe legte, unterschied.

Im Bericht des Kirchenlehrers Hieronymus (um 345-420), der in Rom, später lange in Betlehem lebte, über die Pilgerfahrt der vornehmen Römerin Paula findet sich der Beleg dafür. Hieronymus schreibt: »Von hier aus ging Paula auch in die Grotte des Erlösers. Sie sah die heilige Stätte, wo die Jungfrau geboren hatte, und danach den Stall, wo der Ochs seinen Eigentümer und der Esel die Krippe seines Herrn erkannte« (vgl. Jesaja 1,3). Maria zeigt in unserem Bild also auf den Zugang zur Grotte, dem eigentlichen Ort der Geburt.
Der aufgebrochene Boden des Stalls zur darunterliegenden Geburtsgrotte hin wird sich in späteren Weihnachtsbildern immer wieder finden.

Malerei auf der Innenseite vom Deckel eines hölzernen Reliquienkästchens. Palästina Mitte 6. Jh. Rom, päpstliche Hauskapelle Sancta Sanctorum im Lateran. Jetzt in den Vatikanischen Museen.
Die Viehhöhle als Stall mit der Futterkrippe begegnet hier erstmals im Bild.

Von der Höhle verborgen,
wurdest du geboren.
Aber der Himmel hat dich allen kundgetan
wie ein Mund
und hat den Stern darübergestellt,
o Retter.

Ostkirchliche Liturgie

Nativitas Domini

Sie sagen zu Jerusalem:
Jetzt bist du ein einsamer Wachtturm
auf dem verödeten Zionsberg.
Aber du wirst das Königtum
in seinem alten Glanz
zurückkehren sehen.

Micha 4,8

Und du, Herdenturm,
Feste der Tochter Zion,
zu dir kommt zurück
und kehrt wieder
die frühere Herrschaft,
das Königtum der Tochter Israel.

Rabbinische Tradition,
nach der im Anschluß an Micha 4,8 die Geburt des Messias
beim Herdenturm in Betlehem erwartet wurde.

Das Skriptorium der Benediktinerabtei auf der Insel Reichenau im Bodensee hatte seine Blütezeit etwa 960-1050. Über fünfzig illuminierte Handschriften aus dieser Epoche sind erhalten. Das von dem kunstsinnigen Trierer Erzbischof Egbert in Auftrag gegebene Evangelistar (Buch mit liturgisch verbindlichen Evangelienabschnitten) – drei Maler arbeiteten daran – zählt zu den großartigsten Werken der Reichenauer Malermönche. Bei einigen Bildern daraus – so auch bei unserem (es ist teilweise zerstört) – können christlich spätantike Vorbilder eine Rolle gespielt haben. Auf den fein verfließenden Farben des atmosphärisch dichten Hintergrundes wird in Figur und Gebärde klar und konzentriert erzählt. Schöpfer des Doppelbildes dürfte der Gregormeister sein.

Oberer Bildteil. Überschrift: »Nativitas domini« (»Geburt des Herrn«). Die Krippe als Altar ist eingebunden in eine Ringmauer, die auf der Rückseite an ein Gebäude, aus dessen Fenstern Ochs und Esel lugen, anschließt. Das in ein großes weißes Laken geschlagene Kind wird von der stehenden Maria (dies ikonographisch selten) mütterlich behutsam umfangen. Die Szene ist von großer Zartheit, findet sich ähnlich erst bei Giotto, beim Chartres-Meister oder bei Grünewald wieder. Josef, mit weißer Tunika und violettem Obergewand, bärtig und barfuß, steht wie ein antiker Philosoph am anderen Ende der Krippe. Seine Handgebärde ist wie die eines lehrenden Weisen: »Schaut, wie Gott selbst hier Mensch geworden ist!« Mutter-Kind-Vater: Eine derartige Komposition von Souveränität und Innigkeit zugleich hat es in nachottonischer Zeit nicht mehr gegeben.

Unterer Bildteil: Zum zweiten Mal sind Himmel und Erde durch zarte Farbabstufungen unterschieden. Elf Engel (angeli – ursprünglich sieben! Vier wurden später dazwischen gemalt; ihre Flügelenden stellen die Verbindung zur Erdzone des oberen Bildteiles her) schweben eng gruppiert, mit teilweise zum Kind erhobenen Händen, herab. Der Größte in der Mitte verkündigt den Hirten und der ganzen Welt (Goldkugel in seiner Linken als Erdglobus) das Betlehemgeschehen.

Drei Hirten, nebeneinander auf einem gesonderten Erdstreifen (sie tragen geschnürte Fußbekleidung, Hosen und einen durch eine Fibel gehaltenen Umhang), heben ihre Köpfe, ihre Hände zu den Engeln – gleichzeitig zum Kinde – auf. Ganz ruhig hören sie. Furcht kennen sie nicht. Vor ihnen, schön gestaffelt, die Schafe, teilweise weidend, teilweise mit Blick auf den vierstöckigen Herdenturm (turris gregis). Schon Hieronymus sprach von diesem Herdenturm bei Betlehem (Turm Ader), wo einst Urvater Jakob mit seinen Tieren gelagert hatte.

Wie in anderen ottonischen Weihnachtsbildern werden auch hier Gesten und Blicke zur tragenden Aussage. Alles auf dem Hintergrund zart verfließender Farbflächen. In geheimnisvoller Stille begibt sich die welterneuernde Geburt. Der ottonische Künstler ist ein Meister der Komposition (Gruppierung), der Zeichnung (fein ausgeführte Gesichter), der »Gebärdefigur« (sie wird das Kennzeichen ottonischer Kunst bleiben), der Farbe (lyrisch zarte Tönungen), vor allem aber der aus dem Glauben gewonnenen sakralen Intensität.

Geburt und Hirtenverkündigung mit Herdenturm
(turris = Turm; grex, gregis = Herde).
Egbert-Codex. Reichenau um 980. Stadtbibliothek Trier.

NATIVITAS
TURRIS
GREGIS

Der Römische Census

Nach Lukas 2,1 erließ Caesar Augustus einen Reichscensus. Es handelt sich dabei um eine historische Maßnahme. »Ich habe (8 v. Chr.) den Census des Volkes durchgeführt. Bei dieser Musterung sind an römischen Bürgern 4.233.000 Personen geschätzt worden«, so Augustus in den »res gestae«, dem Tatenbericht, nach seinem Tode (14 n. Chr.) in den Amtssprachen Griechisch und Latein auf Bronzetafeln überall im Weltreich veröffentlicht, 1555 als Inschrift auf dem Tempel der Roma und des Augustus in Ancyra (Ankara) wiederaufgefunden, daher »Monumentum Ancyranum«, von Theodor Mommsen als die »Königin der Inschriften« bezeichnet.

Nach römischem Recht gingen Grund und Boden eines eroberten Gebietes in den Besitz des Reiches über. Damit verfielen sie der römischen Steuer.

Wer Grundbesitz (oder Anteile daran) in einer anderen civitas hatte, mußte sich dorthin begeben, wo der Grundbesitz lag. Das schrieb das römische Steuerrecht vor. Josef könnte Anteil am Familienbesitz des Vaterhauses David gehabt haben. Aus Papyrusfunden über den ägyptischen Provinzialcensus des Jahres 8 v. wird zudem deutlich, daß auch Frauen sich dem Census nicht entziehen konnten. So war Maria ebenfalls zum Erscheinen vor der Steuerbehörde verpflichtet. Wichtig ist zu wissen, daß es zwei Akte der Steuererhebung gab, die »Apographe«, die Registrierung der Grundbesitzverhältnisse (mit Landvermessung) und grundlegender Personenstandsaufnahme, und die »Apotimesis«, die eigentliche amtliche Steuerveranlagung als Schlußakt der langwierigen Censusprozedur. Zwischen beidem konnten viele Jahre vergehen; beim Provinzialcensus des Augustus in Gallien waren es z. B. 40 Jahre.

Der Provinzialcensus in Syrien/Palästina verbindet sich mit Publius Sulpicius Ouirinius, der von etwa 12 v. Chr. bis 16 n. im Osten als kaiserlicher Legat mit allen Vollmachten, de facto als ein Caesar des Orients (6/7 n. auch als syrischer Statthalter), tätig war. Er hatte während dieser Zeit das gesamte Censuswerk im römischen Osten unter Kontrolle. Ein syrischer Census unter seiner Regie ist durch die Grabinschrift eines augusteischen Offiziers belegt: Die entscheidenden Worte: »Auf Befehl des Quirinius habe ich den Census in Apamea durchgeführt.« Apamea am Orontes war in jener Zeit einer der mächtigsten Stadtstaaten Syriens.

In Palästina (Judäa) unternahm König Herodes, bis dahin ein Freund des Augustus (»amicus Caesaris«), im Jahre 8 v. ohne dessen Genehmigung einen Feldzug gegen ein Nachbarvolk. Der erzürnte Augustus nahm Herodes daraufhin den Rang

Census in Rom. Relief vom Sarkophag des Censors Domitius Ahenobarbus. Louvre, Paris.

Seit 335 v. Chr. war der Census in Rom gesetzlich verankert. Hauptaufgabe des Censors war die Aufstellung von Bürgerlisten zum Zwecke der Vermögensschätzung. Wir sehen den ersten Akt. Ein Beamter (sitzend) legt eine Liste an (Buchcodex). Ein vor ihm Stehender macht Angaben. In der Linken hält er ein Diptychon (zweiseitiges Klapptäfelchen mit glatter Wachsfläche zum Einritzen von Schrift), dessen Text möglicherweise mit der Eintragung im Buch etwas zu tun hat. Es kann aber auch unbeschriftet sein. Neben dieser Zweiergruppe eine weitere (wieder einer sitzend, einer stehend), möglicherweise ein Censusbeamter, der einem Unwissenden den Ablauf des Aktes erläutert. Rechts davon ein römischer Soldat, die Staatsgewalt repräsentierend. Er beobachtet den Ablauf.

eines »verbündeten Königs« und degradierte ihn zum bloßen Untertanen. Das Land verfiel der römischen Oberhoheit. Die Juden hatten dem Kaiser den Treueid zu leisten.
Die Folge: Quirinius bezog Palästina in seinen Census ein. Im Jahre 7 vor ließ er den ersten Akt durchführen. Daß während dieser Zeit (10-6 v. Chr.) Sentius Saturnius Statthalter Syriens war, beeinträchtigte die Handlungen des mächtigen Quirinius nicht. Dieser römische Census in Palästina war eine »rigorose Provinzialschatzung« (E. Stauffer). Wenn es dabei wohl auch nicht ganz so brutal zuging wie laut dem berühmten Bericht des christlichen Schriftstellers Lactantius noch 300 Jahre später an anderen Orten, so wirft dieser Bericht doch ein bezeichnendes Licht auf die Art, wie vermutlich auch die Censusbeamten des Quirinius vorgingen. Lactantius schreibt: »Die Censoren erschienen allerorts und brachten alles in Aufruhr. Die Äcker wurden Scholle für Scholle vermessen, jeder Weinstock und Obstbaum wurde gezählt, jedes Stück Vieh jeder Gattung wurde registriert, die Kopfzahl der Menschen wurde notiert. In den autonomen Städten wurde die städtische und ländliche Bevölkerung zusammengetrieben. Alle Marktplätze wurden verstopft von herdenweise aufmarschierenden Familien. Jedermann erschien mit der ganzen Schar seiner Kinder und Sklaven. Überall hörte man die Schreie derer, die mit Foltern und Stockschlägen verhört wurden. Man spielte die Söhne gegen die Väter aus und preßte die treuesten Sklaven zu Aussagen gegen die Herren, die Frauen gegen die Ehemänner. Wenn alles vergeblich durchprobiert war, folterte man die Steuerpflichtigen, bis sie gegen sich selbst aussagten. Und wenn der Schmerz gesiegt hatte, schrieb man steuerpflichtigen Besitz auf, der gar nicht existierte. Es gab keine Rücksicht auf Alter und Gesundheitszustand. Kranke wurden herbeigeschleppt und Gebrechliche. Das Lebensalter wurde nach Schätzung notiert, das Alter der Minderjährigen heraufgesetzt, das der Greise herabgesetzt. Alles war erfüllt von Kummer und Jammergeschrei.«
Bei dem von Josephus Flavius für das Jahr 7 nach Chr. in Palästina bezeugten Census ging es eindeutig um den 2. Akt, die Apotimesis. Josephus erwähnt ausdrücklich, daß es sich um die Beendigung der Apotimesis-Arbeiten des Quirinius gehandelt habe. 14 Jahre für den gesamten Census waren eine eher kurze Zeit.
Auf diesen Abschluß des palästinensischen Census bezieht sich wohl auch Lukas, irrend, was den Zeitpunkt der Geburt Jesu, zutreffend, was die syrische Statthalterschaft des Quirinius anbetrifft.
Noch für die Epoche des Kaisers Domitian (81-96) wird berichtet, daß Angehörige der Davidssippe sich in Betlehem einem römischen Census zu stellen hatten.
Josef und Maria werden durch eine Steuermaßnahme der römischen Oberhoheit zum Aufbruch nach Betlehem genötigt. Die geschichtliche Reichsteuer des Augustus stellt die weihnachtliche Glaubenserzählung des Lukas in konkrete geschichtliche Umstände. Jesus wurde während der palästinensischen Censusmaßnahmen im Jahr 7 vor der Zeitwende geboren. Das Gotteskind erblickte das Erdenlicht im Zusammenhang mit einer sehr irdischen Angelegenheit, der Steuer. »An dem Tag der Menschenzählung wurde Gott ein Menschensohn. Denn sein Wille ist's gewesen, daß er würde mitgezählt« (D. T. Niles, Sri Lanka).

Census (»Zins«) in der Provinz Obergermanien an Rhein und Mosel. Entrichtung der Steuer – nach dem 2. Akt, der Steuerveranlagung. Sandsteinrelief eines Grabmonumentes aus Neumagen/Mosel. Ende 2. Jh. Rheinisches Landesmuseum, Trier.

Ein Sammelkorb für Geld, ein ganzer Haufen Geldes und das Buch mit den Steuereintragungen auf dem Zahltisch. Dahinter Steuerbeamte (kurzer Haarschnitt, bartlos) und Steuerpflichtige im Gespräch. Der Beamte rechts legt seine Hand geradezu liebevoll auf das Geld.

Noch der sächsische »Heliand« (um 840) weiß vom Census: »Es zogen die Boten überall, die von dem Kaiser dorthin gekommen waren, schriftkluge Leute. Sie schrieben in eine Liste gar sorgsamen Sinnes sämtliche Namen, Land wie Leute, damit es nicht gelänge einem Mann, zu entziehen den Zins.«

Seht Betlehem dort

*In der Mitte des Fotos der Komplex der Geburtskirche mit der so gänzlich unscheinbaren Front.
Immer wieder – bis in die unmittelbare Gegenwart hinein – sah diese Kirche Krieg.
Und doch: Wie in der Laterans- und Petersbasilika in Rom, wie in der Grabeskirche von Jerusalem, so wird auch in der Geburtskirche von Betlehem seit frühester Zeit ununterbrochen Gottesdienst gefeiert.*

Wie der Hofhistoriker Eusebius berichtet, ließ Kaiserin Helena, eine damals schon alte Frau, nach ihrem ersten Besuch in Betlehem 330 über der dort von christlichen Pilgern verehrten Grotte, der »Spelunca Salvatoris« (= der »Höhle des Erlösers«), die Geburtsbasilika errichten, die 339 – Helena war 337 gestorben – geweiht wurde. Offenbar bestand dieser erste Bau aus einem Atrium und einem Innenraum mit zwei Säulenreihen auf jeder Seite. Über der Geburtsgrotte hatte man ein Achteck errichtet, das den Blick auf die Höhle freigab. Die Grotte wurde zur »Krypta«. Kaiserin Helena stiftete eine silberne Krippe.

Nach einem Brand ließ Kaiser Justinian (482-565) die Kirche neu und größer bauen, doch ist vom konstantinischen Bau noch der 1934 unter dem heutigen Bodenniveau freigelegte Mosaikfußboden erhalten.

An der Außenfassade der Kirche Justinians waren die drei Weisen in persischer Kleidung abgebildet. Das bewog die Perser, bei ihrer Eroberung 614 die Kirche zu verschonen. 638 fiel sie an die heranstürmenden Muslime. 1099, im ersten Kreuzzug, nahmen die Kreuzfahrer aus Europa sie wieder in christlichen Besitz. Dann – 1187 – eroberte sie der berühmte Sultan Saladin. Dem Stauferkaiser Friedrich II. gelang es 1229, sie durch Vertrag für kurze Zeit noch einmal den Christen zurückzugewinnen, ehe sie 1244 endgültig in die Hand der Muslime fiel. Aber Araber und Osmanen (Türken) übten immer Toleranz, wenn auch Teile der reichen Innenaustattung (z. B. Marmorplatten für den Bau des Felsendomes) verlorengingen. Christlichen Pilgern wurde jedoch nie der Zugang zur Geburtskirche Christi verwehrt. Heute sind sowohl griechisch-orthodoxe Christen wie katholische Franziskaner (diese in der Katharinenkirche unmittelbar neben der alten Basilika) Hüter dieses alljährlich zu Weihnachten von unzähligen Pilgern aufgesuchten zentralen Wallfahrtsortes christlichen Glaubens. Niemals hat man in der alten Zeit einen anderen Ort für die Geburt Christi genannt als die Grotte in Betlehem.

Unter dem im 16. Jh. vermauerten Bogen der Kreuzfahrerzeit findet man die niedrige Tür zur Geburtskirche.

Geheimnis der Höhle

Und sie kamen halbwegs, und Maria sprach:
»Josef, hebe mich von der Eselin herunter,
denn das Kind in mir bedrängt mich und will herauskommen.«
Und er hob sie herunter und sprach:
»Wo soll ich dich hinbringen und deiner Unziemlichkeit Schutz verschaffen?
Der Ort ist einsam.«
Und er fand dort eine Höhle und führte sie hinein ...

aus dem Marien-Evangelium des Jacobus, um 150

Viehhöhlen bei Betlehem heute. In manchen finden sich noch Futterkrippen aus gestampftem Lehm. Solche Höhlen »dienten lange auch als Menschenbehausungen. Hirten kamen hierher, quartiersuchende Leute von der Landstraße, auch Partisanen, die um ihre Freiheit gegen die römische Macht kämpften« (Jörg Zink).

Auf dem Hirtenfeld bei Betlehem: Schafe, Ziegen, Hirten, Steinhürden. Die Hirten blieben von April bis Ende November, bis der Winterregen begann, auch nachts im Freien. Lukas denkt also sicher an eine andere Jahreszeit als die unseres Weihnachtsfestes.

Eine der Höhlen Betlehems wurde schon in apostolischer Zeit von den judäischen Christen als Geburtshöhle Christi verehrt. Justin, der zum Christentum bekehrte griechische Philosoph, der165 als Märtyrer starb, erzählt etwa um dieselbe Zeit wie Jacobus in seinem Marien-Evangelium von der Höhle nahe Betlehem, die Josef aufsuchte, weil er sonst kein Quartier gefunden hatte. Beide konnten in ihrer Zeit die Höhle vermutlich nicht verehren, denn Kaiser Hadrian, der den jüdischen Bar-Kochba-Aufstand (132-135) niederschlug, hatte nach dem Bericht des bereits erwähnten Hieronymus, der zwischen 384 und 420 in den Grotten unter der Geburtskirche in Betlehem lebte, den Ort in eine Kultstätte des Adonis verwandelt. In einem Brief an seinen Freund Paulinus von Nola klagt Hieronymus in der Retrospektive: »Der heiligste Ort der Erde lag im Schatten eines Hains des Adonis, und in der Höhle, in der einst der kleine Christus schrie, wurde der Liebhaber der Venus beweint.«
Wenn indes Origenes, bei dem Ortskenntnis vorauszusetzen ist, 246-48 schreibt, daß in Betlehem noch die Höhle gezeigt werde, in der er geboren sei, und in der Höhle auch die Krippe, in der er gewickelt wurde, und was gesagt werde, das sei in aller Munde in dieser Gegend, auch bei den Ungläubigen, nämlich, daß in dieser Höhle der von den Christen bewunderte und verehrte Jesus geboren wurde, dann darf man davon ausgehen, daß um diese Zeit das Kultheiligtum Hadrians bereits zurückverwandelt war. In jedem Fall war der Ort zur Zeit der Errichtung der Geburtskirche (um 330) bereits wieder Ziel christlicher Pilger.
Kein Zweifel, die Anziehungskraft der Geburtshöhle Christi war groß (sie ist es heute noch). Und das dürfte einerseits zu tun haben mit der christlichen Überbietungstendenz gegenüber den zahlreichen antiken Kulthöhlen (etwa den unterirdischen Mithrasheiligtümern; von Mithras erzählte man, er sei an einem 25. Dezember, dem Tag der Wintersonnenwende, aus einem Felsen geboren worden), andererseits aber auch mit der vielfach belegbaren Urbeziehung des Menschen zum urtümlichen Leitbild (Archetypus) »Höhle«: »Die heilige Höhle gehört offenbar zur tiefsten Schicht und zu den ältesten Ausdrucksformen menschlicher Religiosität« (Ernst Benz).

Die Geburtskirche

Die Eingangstür zur Geburtskirche (120 x 79 cm), »Nadelöhr« genannt, von innen. Sie sollte u. a. verhindern, daß Feinde mit ihren Pferden in die Kirche einreiten konnten. Dickes Holz, massive Streben und starke Nägel zeigen die Wehrhaftigkeit dieser Tür. Jeder Besucher muß sich – zur Demut genötigt – tief bücken. Daher auch »Tür der Demut«.

Wer die Schwelle hinter sich hatte, dem tat sich die Kirche mit all ihrer Herrlichkeit in Säulen und Mosaiken, mit der Fülle ihrer Lampen in Gold und Silber auf. Und er konnte hinabsteigen in die geheimnisvolle Grotte der Geburt, ein niedriges mit Marmor verkleidetes Gewölbe, Teil eines ganzen Grottensystems mit mehreren Altären. Zwei davon gehören den griechisch-orthodoxen Christen, der Hauptaltar und der Altar der Beschneidung. Zwei gehören den armenisch-orthodoxen Christen, der Altar der Jungfrau und der Altar der Heiligen Drei Könige, der Ort, wo diese nach alter Überlieferung von ihren Pferden gestiegen sein sollen.

Der vierzehnstrahlige silberne Stern in der seit Kaiserin Helena reich ausgestatteten, immer wieder veränderten Geburtsgrotte unter der Geburtskirche stammt aus dem Jahr 1717. Er trägt die Inschrift »Hic de Virgine Maria Jesus Christus natus est« – »Hier ist von der Jungfrau Maria Jesus Christus geboren worden.« Sechzehn Silberlampen repräsentieren 16 verschiedene christliche Denominationen. Die 14 Strahlen des Sterns weisen hin auf die dreimal 14 Geschlechter seit Abraham. Matthäus 1,17: »Je 14 Generationen sind es von Abraham bis David, von David bis zur Verbannung nach Babylon und von dieser Zeit bis zu Christus.«

Domus panis – Haus des Brotes

Den ost- und weströmischen Kirchen ist Christus in der Krippe die Speise, die »als Brot vom Himmel herabkam«. Der Kirchenlehrer Gregor von Nyssa (nach 330-394) hatte die mystische Einheit des Jungfrauenkindes mit dem Leib des kirchlichen Altarsakramentes eindeutig formuliert. Theodoret, Bischof von Kyrrhos (393-466), nannte das Krippenkind »die heilbringende Speise«.
Betlehem (übersetzt »Haus des Brotes«), ist ein »Haus«, wo durch Jahrtausende hindurch das eucharistische Brot gereicht wurde. Die Bezeichnung »Haus des Brotes«, die den ersten Ortsnamen Efrata ablöste, leitet sich u. U. von der Ebene im Osten ab, dem »Hirtenfeld«, wo auch Ackerbau möglich war.

Christlicher Brotstempel der Frühzeit, der u. a. zeigt, daß die jüdische Menorah bei den Christen ihre Symbolkraft nicht verlor.

Sei gegrüßt, Betlehem,
Haus des Brotes,
wo jenes Brot gebacken wurde,
das vom Himmel herabgestiegen ist.

Pilgerin Paula

Den die Himmel nicht fassen,
trug der Schoß einer Frau.
Sie trug den, in dem wir Brot sind.
Sie nährte den, der unser Brot ist.

Augustinus

Frühchristliche fröhliche Mahlfeier. Brote mit eingekerbten Kreuzen oder Sternen.

Relief von einem frühchristlichen Sarkophag. Nationalmuseum Rom.

Was Betlehem den Christen der Frühzeit insgesamt bedeutete, zeigt ein Hymnus des Sophronisos, Bischof von Jerusalem im 5. Jahrhundert:

Betlehem, bereite dich, schmücke dich, o Krippe, Höhle nimm auf!
Wahrheit ist gekommen. Der Schatten ist vorübergegangen.
Gott hat sich den Menschen aus der Jungfrau offenbart,
eine Gestalt annehmend so wie wir ...

So ist Betlehem gleicherweise ein Ort der Geschichte wie des Glaubens. Es ist der Ort, den »Gott in einer einzigen Nacht der ganzen Welt bekanntgemacht«. Es ist der Ort, von dem Licht ausgeht, weil über ihm ein Stern stand, der Ort des erhofften Friedens für alle Völker. Viele Wege führen nach Betlehem, zum »Stall der Welt«.
Was einst aus Betlehem wird? – Nur die Hoffnung kann antworten:

Ohne alle Not reichen Menschen sich die Hand.
Jedermann aus jedem Land gibt dem andern Brot.

Und wickelte ihn in Windeln ...

Neugeborene zu wickeln ist uralter Brauch. Indes hat das Windeln der Vor- und Frühzeit (die Bibel erwähnt Windeln außer in Lukas 2,7 noch Hesekiel 16,4 und Weisheit 7,4) wenig mit den zarten Vlieswindeln oder den Pampers unserer Epoche zu tun. Es war eine barbarische Praktik mit dem für uns heute völlig unbegreiflichen Ziel, die Glieder zu strecken und damit die Gestalt zu erhalten. Die Kinder wurden »eingepuppt« wie kleine Mumien. Funde aus Ägypten, Phönikien und anderen antiken Ländern (eine rühmliche Ausnahme machten nur die Spartaner) beweisen das. Viele frühchristliche und mittelalterliche Darstellungen der Geburt (aber auch noch solche der Neuzeit) zeigen das neugeborene Jesuskind verschnürt wie ein Paket, unbeweglich steif wie eine Puppe. Das Wickelkind bleibt ohne Kontakt. Es spürt, es fühlt die Mutter nicht, weil zahllose Meter Wickelband – Windel, das war ein quadratisches Tuch und ein bis zu 6 m langes Band – seinen Leib nebst Armen und Beinen fest eingeschnürt haben. Gelegentlich wurde das Neugeborene nur die ersten sieben Tage, zumeist aber wesentlich länger »gewickelt«. Damit galt es als angenommen und anerkannt. Auch Abwehr dämonischer Kräfte spielte eine Rolle. Die Unsitte – man kannte die Rund- und die Kreuzwicklung – wurde durch sakrale Vorbilder (Maria, Johannes, Jesus als Wickelkinder) gefestigt und konnte sich so bis zum Ende des 19. Jahrhunderts – in Neapel und anderswo auch noch nach 1900 – erhalten. Auf unzähligen Kunstwerken bis hin zu den Exvotos der Wallfahrtskirchen und -kapellen ist immer wieder zu sehen, wie die Neugeborenen, häufig zusätzlich mit Schmuckbändern versehen, unbarmherzig fest bis zum Hals zugeschnürt waren. Erst Anfang des 18. Jahrhunderts begannen einzelne über den medizinischen Unsinn des Einwickelns nachzudenken. Bis zur Erlösung der Säuglinge von ihren Banden war es dann aber noch eine lange Zeit.

Die Tradition des Wickelns ist uralt. Das zeigt diese Terrakottafigur aus Tufa, Italien, 4.-3. Jh. v. Chr., auf der eine Fruchtbarkeitsgöttin mit fünf Wickelkindern zu sehen ist. Museo provinciale campana, Capua.

Der Vorgang des Wickelns vor dem wärmenden Kaminfeuer. Die Wöchnerin rechts reicht der Wickelfrau neue Bänder. Im Hintergrund das Wochenbett. Kupferstich von Abraham Bosse (1602-1676). Kunstsammlungen der Veste Coburg.

Als ein Kind
in schmale Krippe eingebettet,
liegt er.
Jungfrau-Mutter schlägt
die Glieder in die Windeln
wickelnd ein,
legt um Hände,
Füße, Schenkel
fest das Wickelband herum.

Venantius Fortunatus (530-610)

Und sie wanden es mit Fleiß
in die Leinwand weiß.
Mit leinenen Binden
zwangen sie zusammen den Leib
um das heilige Gebein.

Wernher, Priester und Poet (um 1200)

Der Korb mit den Wickelbändern. Ausschnitt aus einer Geburt Christi von Gerard David (um 1460-1523). Metropolitan Museum of Art, New York.

Gewickeltes (verschnürtes) Kleinkind in Palästina heute.

Juno Lucina, die Göttin der Geburt, mit gewickeltem Kind. Münze des Marc Aurel (121-180 n. Chr.). Der Kaiser ließ diese Münze anläßlich der Niederkunft seiner Tochter Lucilla prägen (Nachzeichnung).

Ochs und Esel

Ochs und Esel, der Krippe am nächsten, – im Neuen Testament nicht erwähnt –, werden seit dem 3. Jahrhundert gemäß den Worten des Propheten Jesaja »Ein Ochse kennt seinen Herrn und ein Esel die Krippe seines Herrn« (Jesaja 1,3) durchgehend als anbetende Kreatur dargestellt.
Es war Origenes (185-256), der in seinen Lukashomilien wohl als erster die Jesajaprophezeiung mit der Geburt Christi in Verbindung brachte. Es ist davon auszugehen, daß er von dem frühen Zeugnis im Marien-Evangelium des Jacobus (um 150), nach dem Maria auf einem Esel von Nazaret nach Betlehem (und später nach Ägypten) kam, Kenntnis hatte.
Deutungen blieben nicht aus. Nach Gregor von Nazianz (330-390) vertrat der Ochse als das kultisch reine Tier die Juden, der Esel als das kultisch unreine Tier die Nichtjuden an der Krippe.
Augustinus (354-430) vertiefte das theologisch: »Zwischen dem Ochsen, der an das Gesetz gespannt ist (Volk der Juden) und dem Esel, der mit der Verfehlung des Götterdienstes belastet ist (nichtjüdische Völker), liegt der von beiden Lasten befreiende Gottessohn.«
Dem Pseudoevangelium des Matthäus (8./9. Jh., auf eine frühe Vorlage zurückgehend) sind die Tiere an der Krippe bereits ganz selbstverständlich: »Am dritten Tag nach der Geburt unsers Herrn Jesus Christus verließ Maria die Höhle, ging in einen Stall und legte das Kind in die Krippe ... Ochs und Esel hatten das Kind zwischen sich und beteten es ständig an. So wurde das Wort des Propheten Habakuk erfüllt: ›Zwischen zwei Tieren wirst du dich offenbaren‹!« Bezug genommen wird hier auf eine apokryphe Habakuk-Überlieferung.
Beide Tiere genießen in der Antike hohes Ansehen. Bereits im Alten Testament heißt es: »Wenn du dem Rind oder Esel deines Gegners, die sich verlaufen haben, begegnest, sollst du sie ihm wieder zuführen« (2. Mose 23,4).

Der Esel:

Octavian, dem vor der Schlacht von Actium (31 v. Chr.) ein Esel mit Namen »Nicon« (»Sieg«) begegnet, so die Legende, läßt nach der Überwindung seines Gegners Antonius im Tempel von Actium ein erzgegossenes Eselsbild aufstellen. Und im 2. Jh. n. Chr. erzählt der römische Dichter Apuleius von einem Esel, der einer jungen Frau zur Flucht vor Räubern verhilft.
Seine christliche Würde erhält der Esel dadurch, daß er, da er schon das königliche Kind getragen hat, auch den nach Jerusalem einziehenden König Jesus tragen darf (vgl. Johannes 12, 15: »Dein König kommt auf einem Eselsfüllen«). Dies wiederum, wie es verheißen ist: »Freue dich, du Zionsstadt. Jubelt laut, ihr Bewohner Jerusalems. Euer König kommt. Er bringt das Recht und die Rettung. Demütig ist er. Er reitet auf einem Esel. Ein einfacher Esel ist sein Reittier!« (Sacharja 9,9). Um das Jahr 280 entsteht in Aquileja (Italien) ein Mosaikfußboden mit einem höchst lebendigen Eselsbild, das von Christussymbolen umgeben ist.

Kind, Esel fütternd. Mosaik. 5. Jh.

Konstantinopel, Großer Palast.

Der Esel war als geschicktes, kluges, geduldiges Tier, als vorzügliches Reittier, in der Antike hochgeschätzt.
Sokrates, Augustus, Plinius Secundus verherrlichten ihn. Man hielt ihn heilig.
Die Eselin des Bileam war der Sprache mächtig.
Ein Esel trug Maria nach Betlehem, nach Ägypten und zurück.

Der Ochse:

Dieses Tier an der Krippe darf im Zusammenhang mit der antiken Verehrung des Rindes, des Stieres, auch der Kuh, gesehen werden. Um ein goldenes, fälschlich verehrtes Stierbild tanzt das Volk Israel, während Mose auf dem Berg mit Gott redet. Horus, Sohn der Isis, wird um 1500 v. Chr. am Nil »starker Stier« genannt. Der Apisstier trägt in Ägypten die Sonne. Er ist ein Symbol für Zeugungskraft und Fruchtbarkeit. Auf Knossos ist der Stierkult zentrales Thema der Religion. Im griechischen Mythos wird Europa, die Tochter des Phönix, von Zeus als Stier entführt. Im Mittelpunkt des Mithras-Kultes steht die Opferung des Stiers. Unendlich viele Kultplastiken des Altertums stellen den Stier dar. Stierlampen brannten in den Tempeln. Bei Eröffnung des Goldenen Zeitalters im Jahr 7 v. Chr. opferte Augustus persönlich dem Jupiter zwei Stiere. Josephus Flavius schreibt in der »Jüdischen Archäologie«: »Die Ochsen bedeuten einen Wechsel der Verhältnisse, weil sie beim Pflügen das Land verändern.« Und nicht zuletzt wird der Stier von Offenbarung 4,7 her zum Symbol des Lukas.

Römischer Opferstier. Fries vom Sarkophag des Domitius Ahenobarbus (vgl. S. 64). Ausschnitt. Louvre, Paris.

Ochs und Esel an der Krippe. Der Ochse ähnelt dem Stier am römischen Opferaltar. Adelphia-Sarkophag, Syrakus. Etwa 340-345. Ausschnitt (vgl. S. 130).

So können beide Tiere auf eine reiche vor- und nachchristliche Tradition zurückblicken. An der Krippe sind sie seit dem 3. Jahrhundert unwiderruflich geblieben. »Das Kind liegt in der Krippe. Die Tiere schauen hinein, verwundert, statt ihres trockenen Futters ein lebendiges, himmlisch anmutendes Geschöpf zu finden« (Johann Wolfgang von Goethe). Im 15. Jahrhundert sangen die Mönche im Kloster St. Gallen: »Cognovit bos et asinus quod puer erat dominus«. Und draußen respondierte das Volk: »Der stier und esel kanten das, daz Jesus Krist ein herre waz.«

Verkündigung an die Hirten. Perikopenbuch Kaiser Heinrichs II. Reichenau 1002-1012.
Bayerische Staatsbibliothek, München.

Verkündigung an die Hirten

Und Hirten waren in der gleichen Gegend unter freiem Himmel.
Sie hielten Nachtwache auf dem Feld bei ihrer Herde.
Und ein Engel des Herrn trat zu ihnen.
Und Lichtherrlichkeit Gottes leuchtete auf um sie.
Und sie fürchteten sich in großer Furcht.
Und es sprach zu ihnen der Engel:
»Fürchtet euch nicht. Seht, ich verkündige euch große Freude,
die dem ganzen Volke gelten wird.
Denn euch wurde heute der Retter geboren in Davids Stadt,
der Christus, der Messias, der Heiland.
Und das habt zum Zeichen:
Ihr werdet finden ein Kind, gewickelt in Windeln und
in einer Krippe liegen.«

Lukas 2, 8-12

Und ich sah einen Engel,
sein Antlitz wie die Sonne.
Und er rief mit großer Stimme.
Und er hob seine Hand auf zum Himmel.
Und er schwor bei Gott,
bei dem, der lebt von Ewigkeit zu Ewigkeit,
bei dem, der den Himmel geschaffen hat.

Und er verkündigte Freude.

nach Offenbarung 10, 1-7

»Wenn nun Lukas erzählt, was die Hirten in jener Nacht wahrnahmen, dann gebraucht er eines der ältesten Seelenbilder, die in den Menschen waren, lange bevor es nach ihren Vorstellungen Götter gab: nämlich den Engel« (Jörg Zink). Wie er aussah, der Engel?

»Ich weiß nur, daß wir heutigen Menschen vieles nicht mehr wahrnehmen, was die Menschen in Jahrtausenden geschaut haben, aber daß vielleicht sogar wir die Feinfühligkeit und Offenheit gewinnen können, zu schauen, was über unsere unmittelbare Menschenwelt hinausliegt« (Jörg Zink).

In diesem Bild für einen Kaiser ist der Hintergrund (gleich dem Nimbus des Engels) golden (Gold ist die Gottesfarbe). Schafe, Hirten, Berg, alles ist stilisiert, in einen transzendentalen Bereich gehoben. Wir haben hier die machtvollste Hirtenverkündigung der Buchmalerei, wenn nicht der Malerei überhaupt, vor uns.
»Die Engelriesen der ottonischen Buchkunst, die mit ihren magisch rollenden, weit offenen Augen das Weltgeschehen überwachen und mit ihren kraftvoll ausfahrenden Flügeln einen wahren Sturm entfachen (die Gewandzipfel symbolisieren Wehen des Heiligen Geistes), sind von elementarer Kraft« (Gottfried Knapp).

In der monumentalen Komposition begegnen sich die gegeneinander ausgestreckten Hände des Engels und des großen Hirten, als seien sie durch einen elektrischen Bogen verbunden. Diese Kunst hat eine große Freiheit gegenüber jeder materiellen Illusion. Sie erzielt »Wirkungen von einer geistigen Gespanntheit und Intensität, wie sie kaum je wieder erreicht worden sind« (Peter Metz).

et in terra pax
Gloria in altissimis deo
hominibus bone voluntatis

Der Friede euch – Gott in der Höh die Ehre

Und plötzlich waren mit dem Engel Scharen des himmlischen Heeres,
die lobten Gott und riefen:
»Lichtglanz in den Höhen bei Gott
und Frieden den Menschen, die ihn wollen!«

Lukas 2,13-14

»Aus Zion bricht an der schöne Glanz Gottes. Unser Gott kommt und schweiget nicht«, heißt es Psalm 50,2. Dieses Wort des nicht schweigenden Gottes, das Lukas die Engel lobpreisend verkünden läßt, ist

griechisch ein Zweizeiler:

Herrlichkeit Gott: in den Höhen!
Und auf Erden: Friede den Menschen seines Gefallens.

Fridolin Stier

lateinisch ein Dreizeiler:

GLORIA IN EXCELSIS DEO
ET IN TERRA PAX
HOMINIBUS BONAE VOLUNTATIS

Darum finden wir so häufig, wie auch in dem nebenstehenden Bild aus Bourges, die Dreizahl der Engel als himmlische Heerschar. In der Mitte des Bildes steht er geschrieben, der wichtigste Satz aus der bekanntesten und schönsten Geschichte der Welt:

ET IN TERRA PAX

Nicht der römische Reichsfriede ist gemeint, vielmehr der Gottesfriede, höher als alle Vernunft, tiefer als alle Ängste, der Schalom der Weihnacht. Sonntag für Sonntag erklingt es in den Kirchen, im »Gloria« der römischen Messe ebenso wie im »Und auf Erden Fried« des evangelischen Gottesdienstes. Unzählige Male wurde dieser Schalom vertont, nicht zuletzt im Weihnachtsoratorium des Johann Sebastian Bach.

»Und Friede auf Erden den Menschen des göttlichen Wohlgefallens«. So wird einerseits übersetzt. Bei anderen heißt es: »Den Menschen, die guten Willens sind, den Menschen, die Frieden wollen.« Luther weiß beides, das göttliche Wohlgefallen und die Menschen, die guten Willens sind, in seiner Interpretation des Wortes »Wohlgefallen« zu verbinden:

»Daß die Menschen davon Lust und Liebe haben gegen Gott und untereinander. Und dasselbe mit Dank annehmen und darüber alles mit Freuden lassen und leiden.«

»Et in terra pax« – »Frieden in der ganzen bewohnten Welt«, das ist vielleicht die wichtigste Botschaft der Bibel überhaupt; in jedem Fall ist es eins der stärksten Friedensworte der Menschheit. »Kein Bote selger Sphären wird je in dieser Zeit voll Kümmernissen mehr frohe Botschaft für die Erde wissen«, sagt Rudolf Hagelstange.

»Friede-Fürst wird man ihn nennen«, ist Jesaja 9,5, bezogen auf das erwartete messianische Kind, den Retter, zu lesen. »Er bringt dauerhaften Frieden ohne Ende«, heißt es Jesaja 9,6. Mit diesem Frieden ist das Heilsein des Menschen in all seinen Bezügen gemeint: Friede mit Gott, Friede unter den Menschen, Friede mit sich selbst. Dieser Friede vereint unterschiedlich Denkende: »Er ist es, der uns allen den Frieden gebracht und Juden wie Nichtjuden zu einem einzigen Volk verbunden hat«, heißt es Epheser 2,14.

Im »Schalom« der Juden klingt auch »Gerechtigkeit« mit, so wie sie von den Propheten des Alten Testamentes immer wieder gepredigt wurde: Wenn ihr das rechte Ethos walten laßt, dann erreicht ihr auch den äußeren Frieden ebenso wie den inneren als letzte Übereinstimmung zwischen Mensch und Gott! Umfassender Friede ist Grundthema der Bibel vom göttlichen Friedensbund mit Noah (Genesis 9,8-17) an bis hin zum »Maranata«, zum Friedensruf der endzeitlichen Gemeinde »Unser Herr kommt« in der Offenbarung des Johannes (22,20).

Deckenmalerei in der Kapelle des Palais Jacques Coeur, Bourges, Frankreich. 15. Jh.
Diese Engel singen »Gloria in ***altissimis*** *deo« (»altus« lat. »hoch«; »in altissimis« = »in den höchsten Höhen«).*

Die Stunde der Engel

Sie gehören zu den ältesten Menschheitsüberlieferungen. Geheimnisvoll tauchen die Engelwesen auf, als Boten göttlicher Macht, als Sachwalter einer großen Ordnung, als hoheitsvolle Repräsentanten der Schöpferkraft. Sie halten die Welt im Dasein, drängen die Geschichte voran, bewirken Wandlungen, sie retten und erneuern. Aber sie stehen nicht für sich selbst, sondern übernehmen Mittlerfunktionen, geben einem Größeren Raum, treten zurück, wenn sie ihre Aufgabe getan haben.

Es sind die Wesen des Übergangs, sie »wohnen« im Grenzbereich zwischen Immanenz und Transzendenz.

Brückenwesen sind es, Treppengestalten, sie öffnen Türen und schließen sie wieder, sie führen in andere Dimensionen und setzen in unbekannte Bereiche über. Zwischen Wachen und Schlafen lassen sie sich vernehmen, ihre Sprache geht nicht leicht in unsere Idiome ein. In Besitz nehmen lassen sie sich nicht, herbeizitieren läßt sich keiner. Aber unvermutet läßt sich ihre Nähe verspüren: Es sind Trostboten, Schlafhüter, Augenöffner, sie kommen als Traumkünder und Sichtbarmacher, als Hoffnungsstifter und Liebesboten, aber auch als Totengeleiter und Augenschließer. Können wir aber so unbekümmert und unbefangen die Engeltradition weitergeben? Die Religionswissenschaftler führen uns den Wandel der Engelvorstellungen vor Augen und weisen auf die Abhängigkeiten hin. Die Mythenkundler wollen herausfinden, welche archaischen Erfahrungen sich in den Bildern der Engel und Dämonen niedergeschlagen haben. Die Tiefenpsychologen weisen darauf hin, daß die uns innewohnenden archetypischen Grundfiguren nicht unbesehen als außerseelische Wirklichkeiten aufgefaßt werden dürfen. Und die Theologen schließlich gehen mit ihren exegetischen und hermeneutischen Methoden den biblischen Texten nach und verstehen die Engel als Masken und Chiffren Gottes.

Vielleicht ist es kein Zufall, daß den Malern und Dichtern gültigere und glaubwürdigere Zugänge zur Engelwelt gelungen sind als den Theologen und Philosophen. Es muß einer schon poetische Gaben haben (wie Hildegard von Bingen und Dante) oder bildnerische Gestaltungskraft (wie Rubljew und Rembrandt), um diesen schwebenden Wesen Gestalt zu verleihen. Eine begriffliche und dogmatische Fixierung legt viel zu sehr fest, sie entziehen sich der systemhaften Beschreibung und der logischen Einordnung.

Ich bin der Überzeugung: wir haben die Engelbilder nötig, geben sie doch den Urformen des Daseins Ausdruck.

Rückseite einer Goldmünze Kaiser Theodosius II. (408-450). Manche Numismatiker schreiben noch: »Victoria mit dem Kreuzstab«. Das trifft den Sachverhalt nicht mehr. Vielmehr ist die römische Siegesgöttin, auf unzähligen Münzen dem Kaiser zugeordnet, hier erstmals zum christlichen Engel (später wird der Engel mit dem Kreuzstab der Verkündigungsengel sein) geworden.

Wenn uns die großen (und ehrwürdigen) Deutebilder abhanden kommen, wie sollen wir noch die geistigen Zusammenhänge der Schöpfung begreifen? Naturwissenschaftliche Erfassung, so wichtig sie ist, kann uns nicht verstehbar machen, was die Welt »im Innersten zusammenhält«. Es genügt uns nicht, einfach nur das Vorgefundene und Zuhandene hinzunehmen, wir möchten die Hintergründe und Strukturelemente des Seins miterfassen. »Wir leben in mehreren Welten«, hat Adolf Portmann gesagt. In jeder Generation tauchen die gleichen Urfragen wieder auf: Warum gibt es die Schöpfung, wo kommen wir her, wohin eilen wir, was gibt der Welt einen Halt, was steht hinter der Oberfläche? Warum gibt es geheimnisvolle Ordnung? Warum gibt es das Böse in der Welt? Wird sich das Gute durchsetzen?

Mit der Engeltradition und den Engelbildern wird nur der etwas anfangen können, der sich müht, auf die Bildsprache zu achten und die Deutekraft der Symbole zu verstehen.

Die Mysterien der Glaubenstradition sind uns nicht als habbares Eigentum übereignet worden. Sie sind nicht unser Besitz. Wir nähern uns ihnen an und suchen Schlüssel zum ehrfurchtsvollen Begreifen. Im Vertrauen auf Entsprechungen zwischen Oben und Unten, zwischen dem Großen und dem Kleinen, dem Offenbaren und dem Verborgenen, dem Himmlischen und dem Irdischen, suchen wir nach Analogien und Metaphern, nach tragfähigen und wirkmächtigen Symbolen und nach aufschließenden Zeichen. Die Engel künden uns, daß wir nicht in einer zugesperrten Welt leben, sie machen uns auf die Einfallstore aufmerksam, die Höhen und Tiefen werden uns gezeigt, das Potential anvertraut, das uns bereichert, aber auch bedroht, weil es uns Höhen verspricht und Abgründe bewußt werden läßt.

Der Mensch der Gegenwart ist in der Gefahr, seicht und oberflächlich zu werden und die Tiefendimensionen seiner Existenz einzubüßen. Wenn ihm die Vorstellungen von Engeln und Dämonen nur noch unverbindliche Allegorien sind, dann beweist das, wie wenig er seine eigene Größe und seine Gefährdung erkannt hat. Er nimmt die hellen und dunklen Mächte, die helfend oder versucherisch, heilend oder zerstörend herankommen, nicht mehr ernst.

Es gehört zu den Abenteuern des Menschseins, seine Grundveranlagung und seine Berufung zum Großen zu entdecken, aber auch seine Gefährdung wahrzunehmen, hinter sich selbst zurückzubleiben und im Chaotischen zu versinken. Wir suchen unsere wahre Gestalt, können aber auch im Fratzenhaften und Zerstörerischen steckenbleiben. Wenn der Mensch den Menschen um ein Unendliches übersteigt, wie Pascal sagt, dann braucht er Weggeleiter, die ihn vor dem Absturz bewahren und seine positiven Kräfte fördern und ermutigen. Immer hat man die inspiratorischen Mächte, die Genien und Geistboten mit den Engeln in Verbindung gebracht. Aber es können auch die versucherischen Wesen sein, die Mächte des Hintergrunds, Bündel der Energien, Provokateure des Aufruhrs, die darauf drängen, selbst den Thron zu besteigen. Die Schöpfung ist noch nicht zu Ende gebracht, alles ist noch im Fluß, unsere Sehnsucht geht dahin, daß sich die Sachwalter des Guten behaupten, daß die Hüter der Einheit des Weltganzen die Schöpfung retten. Der Engel steht als große Gestalt der Zuversicht und der Hoffnung, daß die Schöpfung ihr Ziel erreicht.

Otto Betz

Engel, das Evangelium bringend. Ausschnitt. Evangeliar aus Fulda. Um 980. Landesbibliothek Fulda.

Kommet, ihr Hirten

... ihr werdet finden ein Kind, in Windeln gewickelt und in einer Krippe liegen!

Lukas 2,12

So merket nun das Zeichen recht:
Die Krippe, Windelein so schlecht,
da findet ihr das Kind gelegt,
das alle Welt erhält und trägt.

Martin Luther 1535

Reliefragment vom Lettner der Kathedrale in Chartres. Um 1240. Schatzkammer des Domes. Das Werk gilt als eine der besten hochgotischen Skulpturen zum Thema.

Die Marienkathedrale von Chartres, der »Palast der Jungfrau« (Otto von Simson), besaß als größten Schatz das Hemd, das Maria bei der Geburt Jesu getragen haben soll. Aus dem Brand, der die romanische Kathedrale 1194 bis auf die Westfassade vernichtete, unversehrt hervorgegangen, war die heilige »Tunika« Anlaß zum Neubau »jenes steinernen Kosmos, der als irdisches Gemach der Jungfrau Maria zwischen 1194 und 1220 über den bescheidenen Häusern der Stadt Chartres atemberaubend emporwuchs« (H. Halbfas). Ganz offensichtlich hält Josef, dessen Kopf zerstört ist, hier das heilige Hemd in den Händen. *Rechte Seite:* Eine Buchrolle in der Hand, stürzt von rechts oben der Engel herein. Mit langgestrecktem Finger weist er den jugendlichen Hirten auf Maria und das Kind (im hier nicht sichtbaren Mittelfeld) hin. Weitgespannt sind seine Flügel. Der rechte berührt mit seiner Spitze fast das obere der drei in dem engen Raum geschickt gestaffelten Tiere. Zwei – die beiden Schafe oben und unten – schauen zum Engel auf. Das Schaf in der Mitte schmiegt sich an den Hirten. Dieser, Staunen in den großen Augen, sucht im Aufschauen mit der Rechten seine Stirn gegen den himmlischen Glanz zu decken. Sein Gesicht und das des Engels sind einander ganz nahe. Der Mund des Engels ist leicht geöffnet. Er spricht die Botschaft.

Hirtenverkündigung. Bogenteil aus den vierteiligen »Gustorfer Chorschranken«, Köln 1130-1140.
Die einst farbig gefaßten Reliefs stammen aus der untergegangenen Kirche St. Mariengraden nahe dem Kölner Dom.
Die würdevolle Strenge dieses den Hauptwerken romanischer Plastik in Deutschland zugeordneten Werkes ist unübersehbar.
Rheinisches Landesmuseum, Bonn.

Nomaden

Und es geschah,
als die Engel von ihnen in den Himmel gingen,
da sprachen die Hirten untereinander:
»Kommt, wir gehen nach Betlehem.
Wir wollen dies alles sehen,
das der Herr uns kundgemacht hat.«

Lukas 2,15

Die Hirten sind Nomaden. Sie hüten Schafe und Ziegen. Sie wechseln ihre Weidegebiete je nach Jahreszeit, je nach Zustand von Gras- oder abgeerntetem Ackerland. Immer sind sie unterwegs. Sie kämpfen um Wasserstellen. Sie sind bewaffnet, denn ihr Beruf ist schwer und gefahrvoll. Nachts schützen sie die ihnen anvertrauten Herden durch Steinwälle oder Hürden aus Dorngestrüpp. Sie leben unter den Sternen, halten wechselnd Nachtwache gegen Räuber und wilde Tiere. Fein sind ihre Sinnesorgane ausgebildet. Sie sehen, hören riechen differenzierter als Dorf- oder Stadtbewohner. Sie gehen Spuren nach, die andere nicht sehen. Sie sind offen für jenseitige Wirklichkeiten, offen für Botschaften des Himmels. Sie sind »die Wissenden der ersten Stunde« (Rudolf Reiser).

In der Geschichte Israels haben sie große Vorfahren: Die Väter waren zumeist Hirten. Mose war Hirte und auch der spätere König David (vgl. Psalm 78, 70-72).

Andererseits wurden die Hirten als Betrüger verdächtigt, waren von der Zeugenaussage vor Gericht ausgeschlossen. Manche sagten: »Es gibt keine verächtlichere Beschäftigung auf Erden als die des Hirten«. Sie wurden als räuberisch und gewalttätig angesehen, Zöllnern und Sündern gleichgeachtet. »Die Erde aufgeteilt gerecht, wir hätten's gern gesehn«, läßt Peter Huchel sie in seinem Gedicht »Wir gingen nachts gen Betlehem« sagen.

Aber gerade diesen, den Ärmsten unter den Armen, gilt die Proklamation des Retters. Für die Geburt des Gotteskindes werden sie zeugnisfähig. Das ist der besondere Akzent des Lukasevangeliums: Arm wird der Christus geboren. Und so, wie Jesus, der Mensch unter Menschen, sich vorrangig den »Armen« zuwandte, den Steuereintreibern und Huren, den Aussätzigen und den Armen im Geist, so gilt auch die erste Kunde von seiner Geburt den Armen.

Kommet, ihr Hirten, ihr Männer und Fraun,
kommet, das liebliche Kindlein zu schaun.
Christus, der Herr, ist heute geboren,
den Gott zum Heiland euch hat erkoren.
Fürchtet euch nicht.

Lasset uns sehen in Betlehems Stall,
was uns verheißen der himmlische Schall.
Was wir dort finden, lasset uns künden,
lasset uns preisen in frommen Weisen:
Halleluja.

Wahrlich, die Engel verkündigen heut
Betlehems Hirtenvolk gar große Freud.
Nun soll es werden Frieden auf Erden,
den Menschen allen ein Wohlgefallen:
Ehre sei Gott.

Nach einem Weihnachtslied aus Böhmen.
Karl Riedel 1870

Uns sind die Augen aufgegangen

Robert Campin (Meister von Flémalle), Anbetung der Hirten. Auschnitt aus einer Geburt Christi (vgl. S. 149). Um 1420. Musée des Beaux Arts, Dijon.

Ich öffnete den Stall, zu sehen, ob er da sei. –
Er war da.

Juan Ramon Jiménez

Und sie kamen in Eile und fanden Maria und Josef
und das Kind in der Futterkrippe liegen.

Als sie es aber gesehen hatten, erzählten sie überall,
was der Engel zu ihnen von diesem Kind gesagt hatte.
Und alle, die es hörten, wunderten sich darüber.
Sie staunten.
Die Hirten aber kehrten zu ihren Herden zurück.
Sie dankten Gott und lobten ihn für alles, was sie gehört und gesehen hatten.

Lukas 2,16-18.20

Gottesmutter Maria

Zweimal Maria – Das Engelskonzert in Isenheim

Das Doppelbild, das der geheimnisumwitterte Maler Mathis Gothart Nithart, genannt Grünewald, zwischen 1512/13 und 1515 auf die Mitteltafel des vierflügligen Altars der Antoniterkirche im oberelsässischen Isenheim (20 km südlich von Colmar) malte, ist eins der bedeutendsten und schönsten Weihnachtsbilder der Christenheit.

Es verherrlicht Maria. Josef fehlt. Die Könige fehlen. Der Hirtenverkündigung – im rechten oberen Bildteil sind zwei Engel und zwei Hirten schemenhaft angedeutet – wird eher geringere Bedeutung zugemessen.

Vor einer Landschaft mit See, Kirche, Wald und Bergmassiv sitzt Maria im rechten Teil bildbeherrschend im verschlossenen Garten (hortus conclusus), dem Symbol für ihre Unberührtheit, und hält liebevoll, Gesicht an Gesicht, das göttliche Kind. Unter einem zarten Nimbus ihr lang herabfließendes rotgoldenes Haar. Prachtvoll ihr mächtiges rotes Kleid mit dem dunkelblauen Umhang. Rechts neben ihr die mystische Rose, Symbol der Fruchtbarkeit und des Königtums der Liebe. Links der Feigenbaum, Symbol des Friedens, den der Friedenskönig Christus bringt. Mit fast überlangen Fingern hält Maria behutsam den kräftigen nackten Säugling, dessen zerrissene Windeln auf das Lendentuch des Gekreuzigten im gleichen Altar (vgl. S. 25) vorausweisen. Spielerisch reicht das Kind seiner Mutter zwei Perlen einer Kette. Der Realist Mathis Nithart vergißt das Wochenstubenzubehör (Badezuber, Krippenbett und Töpfchen) nicht. Der Mystiker Grünewald aber läßt über Maria den Himmel sich auftun.

Myriaden von Engeln schauen in einer Licht-Feuer-Wolke einerseits zu Gottvater mit Kreuzkugel und Szepter auf dem Lichtthron auf. Andererseits schweben sie zu Mutter und Kind hinab. Martin Buber schrieb: »Die Engelscharen entstürzen der göttlichen Glorie wie Samenstaub einer unendlichen Blüte.«

Die linke Seite zeigt in der rechten Öffnung des riesigen tabernakelartigen Baldachins mit vier weissagenden Propheten im Rankenwerk eine zweite kleinere anbetende Maria mit roter Flammenkrone in einer gelbroten Lichtgloriole. Der Tabernakel wird als Tempel Salomos, dieser wiederum seit altersher als Abbild des himmlischen Jerusalem gedeutet. So stände diese himmlische Maria auf der Schwelle vom Alten zum Neuen Bund. Zwei Engel über ihr halten die Krone der Himmelskönigin. Darüber spricht Gottvater mit Abraham über den Alten Bund. Vor dieser Maria auf der Schwelle eine Kristallkanne.

Mathis Gothart Nithart (Matthias Grünewald), Geburt Christi mit Engelskonzert. Isenheimer Altar 1512-1515. Mitteltafel im ersten geöffneten Zustand. Musée d'Unterlinden, Colmar.

»Man mag nach niederländischen und italienischen Vorbildern suchen, um Grünewald in die zeitgenössische Kunst einzureihen; er bleibt einzigartig, unvergleichbar in seiner religiösen Erlebnisfähigkeit, der tiefenpsychologischen und symbolischen Durchdringung seiner Werke, die seine Empfänglichkeit für die Mystik, für Bereiche des Visionären, zeigen« (Edith Neubauer).

Wem bekannt ist, daß Grünewald die Visionen der Birgitta von Schweden (1302-1373) schätzte, dem liegt nahe, diese himmlische Maria als ein Abbild jener Vision der gottergebenen, bald heiliggesprochenen Nonne zu verstehen, die besagt: »Der gesegnete Leib Mariens war gleich einem Gefäß aus reinem Kristall« – darauf deutet die Kristallkanne – »sie schien aus Liebe zu Gott zu brennen, wie eine Flamme.«

So dürfte die theologische und künstlerische Konzeption der Doppeltafel auf dem Miteinander der beiden Marien, der Menschenmutter hier und der göttlichen Maria dort, beruhen.

So wie Mathis Nithart die Flammen-Maria schaut, so ist ihm der ganze Baldachin Vision. Vor allem das Engelskonzert – eine Zauberwelt für sich: Aus der dunklen Tiefe schweben entsprechend den Scharen in der Gottesglorie Geisterwesen heran, die im Mittelteil mit ihren vielfarbigen Gloriolen zu erkennbaren Engelswesen werden. Einige davon beten die himmlische Maria an. Unter ihnen drei auf Streichinstrumenten musizierende Großengel. Befremdend links an der Wand jener über und über mit grünen Federn bedeckte »Naturdämon«, ganz surrealistisch, der, ebenso wie der große Knieende vorn, den Bogen in ungewöhnlicher Handhabung (Grünewald interessierte offenbar mehr die Expressivität der Haltung) über die Gambe führt. Nur der rote Engel mit der Viola im Arm streicht sein Instrument korrekt. Auch die Hingabe der drei an die Musik ist unterschiedlich: Der Grüne schaut in weite Fernen. Der Rote ist ganz nach innen gewendet. Im offenen, zugleich herben Gesicht des gelbroten Engels vorn aber spiegelt sich Hingabe an das Kind und Freude. Ein kosmisches Urereignis scheint sich in der aus dem Dunkel heraus immer mehr aufhellenden, immer mehr engelgleich werdenden Szene anzudeuten. Die Funktion der Engel aber ist es, mit der Himmelskönigin zusammen den Gottessohn zu verherrlichen.

Niemals werden Menschen aufhören, dieses geheimnisvoll jenseitige, in der Komposition schwingende, farbig reiche Bild von der Inkarnation Gottes in Ehrfurcht und Liebe anzuschauen, so wie die von den Antoniusbrüdern (der Orden bestand seit dem 11. Jahrhundert) in ihrem Hospital gepflegten, oft hoffnungslos Kranken mit ihren Krämpfen, mit ihren schwarz faulenden Händen und Füßen (sie litten am sogenannten Antoniusfeuer, einer Mutterkornvergiftung) über die Jahrhunderte hinweg nicht aufgehört haben dürften, am Altar ihrer Kirche ihre Schmerzensgebete der Hoffnung vor die beiden Marien des bildmächtigen Propheten Mathis Gothart Nithart zu bringen.

Maria aber bewahrte all diese Worte

... und fügte sie in ihrem Herzen zusammen.

Lukas 2,19

Geburt. Kapitell aus der Portalwandung von St. Trophime in Arles. Um 1120.

Diese Maria kniet nicht. Sie liegt unter einer weit herabhängenden Decke auf dem Pfostenbett mit der Hand über dem Leib, der eben geboren hat. Das Nichtbegreifen ist in ihren großen Augen. Ebenso in denen des Josef, der sich dicht neben ihr sitzend auf einen Hirtenstab stützt.
Welch ein Geheimnis ist dieses Kind. Sinnen müssen sie und schauen. Welche Würde trägt das Kind, das still für sich auf der geflochtenen Krippe, bedeckt von den Köpfen der Tiere, liegt.

Eine ganz unbekannte, ganz zarte, eine der eindringlichsten mittelalterlichen Kapitelldarstellungen der Geburt. »Mit welchem Wesen, mit welchem kleinsten Teil der Menschheit werden alle gescheiterten Hoffnungen neu?« fragt Rudolf Hagelstange. Und er gibt sich selbst die Antwort: »Mit jedem neugeborenen Kind!« Und Emil Quandt dichtet um 1880: »Mit Maria will ich sinnen ganz verschwiegen und tief innen über dem Geheimnis zart: Gott im Fleisch geoffenbart.«

Und da acht Tage um waren

Und nach acht Tagen war es Zeit, das Kind zu beschneiden. Es bekam den Namen Jesus, so wie der Engel Gottes es gesagt hatte, bevor Maria das Kind empfing.

Lukas 2,21

Wie selbstverständlich wird das Jesuskind diesem uralten Ritus, der bei ihm mit der Namensgebung verbunden ist, unterworfen. Interessant, daß in Lukas 2,21 wieder auf die Engelbotschaft von Lukas 1,31 Bezug genommen wird.

Beschneidung: Ein Stückchen Haut vom Glied wird abgeschnitten. Das dient der Reinlichkeit, ist kein Initiationsritus (wie etwa bei manchen afrikanischen Völkern heute noch), vielmehr ist es ein Zeichen besonderer Verbundenheit Jahwes mit seinem Volk. In Israel seit frühester Zeit (ähnlich dem Brauch vieler anderer Völker) geübt, wird es Genesis 17 kodifiziert: »Alles, was männlich ist unter euch, muß beschnitten werden. Am 8. Tag soll das geschehen. Dies gilt für alle Zeit« (Genesis 17, 10-13). Zwischen Paulus und Petrus kommt es hinsichtlich der unbeschnittenen Griechenchristen zum Streit. Paulus bezieht eine eindeutige Position gegen die Beschneidung (Galater 5,1-6). In der christlichen Kirche tritt dann an die Stelle der Beschneidung die Taufe. Ohne die Ablösung von der Beschneidung hätte es wohl kaum eine Weltkirche der Christen gegeben.

Francisco Goya (1746-1828), Beschneidung Christi. Öl auf Verputz. 1774. Cartuja de Aula Dei, Saragossa.

Goya malte das Fresko (neben 10 anderen) für das Karthäuserkloster Aula Dei wenige Kilometer außerhalb von Saragossa. Auffällig ist die skizzenhaft anmutende Malweise, die der Szene viel Lebendigkeit verleiht. Wir sehen den Beschneidungspriester, den Mohel, mit dem Messer in der Rechten über das liegende Kind gebeugt, dessen Glied er mit der Linken ergriffen hat. Zwei Personen links, ein junges Mädchen und (von hinten) wohl eine ältere Frau beobachten das Geschehen aufmerksam. Die junge sich herüberlehnende Maria rechts, die mit der einen Hand ihren noch schweren Leib bedeckt, schaut sorgenvoll auf das Gesicht des Kindes: Was mag es fühlen? Josef im Hintergrund, ohne Blick auf das Geschehen, wirkt – in sich versunken – abwartend, fragend.

Der Schalom des alten Simeon

In Jerusalem lebte damals ein Mann
mit Namen Simeon, der war fromm und gottesfürchtig
und wartete unablässig auf den Trost Israels,
und der Heilige Geist war mit ihm.
Ihm hatte Gott zu verstehen gegeben,
er werde nicht sterben, ehe er den Christus gesehen hätte.
An jenem Tage nun trieb ihn der Geist in den Tempel,
und als die Eltern das Kind Jesus hereintrugen,
nahm er es auf seine Arme, rühmte Gott und sprach:

»Herr, nun läßt du deinen Diener in Frieden fahren.
Was du versprochen hast, ist erfüllt.
Denn meine Augen sahen das Heil,
das du bereitet hast allen Völkern.«

Lukas 2,25-31

Es ist Rembrandts letztes Bild. 1669 ist es entstanden. Rembrandt war dreiundsechzig Jahre alt, müde von dem Elend und der Misere seiner letzten Jahre. Seine treue Hendrickje, die ihn bis zur Erschöpfung gestützt und gehalten hatte, war gestorben. Sein Sohn Titus, den er über alles liebte, war tot. Die vierzehnjährige Cornelia, Tochter der Hendrickje, versorgte ihn leidlich. Als er selbst starb und man ihm, weil niemand sein Begräbnis bezahlen konnte, ein Armengrab gab, stand dieses Bild, fast fertig, auf der Staffelei.

Herr, nun läßt du deinen Diener in Frieden fahren,
denn meine Augen sahen das Heil, deinen Heiland.

Kurz vorher hatte Rembrandt die Heimkehr des verlorenen Sohnes gemalt, jene ergreifende Szene, in der ein blinder Vater einen zerlumpten Menschen, der sein Sohn ist, umarmt. Und nun folgt noch der erfüllte Abschied, den Simeon von dieser Welt nimmt.
Ein alter Mann, vielleicht einer von den Freunden Rembrandts aus der jüdischen Gemeinde, trägt ein Kind merkwürdig frei auf den Unterarmen, während die Hände weiter ausgreifen, um irgend etwas zu berühren, das jenseits des Kindes ist. Was haben seine Augen gesehen? Ein Baby. Was darüber hinaus? Den Heiland? Offenbar sahen sie ihn in diesem Kind. Ergriffen haben ihn die Hände noch nicht.
Das Bild atmet eine große Stille. Nichts geschieht, als daß ein alter Mann einen Dank ausspricht, bereit, nun in Frieden aus dieser Welt zu gehen.
Es ist kein Zweifel, daß Rembrandt in dem Simeon dieser Tafel sich selbst meint. Aber der Mann und die neben ihm stehende Frau, die Prophetin Hanna, sind einander so nah und so verbunden, als wären sie eins, und als spiegelte Rembrandt sich selbst nicht nur in dem alten Mann, sondern in beiden zusammen: in dem lobpreisenden Simeon und in dem schweigenden, von viel Leid und Einsamkeit gezeichneten Frauengesicht.
Woher aber kommt das Licht? Es ist wieder ganz einfach geworden, Licht von oben. Aber es leuchtet nicht aus dieser Welt. Es kommt aus der Höhe und es trifft die Stirn des Simeon, es »erleuchtet« ihn und seinen Geist, es gibt ihm die Erkenntnis: Dies ist der Erlöser, auf den du wartest. Es fällt auf das Kind und trifft die Hände, die das Kind tragen. Es berührt das Gesicht der Frau, das sonst so verschattet bleibt. Das Licht kommt von Gott, und es zeigt den Menschen, denen die Augen aufgegangen sind, das Licht, das in diesem Kind zu ihnen kommen will.
Simeon – ein Mensch, der zur Reife und zur Ruhe gekommen ist, der an das Ziel eines langen Weges gelangt ist und der weiß: Nun kann ich gehen. Was kommt, bin nicht mehr ich.
Es ist, als sagte er:
Dieses Kind muß wachsen, ich aber muß abnehmen. Und indem ich abnehme, bin ich in ihm bewahrt.
Er scheint zu sagen: Das Kind, das in mir ist, darf neu werden. Und so lebe nun nicht mehr ich, sondern Christus in mir.
Er ist am Ziel und ist es doch noch nicht. Das Licht ist zwar in ihm erschienen, es leuchtet aber auch über ihm und ist von ihm unabhängig. Er steht noch nicht im Licht der Erlösung, wohl aber in der Hoffnung auf den, den er gesehen hat, als er kam.

Und es war eine Prophetin, Hanna, die war hochbetagt.
Als junge Frau hatte sie sieben Jahre gelebt mit ihrem Mann.
Nun war sie eine Witwe von vierundachtzig Jahren.
Sie wich nicht mehr vom Tempel
und lebte nur noch dem Gottesdienst
mit Fasten und Gebet, Tag und Nacht.
Die trat auch hinzu in derselben Stunde und pries Gott.

Lukas 2,36-38

Eine Frau hat beinahe ein Leben lang als Witwe gelebt, in der Einsamkeit und Armut, die dies für eine Frau jener Zeit bedeutet hat, im Warten auf den Befreier, der auch ihr die Erlösung bringen sollte. Nun steht sie neben dem alten Simeon. Das Glück und die Erfüllung ihres Lebens hat sie nicht gefunden. Die Stirn ist überschattet bis über die Augen.
So blickt sie auf das Kind, dessen Gesicht hell im Licht liegt. Es ist nicht einfach Freude, was sie erfüllt, es ist vielmehr der mühsame Glaube, daß da ein Sinn ist, wo er nicht zu sein schien. Daß da eine Güte über dem Menschenleben ist, auch wo es von Öde und Mühsal eingefaßt war.
Hier ist nicht mehr wichtig, woher das Licht kommt. Wichtig ist nur, wo es ist. Es ist über den Menschen, und die Menschen sind in Gott. Sein Licht streift nun auch sie. Und damit ist alles gut.

Was die Nacht hell macht, das ist der Glaube, der von Gottes Licht berührt ist, und alles, was der Mensch dazu tun kann, damit er im Licht bleibt, wird wesenlos.

»Herr, nun läßt du deine Magd« –
so hören wir Hanna sagen – »in Frieden fahren.
Denn meine Augen haben deinen Heiland gesehen,
ein Licht, das auch mein Schicksal erleuchtet,
zum Trost all den Menschen
die dich auf ihren dunklen Wegen suchen.«

Jörg Zink

Rembrandt Harmensz van Rijn (1606-1669), Darbringung im Tempel. Ölgemälde 1669. Unvollendet. Nationalmuseum Stockholm.

Geburt aus der jungen Frau – aus der Jungfrau

Siehe, eine junge Frau wird schwanger werden und einen Sohn hervorbringen *(Jesaja 7,14)*.

Als Jungfrau empfing sie. Als Jungfrau gebar sie. Jungfrau blieb sie nach der Geburt *(Augustinus)*.

Eine Jungfrau hat geboren, was doch ihre Natur nicht zuläßt *(Marien-Evangelium des Jacobus, um 150)*.

... und sie glaubte an eine verwechslung,
als sie – die vielfache mutter – zur jungfrau hochgelobt wurde *(Kurt Marti)*.

Allsonntäglich wird im Gottesdienst bekenntnishaft gesprochen:
»Empfangen durch den Heiligen Geist, geboren von der Jungfrau Maria.«

Die Septuaginta (die Übersetzung des Alten Testamentes ins Griechische, zwischen 300 und 200 v. Chr.) schreibt erstmals für Jesaja 7,14 »Jungfrau« *anstatt* »junge Frau«. *Matthäus folgt ihr darin (Matthäus 1,23)*.

Das ist das Spannungsfeld, um das es geht. Seit nahezu 2000 Jahren buchstabieren Christen, Laien und Theologen, am Mysterium der Geburt aus der Jungfrau.

Man hat versucht, dem Geheimnis in Bildern nahezukommen. So wie es im Hinblick auf Tod und Auferstehung das Bild vom Weizenkorn gibt, heißt es phantasievoll im Arnsteiner Mariengebet des 12. Jahrhunderts: »Wie die Sonne durch das Glas dringt, ohne es zu verletzen, so ward Maria Mutter und blieb dennoch Jungfrau.« Aber Bilder sind mehr oder weniger nur Krücken.

Jungfrau, oder junge Frau, die einen Mann »erkannt« hat, das ist die Frage. Schon im Neuen Testament gibt es unterschiedliche Aussagen. Paulus, der älteste Zeuge, kennt nur die Geburt aus einer (verheirateten) Frau. Markus, der älteste Evangelist, nennt Jesus »Sohn der Maria« (Markus 6,4). Nach Markus hat Jesus vier Brüder – Jakobus, Joses, Judas, Simon – dazu Schwestern (Markus 6,3). Sein Vater ist also ein zeugungsfähiger Mann. »Sohn des Bauhandwerkers« heißt Jesus in Matthäus 13,55. Ebenso nennt ihn Johannes »Sohn Josefs« (Johannes 6,42). Selbst Lukas scheint im Zwiespalt zu sein. In der Weihnachtsgeschichte setzt er die Vaterschaft Josefs fraglos voraus (Lukas 2, 4-6). Und Josef wird im Lukasevangelium noch wiederholt sein Vater genannt, z. B. Lukas 2, 48; 3, 23; 4, 22. Maria selbst spricht im Evangelium an keiner Stelle von einer Empfängnis durch den Geist Gottes.

Nur die Ankündigung an Maria (Lukas 1, 26-38) kennt die Jungfrauengeburt, die dann in der frühen Kirche (z. B. im Marien-Evangelium des Jacobus um 150) schnell zum selbstverständlichen Topos wird. Unbefleckte Empfängnis, so hieß es bald, bezieht sich bereits auf Anna, die Mutter der Maria. Maria ist von vornherein von der Erbsünde ausgeschlossen, weil bereits ihre Mutter sie ganz rein empfangen hat (unbefleckte Empfängnis). Durch Dogma verkündet das vierte ökumenische Konzil von 451, Maria sei trotz der im Neuen Testament erwähnten weiteren Kinder »allzeit Jungfrau« geblieben. Und daran hält man fest bis ins wundergläubige Mittelalter hinein. Für Martin Luther gilt die Geburt aus der Jungfrau (»Sie ist mir lieb, die werte Magd«; vgl. EG 4,1; EG 23,1) gleicherweise wie für die lutherischen Bekenntnisschriften. Sie gilt für katholische Theologie, katholisches Dogma und katholische Marienfrömmigkeit. Vielen katholischen Christen der Gegenwart ist dies ein Mysterium, in das sie sich gläubig versenken.

Andererseits gibt es jene, die ihren Glauben nicht von Inhalten, »die die menschliche Natur nicht zuläßt«, abhängig machen wollen. Ihnen ist einerseits mit dem historischen Befund zu antworten: Maria hatte mehr als vier menschlich gezeugte Kinder. Was aus ihrem erstgeborenen Sohn einmal werden sollte, ahnte zum Zeitpunkt seiner Geburt noch niemand. Wiederum gilt es aber, Lukas aus seiner Zeit heraus zu verstehen.

Und für diese Zeit war die Jungfrauengeburt gewissermaßen »der Freibrief aller orientalisch-hellenistischen Heilsbringer und Herrschergestalten seit Zarathustra« (Pinchas Lapide). Im Hinblick auf Lukas ist festzuhalten: Die Maria aus der Weihnachtsgeschichte in Lukas 2 weiß nichts von der Ankündigung der Geburt eines Gottessohnes in Lukas 1. Mithin: Lukas 2 beruht auf einer anderen Überlieferung als Lukas 1. Doch in der Ankündigung Lukas 1 sieht Lukas die Parthenogenese, die Geburt aus der Jungfrau, vor. Ganz unnötig, wie manche meinen. Doch diese verkennen die Tendenz des Lukas. Er ist Grieche, in griechischer Umwelt aufgewachsen. Und dem Griechen Lukas geht es um Überbietung. Gegenüber dem vatergezeugten und muttergeborenen Johannes (Ankündigung an Zacharias) soll der Christus als vom Geiste Gottes gezeugter und jungfrauengeborener Gottessohn gesehen und geglaubt werden. Lukas argumentiert aus einer Welt, die nicht die hebräische ist. Gut hebräisch gedacht ist die wunderbare Geburt aus einer alten Frau mit Mann, wie bei Sara oder Elisabet. Lukas lag an der Vergöttlichung des Sohnes der Maria, um den Christus Gottes in seiner von höchst lebendigen Götterkulten bestimmten Umwelt jenen vergöttlichten Helden, deren Geburt kraft ihrer Würde auf göttliche Zeugung zurückgeführt wurde, gleichzustellen, ja, sie zu überbieten, wie es in der Konkurrenz mit dem vergöttlichten Kaiser Augustus dann auch geschah. Die Wurzeln der Jungfrauengeburt sind also religionsgeschichtlicher Art.

Bei Mircea Eliade, dem bedeutenden Religionswissenschaftler, lesen wir: »Die wunderbare Zeugung und Geburt außer-

Marie, die reine Magd. Ausschnitt aus einer Geburt mit dem Kardinal Rolin. Meister von Moulins. Um 1480. Musée Rolin, Autun.

»Prägend für die ikonographische Entwicklung des Weihnachtsbildes war die wachsende Marienverehrung, die sich deutlich in den Bildern ablesen läßt. Sie ist in frühchristlicher Zeit mit Hoheit und Würde, später mit Gefühlstiefe und Anmut verbunden« (Edith Neubauer).

gewöhnlicher und göttlicher Gestalten ist ein auffallendes Motiv mythischer Überlieferungen. Ursprünge von Göttern und geistigen Führern der Menschheit müssen im Reich des Heiligen und Wunderbaren liegen.«

Vorstellungen von der Geburt göttlicher Kinder aus Jungfrauen waren der Antike vom 3. Jahrtausend v. Chr. an geläufig: Pharao Amenophis III. hatte einen Gott als Geist zum Vater. Sowohl Isis als auch Hathor galten als Jungfrauen, die geboren hatten.

In Indien hatte Maya, die Mutter des Buddha, auf wunderbare Weise empfangen. Ein weißer Elefant kam als Wolke der Fruchtbarkeit und Weisheit auf sie herab. Sogar von historischen Figuren wie Pythagoras, Plato und Alexander wurde erzählt, sie seien von Jungfrauen zur Welt gebracht worden. Und in Ägypten (nachweisbar seit 239 v. Chr.) beging man das Geburtsfest des Sonnengottes mit dem Jubelruf »Die Jungfrau hat geboren! Das Licht nimmt zu!«

»Vor langer Zeit glaubte man z. B., daß der Mond, eine nächtliche Wolke oder der morgendliche Tau die Empfängnis von großen Lehrern und Heilsbringern der Menschheit bewirken könnten« (Mircea Eliade). Das spiegelt sich im Hinblick auf Christus in der Marienlyrik des Mittelalters. Im 15. Jahrhundert singt ein zartes englisches Weihnachtslied: »Er kam ganz still – und hier war seine Mutter – so wie der Tau im April auf's Gras herniederfällt. Er kam ganz still zu seiner Mutter Gemach. Mutter zugleich und Magd war niemand je wie sie. Es mag wohl solch eine Frau die Mutter Gottes sein.«

Festzuhalten bleibt: Es gibt eine tiefe Marienfrömmigkeit, die sich auf die jungfräuliche Empfängnis und Geburt des Gottessohnes bezieht. Sie beruht nicht zuletzt auf Lukas, dem aus seiner Umwelt die Geburt göttlicher Kinder aus Jungfrauen geläufig war und der mit der Zuweisung einer solchen Geburt an Christus die Geburt des Johannes überbieten wollte. Entstehungsgeschichtlich dürfte der Satz des Juden Pinchas Lapide zutreffen: »Es leuchtet ein, daß jene griechische Jungfrauengeburt in Lukas 1 erst entstanden ist, als die Liebe und Verehrung für den nachösterlichen Christus das Bedürfnis erweckte, auch seiner Kindheit nachträglich jenen Glanz zu verleihen, der ihr ursprünglich gefehlt hatte.«

Komm, Gott Schöpfer, Heiliger Geist

Seit dem frühen 4. Jahrhundert nehmen alt- und neutestamentliche Bildfolgen auf den christlichen Sarkophagen prägnante Gestalt an. Seit dieser Zeit findet sich erstmals auch die Magierhuldigung vor der Jungfrau und Gottesmutter Maria.

Mit seinen dichtgedrängten Figurengruppen ist der Sarkophag von Trinquetaille (wir kennen nur noch ein weiteres Beispiel mit fast identischem Bildprogramm in Rom) bereits ein Höhepunkt der frühchristlichen Sarkophagplastik. Vermutlich in einer römischen, vielleicht sogar kaiserlichen Werkstatt gearbeitet und dann nach Arles verschifft, zeigt dieser Senatorensarkophag in der unteren Zone links das ganz aus der Bewegung heraus gestaltete Kommen der Magier zur Gottesmutter auf dem verhüllten (= heiligen) Königssessel – Sitzen war in der Antike herrscherliches Vorrecht –, sowie in der oberen Zone links die göttliche Trinität.

»Wahrscheinlich waren es lesekundige Presbyter und Bischöfe, die die Bildauswahl und Bildzuordnung solcher Sarkophage nach theologischen Gesichtspunkten vornahmen« (Edith Neubauer). Häufig wurden Szenen des Alten Testamentes solchen des Neuen Testamentes gegenübergestellt. In unserem Fall kontrastiert in der (hier nicht sichtbaren) Deckelzone des Sarkophags der Übergabe des Goldes an das göttliche Kind (unten) die Verweigerung der Verehrung – Huldigung gebührt Gott allein – der von König Nebukadnezzar aufgerichteten Goldfigur durch die drei jüdischen Männer Schadrach, Meschach und Abed-Nego. Daniel 3 erzählt davon, wie diese drei Männer in den Feuerofen geworfen wurden, aber nicht verbrannten. Für die frühen Christen gab ein solches Gegenbild der Magierhuldigung des Matthäus eine noch höhere Qualität. Dort Verweigerung des Götteropfers, hier das Opfer für den einzig wahren Gott.

Der von dem ersten Magier dem göttlichen Kind dargereichte Goldkranz, das aurum coronarium, hatte damals seinen Sitz im Leben: Unterworfene Barbarenvölker überbrachten den siegreichen Feldherren solche Goldkränze. Für tributpflichtige Städte und Provinzen war der Goldkranz Zeichen besonderer Verehrung für den Kaiser in Rom.

Warum aber dieses Bild, dieser Ausschnitt aus dem zweizonigen Sarkophag im Zusammenhang mit Maria? Wir machen uns deutlich: Die Bilder oben und unten sind streng aufeinander bezogen: Oben links die Dreiheit: Gottvater auf dem ebenfalls verhüllten Thron (»Des Herren Thron ist im Himmel«, Psalm 11,4), ihm zugewandt der präexistente jugendliche Christus, hinter ihm als Person Gott Heiliger Geist, der seine Hand auf den Thronsessel Gottvaters legt. Eine wirklich personhafte Trinitätsdarstellung (daher Trinitätssarkophag), die der des Sarkophages in Rom entspricht.

Nun aber das Besondere, das wirklich Einmalige im Programm dieses Sarkophages: Genau unter Gottvater auf dem gleichen verhüllten Thron, auch mit dem gleichen göttlichen

»Sarkophage de la Trinité«, 1974 bei Trinquetaille an der Straße nach Saintes-Maries-de-la-Mer gefunden. 1. Viertel des 4. Jahrhunderts. Musée de l'Arles Antiques, Arles. Aus dem Mausoleum einer Familie im Senatorenrang. Ausschnitt.

Fußschemel (»Betet an vor dem Schemel meiner Füße«, Psalm 99,5) sitzt Maria. Und es ist eindeutig dieselbe Figur von oben, die auch hinter ihrem Thronsessel steht und ihn berührt: Gott Heiliger Geist als Person! »Josef, scheue dich nicht, Maria zu dir zu nehmen, denn das in ihr erzeugte Kind stammt vom heiligen Geist« (Matthäus 1,20). Die Kraft des Geistes, die über Maria kommt, daß sie Gefäß für den Sohn werde, ist schöpferische Kraft. Der Heilige Geist als dritte Person der Trinität ist Schöpfer. Schon Jacobus de Voragine sagt es 1276: »Er (der heilige Geist) ist nicht Geschöpf, sondern Schöpfer.« Und Luther singt 1524 »Komm, Gott Schöpfer, Heiliger Geist.« Er singt es dem »Veni creator spiritus« des Rabanus Maurus von 809 nach.

Was ist geschehen?: Schon um die Zeit des Konzils von Nicäa (325), 100 Jahre bevor Maria im ökumenischen Konzil von Ephesus 431 zur Theotokos (Gottesgebärerin) erhoben wird, machen konstantinische Bildhauer sie bereits zur gottgleichen Himmelskönigin mit Gott-Geist als Mensch, als Mann (obwohl »Geist« im Semitischen feminin ist), an ihrem Thron, mit Christus, der bei Gott präexistent ist, als dem Christus-Kind (der Kopf der Skulptur ist teilweise zerstört) auf ihrem Schoß. Niemals wieder hat christliche Kunst ein solches Bild gewagt: Der Geist, von dem Maria empfing, als konkret sichtbare Gestalt im Bild (später ist es immer nur die Taube), das Berühren des Sessels als eindeutiges Symbol für die schöpferisch zeugende Verbindung des göttlichen Geistes mit der Galiläerin Maria. »Gott wird Mensch, dir, Mensch, zugute.« Incarnatus est. Der Geist Gottes hat es bewirkt als Mittler des präexistenten Gottessohnes hin zur Menschenfrau. Das ist die zentrale Botschaft dieses einmaligen Sarkophages.

Aber es gibt noch mehr zu beobachten: Der junge Christus oben, berührt von der Hand des Vaters, legt seine Hand auf Eva. Seine Menschenmutter Maria wird später die neue Eva genannt werden.

Oder: Der Stern, auf den der erste Magier weist, befindet sich direkt unter dem heiligen Fußschemel Gottes. Er ist einerseits, wie bekannt, kosmisches Symbol für den neuen Weltenkönig. Hier aber ist er über die rechte Hand des Magiers, die ihn berührt (die zugleich auf Gott zeigt), zur linken Hand, die den Goldkranz überreicht, direktes Verbindungselement von Gottvater zur Gottesgebärerin Maria. Jedoch, dieser Magier schaut nicht auf Maria und das Kind. Vielmehr blickt er zurück auf die beiden anderen Magier hinter sich, als wolle er ihnen sagen: »Seht nur, dieses unglaubliche Mysterium!« Und: Die Gaben der drei Magier – Weihrauch für das Kind als Gott (wir erinnern Zacharias am Weihrauchaltar im Tempel), Gold für das Kind als König, Myrrhe für den Menschen, der einst leiden muß – verherrlichen in ihrer Dreiheit zugleich die Trinität.

Welch eine Fülle der Beziehungen. Welch eine Tiefe der Symbolik. Entscheidend aber bleibt das eine: Der Schöpfer Geist als Mittler des Kindes erscheint in menschlicher Gestalt direkt am Thron der Mutter.

Die neue Eva

Eva und Maria unter dem Baum der Erkenntnis. Meßbuch des Salzburger Erzbischofs Bernhard von Roter. 1481. Bayerische Staatsbibliothek, München.

Die Lehre von der »Erbsünde« (besser noch »Ursprungssünde« nach dem lateinischen »peccatum originale«) bezieht sich auf den »Sündenfall« Genesis 3, 1-24 und wurde von Kirchenvätern wie Tertullian und Augustinus entwickelt. Augustinus fragte nach der Herkunft des Bösen in der Welt und gab sich selbst die Antwort: »Durch einen Menschen ist das Böse in die Welt gekommen, durch Adam. Er ließ sich von Eva verführen. Er fiel in Sünde vor Gott. Und seitdem ist die Sünde in der Welt. Seitdem ist es so, als ob das Böse mit jeder Geburt eines Menschen wieder von neuem in die Welt kommt. Es wird von Generation zu Generation vererbt. Das Kind in der Wiege hat noch nichts Böses getan. Und doch hat es die Sünde ererbt.«

Schon zu seinen Lebzeiten erhielt Augustinus Widerspruch, z. B. von dem britannischen Mönch Pelagius und dem italienischen Bischof Julian von Eclanum, der sagte: »Wenn ein Mensch in Sünde fällt, so doch nicht, weil er von Geburt an dazu verdammt ist, sondern weil er selbst schwach geworden ist.«

Indes, die Lehre von der Erbsünde hielt sich – bis die Lehre von der jungfräulichen Maria, als der neuen, der erlösenden »Eva«, aufkam.

Und dies zeigt (variiert) das Bild. Rechte Seite: Eva gibt den Apfel der Sünde nicht an Adam, sondern an eine Reihe ängstlich blickender Frauen weiter, hinter denen der Teufel als Inbegriff des Bösen steht. Dieser Teufel hat dasselbe bleckende Totengesicht wie der Kopf (= Erbsünde) im Baum. M.a.W.: Hier ist die Erbsünde von Eva her, die von Augustinus so nachhaltig betonte concupiscentia, die das geschlechtliche Leben so vieler Christen vergiften sollte, eindringlich ins Bild gekommen.

Der Kreuzestod Jesu hat diese Sünde gelöscht. Davor bereits die sündenfreie, jungfräuliche Empfängnis und Geburt der Maria. Und darum darf im Bildteil links die Himmelskönigin unter dem Kruzifix im Baum als die neue Eva der Erlösung den geläuterten Paradiesesapfel an nunmehr glückliche, engelgeleitete Frauen weitergeben. »Der Fluch der Zeiten ist unterbrochen. Der Tod kam durch Eva. Aber das Leben kam durch Maria«, sagte bereits im 4. Jahrhundert (im Jahrhundert des Augustinus!) der Kirchenvater Hieronymus.

Die Zeugin des Absoluten

Maria.
Thronsitz der Weisheit.
Ausschnitt. Um 1150.
Dom, Erfurt.

Dies ist keine reine Magd, keine liebliche Madonna, auch keine neue Eva, dies ist eine machtvolle Frau, eine germanische Königin (Kronreif mit Kreuz und Edelsteinen, lang der geflochtene Zopf!), eine Frau, die die Rechte gebieterisch erhebt, ein herbes, starkes Gesicht mit scharfer Nase und entschlossenem Mund, eine Frau, die großen Auges vorausblickt in eine Ferne, in der es alles zu bewältigen, alles zu gewinnen gilt. Der junge Weltenherrscher auf ihrem Schoß (eindrucksvoll das große Ohr!) ist zugleich Kind – seine Linke umfaßt den Daumen der Mutter – und König – seine Rechte hält die Weltkugel. Auch sein Blick geht voraus.

Beide sitzen streng ausgerichtet auf einem Thron (rechts ein Pfosten davon). In dieser Herrscher-Position findet sich Maria in manchen frühen Darstellungen als »sapientia« (»Weisheit«) neben König Salomo auf dessen Thron, der »sedes sapientiae«. So ist sie gewiß auch hier Königin der Weisheit.

Aber sie ist mehr. In Erinnerung kommt Kurt Martis großes Mariengedicht, in dem es heißt: »Später blickte Maria ratlos von den Altären herab, auf die sie gestellt war. Und sie glaubte an eine Verwechslung, als sie, die vielfache Mutter, zur Jungfrau hochgelobt wurde. Und sie bangte um ihren Verstand, als immer mehr Leute in die Knie fielen vor ihr. Und Angst zerpreßte ihr Herz, je inniger sie angefleht wurde um Hilfe, um Wunder.«

Kurt Marti läßt seine Maria aus ihren Bildern und von ihren Altären herabklettern. Er läßt sie zur Rebellin werden gegen Männermacht und Hierarchie, zur Helferin aufständischer Bauern, zur Hexe, die verbrannt wird. Er läßt sie zur Jeanne d'Arc werden, zur Simone Weil, ja zur Rosa Luxemburg, m. a. W. zur freien, vorurteilslosen, aufmüpfigen umstürzlerischen Frau, zur Revolutionärin, die sich dem Männerdiktat nicht mehr beugt, die neue Maßstäbe setzt, die ihr Magnificat wie einen Protestsong zelebriert: »Er fegt die Pläne der Machthaber hinweg. Er stürzt die Hohen vom Sitz. Er hebt die Unterdrückten empor. Er macht die Hungrigen reich und schickt die Reichen hungrig weg.«

Diese Maria, vor 850 Jahren von einem genialen romanischen Künstler in Stein gehauen, diese Frau in der großen Form einer im Sitzen ragend erscheinenden Figur mit der Strenge ihres Antlitzes, ihrer Gestik, ein Kultbild, diese Maria wird über alles Weisheitliche hinaus Zeugin des Absoluten.

Die antiken Schwestern der Maria

Über Jahrhunderte hinweg befand sich die neue christliche Religion in Nachbarschaft zu und im Wettstreit mit etablierten Religionen, die im Römischen Reich weitverbreitet, wie der Mithraskult aus Persien, der Kult des Sol invictus aus Palmyra, der Kybelekult aus Kleinasien oder der Isiskult aus Ägypten über Tempel, Kultstätten, Priester/Priesterinnen und reiche kultische Zeremonien verfügten. In Rom z. B. gab es im 3. Jh. einen Isistempel, mehrere Tempel des Sol invictus, einen bereits unter Augustus wiederhergestellten Tempel der Kybele und eine nicht geringe Anzahl von Mithräen.

Isis hatte den unbestreitbar ersten Rang inne. Der hellenistische Platoniker und Sophist Apuleius aus Madaura in Numidien (um 128-180) läßt sie selbst eindringlich sprechen: »Ich, Allmutter der Natur, Beherrscherin der Elemente, erstgeborenes Kind der Zeit, höchste der Gottheiten, ich heiße bei den Athenern Minerva, bei den Zypriern Venus, bei den Kretern Diana, bei den Eleusiniern Urgöttin Ceres. Andere nennen mich Juno, andere Bellona. Die Ägypter aber geben mir meinen wahren Namen: Königin Isis.«

Ursprünglich Ceres, der altitalischen Göttin des Wachstums und der Ackerfrüchte, nahe verwandt, war Tellus, ebenfalls sehr früh, den Römern die Göttin der Erde (terra mater), auch die Erde selbst. Hier thront sie friedlich gelassen mit zwei nackten Kindern und Früchten auf ihrem Schoß.
Zu ihren Füßen (nicht sichtbar) ein Rind und ein Schaf.
Im Hintergrund Blumen. Ein Bild üppiger Fruchtbarkeit – ein Meisterwerk augusteischer Klassik. Relief von der ara pacis, dem Altar des augusteischen Friedens. 9 v. Chr., Rom.

Kybele, die kleinasiatische Göttin aus Phrygien, die im Wechsel der Jahreszeiten alles gebärende große Mutter, aber auch in Begleitung wilder Tiere die unbezwingbare Herrscherin über die Natur, wurde in Rom zur Magna Mater und blieb dort bis zum Ende des 4. Jahrhunderts Konkurrentin der Maria.
Seit dem 5. vorchristlichen Jahrhundert wird sie zwischen zwei Löwen auf dem Thron sitzend dargestellt.
2. Jh. n. Chr. Fundort Drohnecken. Rheinisches Landesmuseum, Trier.

Religiöse Vorstellungen und Kultübungen einiger dieser Religionen wiesen, so christliche Schriftsteller, Ähnlichkeiten mit dem Christentum auf. Man sah z. B. Parallelen zu Tod und Auferstehung im Isiskult, zu Taufe und Eucharistie (Gemeinschaftsmahl) im Mithraskult.
So kann es nicht wundernehmen, daß auch Maria, spätestens seit ihrer Erhebung zur »Gottesgebärerin (Theotokos) im Konzil von Ephesus 431, aber auch schon früher, in eine direkte Korrespondenz zu großen antiken Göttinnen geriet, ja in deren Nachfolge eintrat. Das gilt vor allen anderen für die ägyptische Isis, die thronende Gottesmutter mit dem Horusknaben.

Also eine Göttin, die nach diesem Wort alle anderen Göttinen der Antike in sich zusammenfaßte, eine »Himmelskönigin«; sie trug diesen Titel, wie später Maria.
»Das Schema von Isis mit dem Horusknaben wurde vollständig für Maria und das Kind übernommen. Der Titel Theotokos, ›Gottesmutter‹, kam in Ägypten auf und schließt offenbar an die Bezeichnung ›Mutter Gottes‹ für Isis an. Es ist nicht von ungefähr, daß gerade Bischof Kyrill von Alexandrien, der mit der Isisreligion vertraut gewesen sein muß, im Konzil von Ephesus 431 das Dogma von der ›Heiligen Jungfrau Gottesmutter‹ durchsetzte. Damit ist gleichzeitig eine Verbindung zu der ebenfalls existierenden Vorstellung von

der jungfräulichen Geburt des Horus hergestellt« (Günther Hölbl).
Seit 500 v. Chr. bis ins 5. nachchristliche Jahrhundert hinein gab es Kultbilder der Isis. Wie andere ägyptische Muttergottheiten stand sie in naher Beziehung zum Himmelsgott Horus und seiner irdischen Verkörperung, dem Pharao. Später ist Horus (auch Harpokrates) zum Sohn aus der Verbindung der Isis mit ihrem Bruder Osiris, der nach Zerstückelung durch den feindlichen Seth wieder zu neuem Leben gelangte, geworden.
Die Fürsorge für das Kind, ihre Bedrängnis und Suche nach dem Gatten verliehen der Isis menschliche Züge, die ihre Verehrung im Volk aufblühen ließen.

Akeleien, vor allem aber mit der weißen Lilie, dem Symbol ihrer Reinheit.
Kein Zweifel, Maria hat die weiblichen Gottheiten der Antike, denen sie zunächst Rivalin war, schließlich überwunden. Und sie wurde wie Isis vor ihr zur »Königin« aller anderen, zur neuen Hauptgöttin.
Im christlichen Volk ist sie seitdem für Unzählige die »Botschafterin im Himmel«.
So ist ihre Wirkungsgeschichte unvergleichlich. Ursprünglich aber war sie nicht einmal eine Madonna. »Sie war eher eine Schwester all derer, die sich mit Kummer und Mühsal durchs Leben schlugen und froh sein mußten, wenn irgendwo ein Stall ihnen Zuflucht gewährte« (Jörg Zink).

Koptische Madonna. Wir sehen Maria ohne Kind in edler Schönheit und Würde. Das Ankh-Kreuz, das Lebenskreuz der ägyptischen Pharaonen, ist in Marias Hand zum christlichen Heilssymbol geworden.
Die Kopten, Nachfahren der alten Ägypter, fanden früh zum Christentum. Ihre reich entfaltete christliche Kultur war hellenistisch geprägt und wurde erst durch den Einfall der Araber 639 stark beeinträchtigt.

Säugende Isis. Kalkstein, Mittelägypten, 4. Jh. n. Chr. Skulpturengalerie Berlin. »Die Isiskrone auf dem Kopf der Figur in Gestalt von Hörnern mit der Sonnenscheibe dazwischen, ist offensichtlich nachträglich abgearbeitet worden« (Peter Block). So wird die säugende Isis, die Isis »lactans«, zur Maria lactans. Es ist ein ganz direkter Weg.

Am deutlichsten wird der Vorgang der Umwandlung in dieser Grabstele aus dem 4./5. Jahrhundert. Hier sind nachträglich in das Bild der säugenden Isis Kreuze eingeritzt worden.
Museum für spätantike und christliche Kunst, Berlin.

Spätestens seit 431, seit der einsetzenden Marienverehrung, stößt die Theotokos auch die Kybele in Kleinasien vom Thron. In Köln löst sie in St. Maria im Kapitol die römische Minerva ab. Die bekannten »schwarzen« Madonnen an verschiedenen Orten stehen in der Tradition der schwarzen Artemis von Ephesus: »Ich bin schwarz, aber schön ihr Töchter Jerusalems!« (Hoheslied 1, 5-6). Und so wie Ceres (Tellus) einst, wird Maria als »Fruchtbarkeitsgöttin« mehr und mehr mit Gaben der Natur dargestellt.
Bis in die Gegenwart hinein zeigen zahlreiche Bilder sie in dieser Tradition mit einer Weizengarbe (das Kind = »Brot des Lebens«), mit einem Apfel, mit Rosen, mit Schwertlilien und

Ein Blick auf andere Beispiele für die Übernahme antiker Überlieferung in die christliche Tradition sei gestattet: Der Sonnengott »Christus« ersetzt den Sonnengott »Sol« (»Helios«). Davon war die Rede. Auf der Nilinsel Philae baut man eine christliche Kirche in einen pharaonischen Tempel hinein – höchst elementare Form einer Umfunktionierung. Und auf einem frühen Kruzifix im Koptischen Museum in Alt-Kairo sitzt der Horus-Falke, der ägyptische Welt- und Lichtgott, offenbart in der Person des jeweiligen Pharao, häufig über dessen Kopf dargestellt, über dem Kopf Christi. Damit wird der Gekreuzigte zum neuen Hauptgott erklärt, zumal zu seinen Füßen Isis in Demutshaltung zu ihm aufblickt.

Matthäus – Sachwalter der Hebräischen Bibel

Vor blauem Hintergrund eine riesige goldene Sonne mit rotem Rand und Perlen darauf. Das ist der Nimbus des Evangelisten Matthäus, der weißhaarig, weißbärtig, die großen dunklen Augen weit offen nach vorn richtet. Prachtvoll ist dieser Evangelist gekleidet. Goldborten säumen sein weißblaues Gewand. Das Gesamtbild zeigt es: Er sitzt wie auf einem Thron vor seinem Schreibpult, auf dem er mit der Linken das aufgeschlagene Evangelienbuch berührt. Dieser Evangelist ist ein Fürst des Schauens, des Hörens, des Schreibens. »Alles an der aufgerichteten Gestalt ist auf das in der Glut des Antlitzes gesteigerte Sehen konzentriert« (Wilhelm Nyssen).

Die Hand setzt zum Schreibvorgang an, hält den Schreibgriffel wie einen kleinen Speer. Dieser Evangelist ist ein inspirierter Seher. Er ist »Gehäuse und Kelch des offenbarten Wortes«. (Wilhelm Nyssen).

Wer ist dieser Matthäus?

Als Mensch ist er uns (gleich Lukas) unbekannt. Er ist weder der Levi aus Markus 2, 14 (Lukas 5, 27), noch der Matthäus aus Matthäus 9,9; 10,2. Ein Zöllner hätte nicht so vorzügliches, sprachlich ausgefeiltes Griechisch geschrieben, wie wir es im Matthäusevangelium vorfinden. Der Zöllner Matthäus hätte auch aus eigener Anschauung erzählt, nicht, wie der Evangelist es tut, sich weitgehend auf das Evangelium des Markus gestützt.

Also ein Unbekannter. Aber wie bei Lukas ist viel aus seinem Evangelium zu erschließen. Man denkt, daß Matthäus ein hellenistischer Judenchrist war, der sich jüdischer Stil- und Darstellungsformen bediente, der sein Werk – es ist systematisch aufgebaut und straff gegliedert – wohl um 80 – möglicherweise in Syrien (Antiochia?) für Judenchristen verfaßt hat. Jedenfalls spiegelt es sowohl Auseinandersetzungen zwischen Juden und Christen – für Matthäus ist Jesus zu den Juden gekommen –, wie solche zwischen Judenchristen und Griechenchristen. Neutestamentliches Beispiel für die Auseinandersetzung Juden – Christen ist die Steinigung des hellenistischen Christen Stephanus durch Juden in Jerusalem, von der die Apostelgeschichte des Lukas (6,8-7,59) ausführlich erzählt.

Matthäus ist ein strenger Anhänger des Gesetzes, zugleich ein erbitterter Gegner der für ihn nur heuchlerisch gesetzestreuen Pharisäer. Ebenso entschlossen widersteht Matthäus »Schwärmern«, die das Gesetz und die Propheten nicht gelten lassen wollen (5, 19).

Jesus ist durch Josefs Ahnenreihe (1,1) sowohl Sohn Abrahams wie Sohn Davids. Er ist für Matthäus der Herr (griechisch »kyrios«), der Retter, der Heiland. Zugleich ist er der Lehrer, der Rabbi, der gekommen ist, dem jüdischen Gesetz volle Geltung zu verschaffen, indem er es authentisch auslegt. Aber er kritisiert es auch (»Ich aber sage euch!«). Er bringt ein neues Gesetz, das der Liebe Gottes. Wer auf dieses neue Gesetz hört, gehört zum »neuen« Israel.

Legitimiert ist Jesus bei Matthäus von Anfang an durch die Hebräische Bibel. Das hervortretende Signum des Matthäusevangeliums ist der »Schriftbeweis«. Das heißt: Die in der Hebräischen Bibel gegebenen großen Zusagen Gottes an sein Volk sieht Matthäus in Jesus erfüllt. Immer wieder zeigt er das auf. Kein anderer Evangelist hat sich in einem derartigen Maß auf die Schriften der Väter berufen.

Bei Matthäus findet sich zum ersten Mal das griechische Wort für »Kirche« (griechisch »kyriakos«; vgl. 16,18; 18,17). Die frühkatholische Kirche konstituiert sich. Und Christus wird zum »Lehrer der Kirche«.

Die Geburt Jesu nach Matthäus

Der Geschichte von den Magiern aus dem Ostland liegt der theologische Gedanke des universalen Königtums Christi zugrunde. Die gleiche theologische Tendenz bestimmt auch die Erzählung von der Flucht nach Ägypten. Denn: Auch in Ägypten war einst ein Junge durch den vom König (Pharao) befohlenen Kindermord bedroht: Mose. Und Mose war als Schafhirt in Midian – so wie Jesus in der Zeit vor seinem Auftreten (mit etwa 34 Jahren) – durch eine lange ruhige Zeit auf seine großen Aufgaben vorbereitet worden. Kein Zweifel, Jesus ist für Matthäus auch der neue Mose, der das Volk in die Freiheit führen wird.

In der Weihnachtsgeschichte des Matthäus ist Betlehem auch der Wohnort von Maria und Josef. Deshalb benötigt Matthäus keinen Census. Er kennt auch nicht die Notunterkunft (bei ihm ist es ein Haus). Er kennt auch keine Hirten. Die Huldigung durch ferne Große, das Gotteszeichen am Himmel, sie bezeugen seinen universalen kosmischen König, mit dem der neue Äon beginnt. Das allein ist ihm wichtig. Herodes mit seinem abgrundtiefen Haß auf jeden möglichen messianischen König aus jüdischem Stamm steht dann für die tödliche Gefährdung dieses Weltenkindes.

Wenn auch die Geschichten des Lukas und des Matthäus grundverschieden sind, schon bald wurden sie miteinander verknüpft. Die Abfolge erst Hirten, dann Weise (Könige) an der Krippe schien das zu erzwingen. Bis in die Weihnachtslegenden, -geschichten, -gedichte und Krippenspiele unserer Tage ist das so geblieben.

Evangelist Matthäus (Ausschnitt).
Evangeliar der Äbtissin Hitda von Meschede (Westfalen). Kölner Malerschule. Um 1020.
Hessische Landesbibliothek, Darmstadt.

Die Weihnachtsgeschichte des Matthäus

Mit der Geburt Jesu Christi verhielt es sich so: Seine Mutter Maria war mit Josef verlobt.
Aber noch bevor die beiden die Ehe vollzogen hatten, stellte sich heraus,
daß Maria durch die Wirkung des heiligen Geistes ein Kind erwartete.
Josef, dem sie durch die Verlobung schon rechtsgültig verbunden war,
war ein rechtschaffener Mann und wollte sie nicht öffentlich verklagen.
Er dachte daran, sich stillschweigend von ihr zu trennen.
Ehe es jedoch dazu kam, erschien ihm im Traum ein Engel des Herrn
und sagte zu ihm: »Josef, du Nachkomme Davids, scheue dich nicht, Maria zu dir zu nehmen.
Denn das Kind, das sie erwartet, kommt vom Geiste Gottes.
Sie wird einen Sohn bekommen, den sollst du Jesus nennen.
Denn er wird sein Volk von aller Schuld befreien.«
Dies geschah, damit in Erfüllung ging, was der Herr durch den Propheten vorausgesagt hatte:
»Eine junge Frau wird schwanger werden und einen Sohn zur Welt bringen,
den wird man Immanuel nennen, ›Gott mit uns‹.«
Als Josef erwachte, folgte er der Weisung, die ihm der Engel gegeben hatte
und nahm Maria zu sich.
Er hatte aber keinen ehelichen Verkehr mit ihr bis zur Geburt ihres Sohnes.
Und er gab ihm den Namen Jesus.

Matthäus 1, 18-24

Jesus wurde in der Stadt Betlehem in Judäa geboren, als König Herodes in Jerusalem regierte.
Bald nach seiner Geburt kamen Sterndeuter aus dem Osten nach Jerusalem und fragten:
»Wo finden wir das neugeborene Kind, den kommenden König der Juden?
Wir haben seinen Stern aufgehen sehen und sind gekommen, um ihm zu huldigen.«
Als König Herodes das hörte, geriet er in Aufregung und mit ihm das ganze Jerusalem.
Er ließ alle führenden Priester und Gesetzeslehrer zu sich kommen und fragte sie:
»Wo soll der versprochene König geboren werden?«
Sie antworteten: »In der Stadt Betlehem in Judäa. Denn so hat der Prophet geschrieben:
›Du Betlehem, im Land Juda, du bist keineswegs eine unbedeutende Stadt.
Denn aus dir wird der kommen, der mein Volk Israel schützen und leiten wird‹.«
Daraufhin rief Herodes die Sterndeuter heimlich zu sich und fragte sie,
wann sie den Stern zum erstenmal gesehen hätten.
Dann schickte er sie nach Betlehem und sagte: »Geht hin und erkundigt euch genau
nach dem Kind. Und wenn ihr es gefunden habt, gebt mir Nachricht.
Dann will auch ich zu ihm gehen und ihm huldigen.«
Nachdem sie das gehört hatten, machten sich die Sterndeuter auf den Weg.
Der Stern, den sie schon bei seinem Aufgehen beobachtet hatten, war wieder da.
Er bezeichnete ihnen die Stelle, wo das Kind war.
Als sie ihn dort sahen, kam eine große Freude über sie.
Sie gingen in das Haus, fanden das Kind mit seiner Mutter Maria,
warfen sich vor ihm nieder und huldigten ihm.
Dann breiteten sie die Schätze aus, die sie ihm als Geschenk mitgebracht hatten:
Gold, Weihrauch und Myrrhe.
In einem Traum aber befahl ihnen Gott, nicht noch einmal zu Herodes zu gehen.
So reisten sie auf einem anderen Weg in ihr Land zurück.

Matthäus 2, 1-12

Geburt Christi. Matthäus-Evangelium. Bamberg. 12. Jh. Bayerische Staatsbibliothek, München.

Eine gemalte Collage des 12. Jahrhunderts, ein Mehrszenenbild, das den Evangelisten links auf einem Schreibthron mit der Taube des heiligen Geistes am Ohr und seinem Symbol, dem Engel, über ihm zeigt, ist vereinigt mit dem, was er erzählt, mit dem Stern, flankiert von acht lobpreisenden Engeln (dies nicht im Evangelium), und mit der Geburtsszene in der Höhle (kein Haus, wie 2,11).
Ist das schon ungewöhnlich, so noch mehr die Funktion des Josef: Er sitzt nicht abseits sinnend, wie sonst so oft (vor allem in Darstellungen des Ostens), nein, er thront, die nackten Füße überkreuz, genauso wie der Evangelist. Er hebt die Hand zu jenem, aber auch zu dem Engel, der ihn offensichtlich anspricht: »Scheue dich nicht, Maria zu dir zu nehmen« (1,20). Das offene Gesicht des Josef ist der aufmerksam lauschenden Maria, die ihre Hand auf den Krippenaltar (dieser ähnlich gestaltet wie die beiden Thronsitze), legt, zugewendet, als wolle er ihr bedeuten: »Ich weiß es von dem Engel, das Kind dort drüben, dein Kind, ist vom Geiste Gottes. Ich darf mich freuen darüber; ja, ich freue mich. Niemals werde ich mich von dir trennen.« Wenn Josef, wie es 1,20 heißt, träumt, so macht der begnadete Mönchsmaler hieraus einen hellen Wachtraum.
Noch steht nichts auf dem lang herabhängenden Schreibblatt des Matthäus. Die Dinge müssen erst geschehen, ehe man sie festhalten kann. Aber gleich wird er schreiben, hat er doch über die Taube unmittelbar Zugang zum Geiste Gottes, der das Wunder in Marias Leib, den Immanuel (»Gott mit uns«) bewirkt hat. Und: Gleich werden die Magier kommen, um niederzufallen vor dem endzeitlichen Herrn auf dem Krippenaltar, dem Kind.
Ein eigenartiges, überaus seltenes Bild von hoher Aussagekraft!

Sternbeobachtung – Astronomie

Vier Astronomen studieren mit Quadrant und Astrolabium den Sternenhimmel über der Spitze des Berges Athos. Der Quadrant, ein Winkelinstrument, mißt die Höhe eines Gestirns, das runde Astrolabium die Höhe von Sonne und Gestirnen über dem Horizont. Aus den »Travels of Sir John Mandeville«. Frühes 15. Jh. British Library, London.

»Die Könige waren Weise.
In ihrer Heimat stiegen sie auf Berge, um die Gestirne zu studieren.«

Jacobus de Voragine

Die Sehnsucht der Menschen, nach den Sternen zu schauen,
aus den Sternen Wissen abzuleiten über ihr Dasein und ihr Schicksal, ist uralt.
»Wer aber schaut und staunt, dem werden Schauen und Staunen und er selbst zur Unbegreiflichkeit.«

Ernst Barlach

Sowohl die wissenschaftliche Beobachtung der Sterne (Astronomie) wie ihre religiöse Deutung (Astrologie) war der Alten Welt geläufig. Die Astronomie wurde in Babylon-Assyrien schon früh betrieben – mit erstaunlichen Resultaten. Daß nicht nur alle Vorgänge am Himmel mit großer Aufmerksamkeit verfolgt und registriert wurden, sondern daß man auch exakte Himmelsberechnungen anstellte, verdeutlicht ein ägyptischer Papyrus aus dem Jahr 42 n. Chr. Dieser »Berliner Planetentafel« genannte Papyrus enthält ein tabellarisches Verzeichnis aller bevorstehenden Planetenbewegungen für die Jahre 17 v. bis 10 n. Chr., macht also deutlich, daß man den Stand der Gestirne für Jahrzehnte (auch rückschauend) berechnen konnte.
Der berühmte »Sternenkalender« von Sippar, ein Keilschrifttext aus der gleichnamigen uralten Sternwarte am Euphrat, sagte für den Herbst des Jahres 7 v. Chr. u.a. die mehrfache Begegnung des Saturn mit dem Jupiter im Zeichen der Fische voraus. Das ist die berühmte coniunctio magna, die nur alle 794 Jahre eintritt.
Johannes Kepler hat am 10. Oktober 1604 rückwärtsgewendet mit den astronomischen Mitteln seiner Zeit diese Konjunktion noch einmal berechnet und sie damit für die Neuzeit bestätigt.
So ist der Stern von Betlehem – in Rom wurde die Erscheinung auf Augustus bezogen – wirklich historisch. Für Matthäus – und ebenso für den glaubenden Christen bis heute – aber ist er zugleich ein Glaubensstern, ein Himmelszeichen Gottes.

Sterndeutung – Astrologie

Jupiter, das war nach Auffassung der Sterndeuter des Alten Orients, der Magier (griechisch: magoi), einer persischen oder babylonischen Priesterkaste von hohem Ansehen, die aus der Sterndeutung den Willen der Götter zu gewinnen, eine Schicksalsbestimmung vornehmen zu können glaubte (vgl. Daniel 2, 2), der Stern des Weltenherrschers; Saturn hingegen der Stern Palästinas.
Das Sternbild der Fische galt als Zeichen anbrechender Endzeit. So konnte die ungewöhnlich hell aufstrahlende Konjunktion des Jahres 7 v. Chr. nur bedeuten: In Palästina, dem Lande der Juden, wird in diesem Jahr der Herrscher der Endzeit erscheinen. Das aber war genau die Erwartung, mit der die Magier, wohl Sternbeobachter und Sterndeuter zugleich, in Jerusalem eintrafen – mit einer Botschaft, die den Menschen als Neuigkeit von den Sternen kaum ungewöhnlich erschienen sein dürfte (auch den späteren Lesern des Matthäus nicht). Nur – ihr Inhalt war politisch brisant.
Spätestens seit hellenistischer Zeit war die Kunst der Sterndeutung aus dem Osten (man nannte die Magier auch Chaldäer) in den ägyptisch-griechisch-römischen Raum vorgedrungen. Die ägyptische Isis trug (wie später Maria, die »stella maris«, »Stern des Meeres«) eine Sternenkrone. Die Göttin Venus galt sowohl als Abend- wie als Morgenstern. Mithras war bei seiner Geburt von einer Himmelserscheinung, einem Kometen, angekündigt worden.
Man stellte Horoskope. So fertigte z. B. ein Senatskollege des Gaius Octavius, des Vaters von Octavian, bei Octavians Geburt im Jahr 63 v. Chr. ein Horoskop, das den Neugeborenen als künftigen Weltenherrscher erwies. Die Bibel übte an solcher Praxis schon früh ironisch Kritik. So lesen wir Jesaja 47, 13-14: »Hast du dich nicht stets bemüht, von den Sternen Rat zu holen? Ruf doch deine Himmelsdeuter, die dir Horoskope stellen! Ob sie dich wohl retten können? Wie den Stoppeln geht es ihnen, die im Nu das Feuer frißt!«
Aber das wußte kein Römer. Nach einem im Jahr 8 v. Chr. aufgetauchten Kometen ließ Augustus eine Münze auf Caesar prägen, auf der ein achtstrahliger Stern mit Kometenschweif, der Sidus Julium, die Vergöttlichung Caesars anzeigte (Umschrift: Divus Julius). Ähnlich erging es, wie schon gesagt, nach seinem Tod Augustus selbst: Zu den Göttern erhoben, zeigt ihn Caligula auf einem 37/38 in Lyon geprägten Denar mit Strahlenkrone zwischen zwei Sternen des Himmels.

Ebenso eindrücklich ist die am 8. März des Jahres 7 v. Chr.
von dem vornehmen Alexandriner Catilius
im Isistempel der Nilinsel Philae angebrachte Inschrift,
die Augustus als den »Stern der Griechenwelt« preist:

Ihm, der über Meere und Kontinente gebietet,
Caesar, dem Sohn Jupiters, dem Befreier,
ihm, dem Herrscher Europas und Asiens,
Stern der gesamten Welt der Griechen,
Stern, der als großer rettender Jupiter aufstieg …

Und der später so schreckliche Domitian (81-96) wurde als junger Kaiser
von seinem Hofdichter Martial besungen:

Morgenstern, bringe den Tag,
komm bald,
und laß uns nicht bangen.
Rom bittet darum,
daß ihr der Caesar erscheine.

Wenn Daniel Rumpius dann 1587 singt »O heilger Morgenstern, wir preisen dich heute hoch mit frohen Weisen, du leuchtest vielen nah und fern, so leucht' auch uns, Herr Christ, du Morgenstern«, so zeigt sich wieder einmal, wie stark christliche Aussagen späterer Zeiten auf antiken Vorgaben beruhen.

Die Christen und der Stern

Bileam zeigt Maria mit dem Kind den Stern. Älteste bekannte Darstellung.

Rom. Priscilla-Katakombe, 230-250.

Ich höre, was der Herr verkündet. Ich sehe, was der Mächtige mir zeigt.
Ich liege da – die Augen sind geschlossen –, ich schaue, was Gott vorgezeichnet hat:
Ich sehe einen. Noch ist er nicht da. Ganz fern erblicke ich ihn.
Er kommt bestimmt:
Ein Stern geht auf in Jakobs Volk, ein König steigt empor in Israel.

4. Mose 24, 15-17

Bileam ist der alttestamentliche Prophet des Sterns. 4. Mose 24,17 sagt er den »Stern aus Jakob« voraus. In der ältesten bekannten Weihnachtsdarstellung – sie ist nur noch als farbige Kontur auf dem Wandputz der Katakombe zu erkennen – hat der frühchristliche Freskomaler den alttestamentlichen Seher mit dem Inhalt seiner Schau – es ist Maria mit dem Jesuskind, dem »Stern aus Jakob«, an ihrer Brust – zusammen ins Bild gebracht. Der Stern selbst ist oben gerade noch zu erkennen.

Aber, wir können es sagen: Der Weihnachtsstern der Christenheit ist hier im Bild geboren. Bald finden wir diesen Stern auf Sarkophagen mit der Magieranbetung, auf dem Trinitätssarkophag in Arles (um 325; S. 92) ebenso wie auf dem Adelphia-Sarkophag in Syrakus (340-345; S. 73). Immer eilen die Magier auf den Stern zu, berühren ihn häufig mit dem Finger. Und so bleibt es bis zum Stern in der Geburtshöhle des Ostens (Täfelchen aus der Capella Sancta Sanctorum; S. 61), bis zu den romanischen Gustorfer Chorschranken (hier hält der erste König den Stern in der Hand), bis zu dem strahlenden Stern am Himmel in Rogier van der Weydens Anbetung der Könige (S. 112), bis zu den herabträufenden Riesensternen in den Ikonen des Ostens, bis zur flammenden Lichterscheinung in Grünewalds Geburt (S. 85). In unzähligen Formen haben die Christen ihren Weihnachtsstern tief verehrt, gestaltet, besungen, geliebt.

In einem frühen apokalyptischen Hymnus schreibt Ignatius, Bischof von Antiochien, dem Stern der Weisen geradezu magische Bedeutung zu:

Ein Stern erstrahlte am Himmel,
heller als alle Sterne.
Und sein Licht war unaussprechlich.
Und seine Neuheit erregte Befremden.
Die Folge davon war das Verschwinden
jeglicher Bosheit.
Die Unwissenheit wurde beseitigt,
die alte Herrschaft verschwand,
als Gott in Menschengestalt erschien
zu neuem, ewigem Leben.

Ignatius, Brief an die Gemeinde in Ephesus, um 110

Magieranbetung

Und nur 70 Jahre nach Matthäus läßt Jacobus in seinem Marien-Evangelium die Weisen auf Nachfrage dem König Herodes das Aufgehen des Sternes ausführlich beschreiben: »Wir haben gesehen, wie ein unbeschreiblich großer Stern unter den anderen Sternen erschien und die anderen verdunkelte, so daß sie nicht mehr schienen. Und so erkannten wir, daß für Israel ein König geboren wurde.«

Jakobs Stern ist aufgegangen,
stillt das sehnliche Verlangen.

Paul Gerhardt 1666

Magieranbetung. Katakombe der Priscilla, Rom. Epitaph der Severa. 3. Jh. Vatikanische Museen.

Diese Magier, nach dem frühchristlichen Schriftsteller Prudentius (um 400) »kundige persische Sterndeuter« (es zeigt sich, daß es mal Perser, mal Parther, mal Babylonier sind), kommen eilenden Schrittes mit kurzem, wehendem parthischen Schultermantel und phrygischer Mütze (so sieht auch der Gott Mithras aus!), ihre Gaben vor sich herhaltend, auf das Kind zu. Maria im antiken Korbsessel fast stehend, das Kind verlangend die Arme ausstreckend, Bileam hinter dem Sessel mit erhobener Hand auf den hier sechsstrahligen (später immer achtstrahligen) Stern weisend – das alles ist gleich einer Skizze wie mit leichter Hand (fast flüchtig) in den Stein geritzt.

»Die Anbetung des Kindes durch die Magier, bei der Bileam als ihr geistiger Ahnherr, als Prophet aus den fernen Völkern, zugegen ist, das ist Ausdruck der Freude über das Kommen und Verweilen Gottes, über die gnadenvolle Berufung auch nicht-jüdischer Menschen zum Licht des Lebens« (E. Syndicus).

Er offenbarte sich schon in der Wiege seiner Kindheit
denen, die nahe und denen, die fern waren:
den Juden in den nahen Hirten,
den Heiden in den fernen Weisen.

Augustinus um 395

Erst Magier, dann Könige

Die Dreizahl der Könige dürfte sich von den drei Gaben herleiten. Matthäus nennt weder Zahl noch Namen noch Herkunft der Magier. Schon gegen Ende des 2. Jahrhunderts berichtet Tertullian, daß die Christen im Osten in den Weisen Könige zu sehen pflegten. Vermutlich waren dort – ganz im Sinne des Matthäus – alttestamentliche Stellen zur Deutung herangezogen worden. Psalm 72, 10-11 spricht von Königen aus drei Orten: »Die Könige von Tarschisch sollen ihm Geschenke senden und die von Saba und Seba ihm Tribut entrichten. Huldigen sollen ihm alle Herrscher, und alle Könige sollen ihm dienen.«

Auch Origenes (184-256) geht von einer dreifachen Zahl der Magier aus. Und in der Priscilla-Katakombe (s. S. 105) begegnen erstmals um 250 drei Magier im Bild.

Der afrikanische Bischof Fulgentius von Ruspe interpretiert 523 das Gold als Tribut für den König Christus (Gold war in der Antike mit Licht und Sonne gleichgesetzt), den Weihrauch als Opfer für den Gott Christus (der Rauch soll die Seele emportragen zu Gott), die Myrrhe als Ingredienz zur Salbung der Toten, somit als Symbol für das Leiden, das dem Neugeborenen bevorstand.

Das frühe Mittelalter gibt den Königen Namen. Im schwer zu datierenden armenischen Kindheitsevangelium (5./6. Jh.?) sind die Könige Brüder. Melqon herrscht über Persien, Baltasar über Indien, Gaspar über Arabien. Um 700 vermerkt Beda Venerabilis, angelsächsischer Geschichtsschreiber: »Die Könige waren es, die dem Herrn Geschenke brachten. Der erste soll Melchior gewesen sein, ein alter Mann mit weißem Haar und langem Bart. Der brachte Gold dem Herrn und König. Der zweite, Caspar mit Namen, jung und bartlos und von zärtlicher Hautfarbe, verehrte ihn als Gott durch ein Weihrauchgeschenk, eine der Gottheit gebührende Opfergabe. Der dritte, mit dunkler Haut und reichem Bartwuchs, Baltasar, bezeugte ihm durch sein Myrrhengeschenk, daß er der Menschensohn sei, der den Tod erleiden würde.« Dieser Text entspricht ganz dem Mosaik von 650 in Sant Apollinare Nuovo in Ravenna: Hier überbringt ein alter Weißhaariger das Gold, ein glattgesichtiger Junger von frischer Gesichtsfarbe den Weihrauch und ein Mann mittleren Alters mit dunklen Haaren und dunkler Gesichtsfarbe (fuscus) die Myrrhe. Im 15. Jahrhundert machten dann die Künstler aus der Beschreibung »fuscus« (»dunkel«) den schwarzen König. Dahinter stand nunmehr die Sicht von den drei Königen als den Vertretern der drei damals bekannten Erdteile Europa, Asien, Afrika. Dies wiederum hieß: Alle Welt ehrt den neugeborenen Gottessohn.

Die schönsten Bilder der heiligen drei Könige in Glas, Stein, Fresko oder Buchmalerei besitzen wir aus den Epochen der Romanik und der Gotik. In der ottonischen Kunst wurden sie erstmals mit Kronen dargestellt.

Unglaublich reich ist auch die volkstümliche Überlieferung von ihnen. So erfindet das Mittelalter den Verlauf der Rückreise der Könige per Schiff von Tarsos, ihre Taufe und Bischofsweihe durch den Apostel Thomas auf dessen Reise nach Indien, sowie ihr Sterben als gute Christen. Volksglaube zeigt sich z. B. auch darin, daß viele Familien des Mittelalters die Könige zu ihren Vorfahren zählten. Das Volk mengte ihre Namen unter Zaubersprüche und Verwünschungen. Auf ein Band geschrieben und an der Hand getragen, galten die Namen z. B. als Mittel gegen die Fallsucht.

Bis heute – in der letzten Zeit sogar wieder zunehmend – hat sich der seit dem 11. Jahrhundert bezeugte Sternsingerkult gehalten. Wenn von singenden und sammelnden verkleideten Kindern die Buchstaben C + M + B (Caspar + Melchior + Balthasar, aber auch »Christus Mansionem Benedicat« – »Christus segne das Haus«) mit Kreide an die Haustüren gemalt werden, so ist dies uralte Praxis.

Von Kaiserin Helena der Legende nach Mitte der dreißiger Jahre des 4. Jahrhunderts in Palästina aufgefunden, gelangten die Gebeine der drei Könige zunächst nach Konstantinopel, jedoch im gleichen Jahrhundert noch nach Mailand, weil der dortige in Konstantinopel geborene Bischof Eustorgius sie sich vom Kaiser erbeten hatte. Über 8 Jahrhunderte wurden sie hier in der Kirche San Eustorgio verehrt, bis im 12. Jh. Rainald von Dassel, Kanzler Kaiser Barbarossas und Erzbischof von Köln (1159-1167), sie nach kriegerischen Auseinandersetzungen mit der Stadt Mailand dort entnahm und sie – es war eine kirchenpolitische Tat von höchster Relevanz – am 23. Juli 1164 in den karolingischen Dom von Köln überführte, wo sie 1190 von Erzbischof Philipp von Heinsberg (1167-1191) in den von Meister Nikolaus von Verdun in Gold, Silber und mit einer Fülle kostbarer Steine geschaffenen größten und künstlerisch bedeutsamsten Reliquienschrein der Christenheit (eine Art christlicher Bundeslade) gebettet wurden. Als Platz für den Schrein war im karolingischen Dom die Vierung vorgesehen, deshalb bis heute auf dem Vierungsturm leuchtend über den Dächern der Stadt der Betlehemsstern, doch fand im neuerbauten gotischen Dom der Schrein dann schließlich seinen Platz im Hohen Chor, dessen Gewölbe als »Himmel« mit Sternen geschmückt wurden. Köln aber war von da ab neben Jerusalem, Rom, Santiago de Compostela und Aachen eine der bedeutendsten Wallfahrtsstätten christlicher Pilger und Pilgerinnen.

Zum Epiphaniasfest am 6. Januar gedenkt das kölnische Kirchenvolk (die Stadt führt seit 1280 die drei Kronen im Wappen) im festlichen Hochamt seiner Könige. 1998, während der 750-Jahrfeier der Grundsteinlegung des gotischen Domes 1248, gelangte der Schrein wieder in das Blickfeld weltweiter Aufmerksamkeit.

Anbetung der drei Könige. Dreikönigsschrein. Auschnitt aus der Stirnseite (Gold). Meister Nikolaus von Verdun. 1181-1190. Hoher Dom, Köln.

Epiphanie, Erscheinung Christi, wird hier in doppelter Richtung gedeutet: In der Anbetung der Könige erscheint Christus den Nichtjuden, in der (nicht sichtbaren) Jordantaufe rechts daneben erscheint er den Juden. Geburt und Taufe galten schon früh als die wesentlichen Stationen der Epiphanie und wurden immer wieder zusammen dargestellt.

Man wird die heiligen drei Könige lieben,
solange die Menschen von ihrer Fahrt lesen,
solange es den Glauben gibt
und den Stern
und Hirten bei ihren Herden auf den Feldern.

überliefert

Die den Stern sahen,
haben uns den Weg geöffnet.

Julia Esquivel

Dreikönigsritt

Die Nächte waren wie versiegelt.
Doch sie durchbrachen sie mit ihrem Ritt
und rissen ganze Völker mit sich mit,
weil sich in ihrem Blick ein Stern gespiegelt;
der stand wie eine Flamme im Zenit.

Und ihnen war, als ritten sie schon Jahre.
Sie schwankten schwer in ihrem goldnen Glast,
getürmt im Sattel ihrer Dromedare.
Der Sand stob ihnen in die Haare
unter der Kronen heißer Last.
Die Wüste schrie.
Sie aber, wunderbare Schahs und Scheiche,
vergaßen ihre märchenhaften Reiche
und suchten eine neue Dynastie.

Und plötzlich wurde dann der Wind ganz still.
Die Landschaft schien sich zu erweitern.
Und später hörte man von den Begleitern,
ihren Kameltreibern und ihren Reitern:
es war da nur in einem Stall ein Kind,
um ihre Herrscher völlig zu zerscheitern.

Denn diese stürzten wie in einem Zwange
erblindet auf die Knie.
Sie fühlten sich in ihrem Untergange
und waren bange. Und so preßten sie
ihre verstörten Angesichte
fest auf den Boden vor dem großen Lichte
und knieten außer Sinnen, lange. Lange.

Dagmar Nick

Der König soll leben!
Man bringe ihm das Gold von Saba.
Man bete jederzeit für ihn.
Man wünsche ihm alle Tage Segen.
Der Name des Königs werde nie vergessen.
Sein Ruhm nehme zu, solange die Sonne besteht.
Wenn Menschen einander Segen wünschen,
sollen sie sagen:
»Gott segne dich, wie er den König gesegnet hat.«
Und alle Völker sollen erzählen von seinem Glück.

Jesaja 71, 15.17

Der achte Oikos aus dem griechischen Akathistos-Hymnos ist so etwas wie eine programmatische Grundlegung aller Magierszenen:

Als die Magier den zu Gott eilenden Stern schauten,
folgten sie seinem Glanz;
und wie eine Fackel hielten sie ihn fest
und suchten mit ihm den mächtigen Herrscher;
und als sie den Unerreichbaren erreichten,
freuten sie sich und riefen ihm zu:
»Alleluja!«

Ritt der Magier. Mosaik des Chora-Klosters Istanbul, 1315-1321. Ausschnitt. In der Ostkirche werden die Könige viel länger als Magier gesehen. Auch ihr Ritt ist ein typisch ostkirchliches Motiv.

Was wir sehen, ist die linke Bildhälfte eines Doppelbildes, das rechts die Magier vor Herodes zeigt. Diagonal, wie bergauf, sprengen die stolzen Pferde dem Stern entgegen. Die Magier – ihre Kopfbedeckungen weisen sie als einer priesterlichen Kaste zugehörig aus – sind aufgeregt, voller Spannung, intensiv im Gespräch. Ihre Mäntel wehen. Der vordere, der jüngste von den Dreien, hebt seine Rechte dem Stern entgegen. Alles ist voller Bewegung, freudiger Erregung, höchst dynamisch.

Deine Geburt, o Christus, unser Herr,
hat der Welt das Licht der Erkenntnis aufleuchten lassen.
In ihr wurden die Verehrer der Gestirne durch einen Stern belehrt,
dich anzubeten, du Sonne der Gerechtigkeit,
und dich zu erkennen, du aufgehender Stern aus der Höhe.
Herr, Ehre sei dir.

Gebet aus der Weihnachtsvesper der orthodoxen Kirche

Giotto di Bondone (1266-1337), Anbetung der Könige. Um 1303-1306. Capella all Arena, Padua.

Es ist Giottos Verdienst, der italienischen (und damit der westlichen) Kunst einen neuen, von Byzanz unabhängigen Charakter verliehen zu haben. Der Maler gestaltete vorwiegend große erzählende Zyklen (Assisi, Florenz), von denen der in der Capella all Arena in Padua mit Geschichten zum Leben Jesu und seiner Vorgeschichte (1303-1306 gemalt) der bedeutendste ist. Hier tut sich jeweils in drei Streifen an den beiden Längswänden ein überaus reiches Szenarium auf, darunter in der Geburtsfolge unser Bild.
Mit Kamelen sind sie gekommen zu der Holzhütte am Felsen unter dem Stern, die frommen und würdigen Herrn, drei Lebensalter repräsentierend, der vordere, der älteste, kniend – seine Krone liegt auf dem Boden –, mit erhobener Hand dem gewickelten kräftigen Knaben, den Maria ihm stolz entgegenhält, huldigend. Seine Gabe, eine Monstranz aus Gold, hat ein der heiligen Familie assistierender Engel – dies Motiv selten – bereits an sich genommen. Maria, ihr Blick tut es kund, weiß um die königliche Würde des Kindes, das wie alle auf dem Bild – Ausnahme ist nur der Kameljunge – einen geriffelten Nimbus trägt. Die Farben sind duftig nuanciert. Die Komposition ist bestimmt von dem Gegenüber beider Gruppen, die in intensivem Blickkontakt miteinander kommunizieren. Individuelle Charakterisierung der durchweg voluminösen Figuren, Intimität, eine eigenartig schwebende Stille, menschliche Anteilnahme, Hingabe, all das macht diese Anbetung Giottos in der Überwindung byzantinisch strenger Formen, in ihrem »natürlichen Pathos«, zu einem einmaligen Bild seiner Zeit.

Und die Nationen werden sich aufmachen von den Enden der Erde, ihn zu sehen.

Jesaja 11, 10

Denn am Ende sind wir alle – pilgernd – Könige zum Ziel.

Johann Wolfgang von Goethe 1821

Die Schätze der Völker bringen sie dir

Alle Völker werden von dem Licht angezogen,
das sich über dich ergießt.
Und ihre Könige wollen den Glanz sehen,
in dem du erstrahlst.

Sieh, was um dich her geschieht.
Sieh, wie sie sich versammeln.
Freuen wirst du dich.
Vor Glück wird das Herz dir klopfen.

Die Schätze der Völker bringen sie dir.
Von jenseits des Meeres kommen ihre Reichtümer.

Ganze Karawanen von Kamelen kommen aus Midian und Efa.
Aus Saba kommen sie mit Gold und Weihrauch,
dich zu rühmen.

nach Jesaja 60, 3-6

»Hier ist das Gold, der Weihrauch hier, und hier, o Kind, die Myrrhe«, dichtet Manfred Hausmann. In einer Inschrift des Königs Sethos I. in Abydos (1300 v. Chr.) heißt es: »Es kommt der Weihrauch. Es kommt der Gottesduft«. Und in seiner »Legenda aurea« (1267) erzählt Jacobus de Voragine, daß selbst Kaiser Augustus dem Kind Weihrauch geopfert habe.
Weihrauchkörner wurden auf Altären für römische Götter verbrannt (im 3. Jahrhundert wollte man die Christen zu diesem Opfer zwingen), aber auch für den Gott der Juden im Jerusalemer Tempel – man denke nur an die Zachariasgeschichte. Weihrauchdampf steigt noch heute in der römischen Messe auf.
Der Weihrauchbaum wächst in Nordafrika und Arabien. Wenn man seine dünne Rinde ritzt, tritt ein weißliches Harz, das später Körner bildet, aus.
Myrrhe, Leiden und Tod symbolisierend, wird ebenfalls aus Bäumen und Sträuchern – es sind Pflanzen der Gattung Commiphora – als gummiartiges Harz gewonnen. Dessen Verwendung für die Einbalsamierung von Leichen wird in Johannes 19,38-40 deutlich: »Pilatus überließ Josef von Arimathäa den Leichnam Jesu, und Josef ging und nahm ihn vom Kreuz ab. Auch Nikodemus, der Jesus einmal nachts aufgesucht hatte, kam mit, er brachte Myrrhenharz mit Aloe. Die beiden Männer nahmen den Leichnam Jesu und wickelten ihn mit den Duftstoffen in Leinenbinden, wie es der jüdischen Begräbnissitte entsprach.«
Denkbar ist, daß Matthäus bei der Gabe des Goldes an die goldenen Ehrenkränze gedacht hat, die römischen Kaisern von Provinzstatthaltern und hohen Würdenträgern als Ehrengabe überreicht, aber auch als Tribut unterworfener Völker dargebracht wurden.
Auf einer spätrömischen Goldmünze sind solche Ehrenkränze abgebildet. Im Kuppelmosaik des Baptisteriums der Arianer in Ravenna (6. Jh.) schreiten Apostel mit solchen Kränzen in den Händen auf den Thronsitz Christi zu. Und im frühchristlichen Trinitätssarkophag von Arles (um 325) ist ein solcher Ehrenkranz dem ersten der anbetenden Magier in die Hand gegeben (vgl. S. 92).
Denkbar ist auch, daß der Brauch des Schenkens zu Weihnachten auf die Gaben der Magier zurückzuführen ist.

Jene haben Gold dargebracht;
du gibst kaum ein Stück Brot her.
Jene sahen den Stern und freuten sich;
du aber siehst Christus selbst, arm und entblößt,
und es rührt dich nicht.
Wer von euch,
die ihr doch tausend und abertausend Wohltaten von Christus empfangen habt,
hat schon um seinetwillen einen solchen Weg zurückgelegt
wie jene Barbaren oder vielmehr wie jene Weisesten aller Weisen?

Johannes Chrysostomos (344-407)

»Der sakrale Vorgang der Anbetung gewinnt in der Malerei Rogier van der Weydens eine tief empfundene menschliche Dimension. Die Grenze zwischen dem Wunderbaren und dem Natürlichen ist aufgehoben. Daraus resultiert eine kühle Spiritualität, eine eigentümliche Stille, die diese Malerei – auch in ihren bewegten Szenen – auszeichnet« (Gottfried von Sello).

Vor uns ein Hauptwerk des altniederländischen Meisters. Wahrscheinlich ist es sein letztes – Krönung seines Lebenswerkes. Der »maximus pictor« aus Tournai (heute Belgien), der »Rogerius Gallicus«, wie er in Italien genannt wird, ist ein spätgotischer Maler von hohem Rang. Schüler von Robert Campin (dem berühmten Meister von Flémalle), seit 1435 Stadtmaler von Brüssel, erhält van der Weyden bald Aufträge von Kirchen und Klöstern in ganz Europa. So erreicht ihn etwa um 1450 von dem Kölner Bürgermeister Goedart von dem Wasserfaß (1437-1462) die Aufforderung, als Stiftung für St. Columban in Köln ein Triptychon mit Verkündigung an Maria, Anbetung der Weisen und Darstellung im Tempel zu malen. Die Kirche St. Columban ist im 2. Weltkrieg zerstört worden. Der Altar war bereits 1826 nach der Säkularisation an König Ludwig von Bayern verkauft worden.

Der burgundische Hof – van der Weyden hatte in seiner Spätzeit Verbindung dorthin – ist zu Gast bei dem Kind und seinen Eltern. Voller Stolz und Demut zugleich. Am anrührendsten ist die Szene mit dem prachtvoll gewandeten knieenden Alten. Behutsam legt er seine Linke unter die kleinen Füße des Kindes, während seine Rechte dessen linken Arm anhebt. Ganz nahe ist sein Mund der kleinen Hand des Gottessohnes. Gleich wird er sie küssen. Sein Gesicht mit den nach innen gerichteten dunklen Augen spiegelt das »glückliche Erstaunen eines alten Mannes, der es nicht fassen kann, ans Ziel seiner Reise und seiner Wünsche gelangt zu sein« (Gottfried von Sello).

Maria in ihrem blauen Gewand betrachtet den Vorgang ganz ruhig. Ebenso Josef in seinem roten Habit. Ochs und Esel sind dem Futter in der Krippe zugewandt. Wie so häufig in der gotischen Malerei ist der Stall eine Ruine (das Dach zerschlissen und bewachsen), hier mit Blick auf eine spätgotische Stadt (nicht Köln, sondern vermutlich das flämische Middelburg). Links oben der prachtvoll strahlende Stern.

Am mittleren Pfeiler des Stallgebäudes hängt – überraschend (anachronistisch!) – ein Kruzifix: »Zu Betlehem geboren im Stall ein Kindelein, gibt sich für uns verloren ...«, das bewegte auch diesen Maler. Nicht ausgeschlossen, daß der Gekreuzigte hier Symbol der Eucharistie ist. Dann stünde die Anbetung im Zusammenhang mit der Messe, wären die Goldpokale Weingefäße, das Kind im Schoß »Brot der Welt«: »Der sich als Bruder zu uns stellt, gibt sich als Brot zum Heil der Welt, bezahlt im Tod das Lösegeld, geht heim zum Thron als Siegesheld« (Otto Riethmüller 1934 nach dem Hymnus »Verbum superbum prodiens« des Thomas von Aquin 1264).

Bildbeherrschend indes ist der Zug von rechts: die drei Könige mit Gefolge (ein Muslim darunter – Rogier setzt in seiner Zeit ein Signal für die Verständigung unter den Religionen!), alle nach neuester burgundischer Mode gekleidet und sich nach dem burgundischen Hofzeremoniell bewegend.

Neben der realistischen Weltsicht, die Jan van Eyck in die niederländische Kunst eingebracht hat, und neben der Freude am sorgfältig ausgeführten Detail (man beachte nur die drei Pokale, Meisterwerke flämischer Goldschmiedekunst) ist, so Gottfried von Sello, die »tief empfundene, anrührende Menschlichkeit in den Gebärden und Physiognomien dieser nach Alter, Temperament und dem Grad ihrer Betroffenheit unterschiedlich aufgefaßten drei Männer« das Neue in der Malerei des Rogier van der Weyden.

Der dritte, jugendliche König am rechten Bildrand nimmt dabei eine Sonderrolle ein. Er trägt das prächtigste Gewand. Er trägt eine Waffe. Er schwenkt seinen kostbaren Hut. Dieser Begrüßungsgestus war erst Mitte des 15. Jahrhunderts zunächst an den Höfen, dann auch in bürgerlichen Kreisen üblich geworden. Aber auch dieser König mit seinem stolzen, scharfgeschnittenen Gesicht – Rogier van der Weyden hat hier vermutlich den jugendlichen Karl den Kühnen, den späteren Herzog von Burgund, proträtiert – ist so von dem nackten Neugeborenen in Anspruch genommen, daß er kaum zu bemerken scheint, wie ihm sein weißgekleideter Page den prachtvollen Geschenkpokal entgegenhält.

Was in den großen Weihnachtsbildern dieser Zeit niemals fehlt – wir sehen es links unten –, ist die Öffnung zur Grotte unter dem Stall.

Goethe – er sah das Triptychon mit 65 Jahren – hat es aufs höchste bewundert. Er nannte es »einnehmend und würdig«. Er empfahl, die kostbaren Details durch ein Vergrößerungsglas zu betrachten.

Rogier van der Weyden (1399-1464), Dreikönigsaltar aus St. Columban in Köln. Triptychon. Ausschnitt aus der Mitteltafel. Um 1455. Alte Pinakothek, München.

Wie schön leuchtet der Morgenstern
voll Gnad und Wahrheit von dem Herrn,
die süße Wurzel Jesse.
Du Sohn Davids aus Jakobs Stamm,
mein König und mein Bräutigam,
hast mir mein Herz besessen;
lieblich, freundlich,
schön und herrlich, groß und ehrlich,
reich an Gaben,
hoch und sehr prächtig erhaben.

Philipp Nicolai 1599

Und in einem Traum …

befahl ihnen Gott,
nicht noch einmal zu Herodes zu gehen.
Da zogen sie auf einem anderen Weg
wieder in ihr Land.

Matthäus 2,12

Traum der Könige. Kapitell des Meisters Gislebertus.

1120-1130. Kathedrale Saint Lazare, Autun. Musée »Salle Capitulaire«.

»Für die Magier war, wenn sie begriffen haben, alles anders geworden, als sie nach Hause ritten. Gott war größer. Die Welt war voll Gott. Und so reisten sie nicht nur auf einem anderen Weg, sondern im Grunde auf einer anderen Erde nach Hause: auf einer erlösten, einer der Finsternis gerade nicht mehr ausgelieferten Erde« (Jörg Zink).
Friedlich, Kopf an Kopf, liegen die drei Gekrönten unter einer einzigen, halbrund geschwungenen, am Rande verzierten Decke. Der Engel mit Stirnband und Nimbus, hinter dem Pfostenbett stehend, berührt mit seinem rechten Zeigefinger behutsam die auf der Decke liegende Hand des oberen Königs. Dieser – es ist derjenige mittleren Alters unter den dreien – ist dadurch erwacht (die beiden anderen schlummern friedlich weiter). Der Erwachte aber lauscht offenen Auges der Botschaft, sieht gewissermaßen mit dem inneren Auge den Stern über sich, auf den der Engel mit dem linken Zeigefinger deutet.
Daß ein Engel schlafende Weise (Könige) auf die Reise nach Jerusalem schickte, davon erzählt das Neue Testament nichts. So kann Meister Gislebertus, der zu den Großen der romanischen Kunst, ja zu den bedeutendsten Bildhauern des Mittelalters überhaupt gehört, in seinem Kapitellbild nur Matthäus 2,12 gemeint haben. Und wir könnten sagen: Indem der Engel den schlafenden Königen einen neuen Weg weist, gibt er ihnen noch einmal den Stern als Wegbegleiter mit.
Man muß manchmal träumen, um zu erfahren, wo es langgeht.
Wunsch eines Zeitgenossen: »Mein Traum: Einmal die Hand des Engels am kleinen Finger spüren.«

Zur Nachtzeit, wenn die Menschen ruhig schlafen,
in tiefem Schlummer auf den Betten liegen,
da redet Gott durch Träume und Visionen.
Er öffnet ihre Ohren, daß sie hören.

Hiob 32, 15-16

TRÄUME JOSEFS

In der folgenden Nacht hatte Josef einen Traum. In dem erschien ihm der Engel des Herrn, der sagte: »Steh auf und nimm das Kind und seine Mutter und fliehe nach Ägypten. Bleibe dort, bis ich dir sage, daß du zurückkommen kannst. Herodes nämlich will alles daran setzen, das Kind zu töten.« Da brach Josef auf mit dem Kind und seiner Mutter. Und sie flohen nach Ägypten. Mitten in der Nacht.

Matthäus 2, 13-14

Josefs Traum. Egbert-Codex.

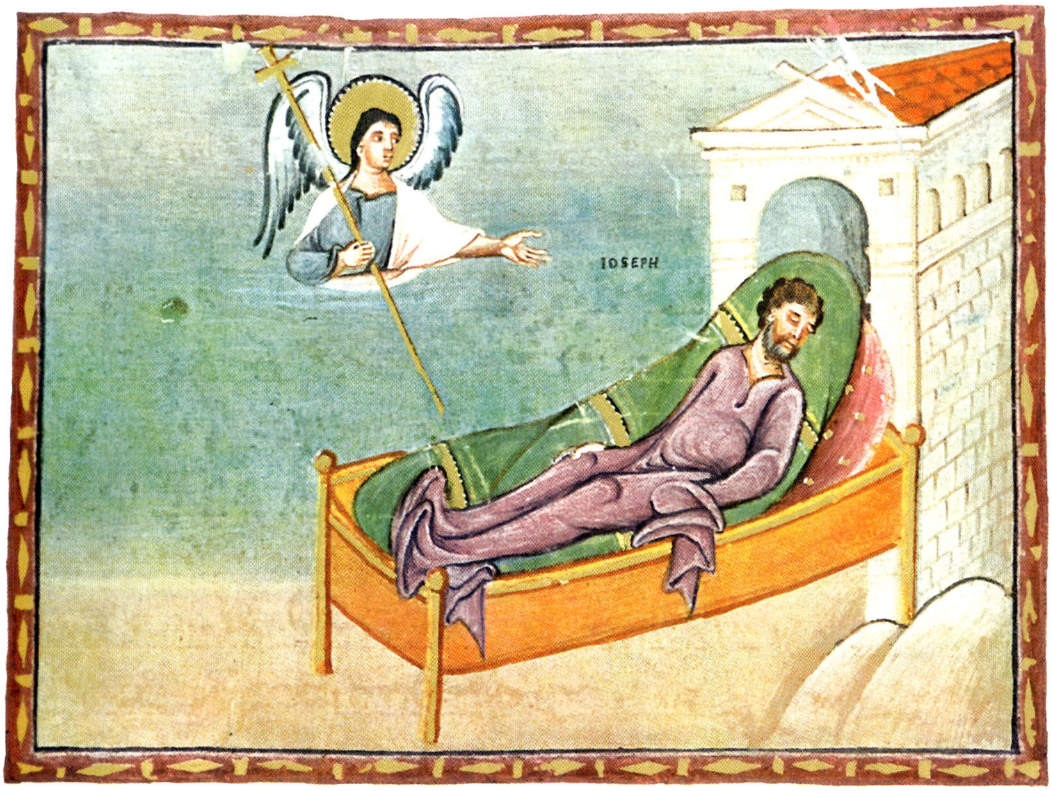

Reichenau um 980. Stadtbibliothek Trier.

»Träume sind Botschaften in der Sprache der Seele. Träume sind eine vergessene Sprache Gottes unter uns. Träume rufen uns zur Umkehr, zum Umdenken, zum Aufbruch, zu einer bestimmten Tat, zu einem Wort, das wir sprechen sollen« (Jörg Zink).
Wir kennen die großen Träumer des Alten Testamentes, Jakob etwa (Himmelsleiter), vor allem Josef, den seine Gefängnisträume an den Hof des Pharao brachten, dessen Nil- und Getreideträume Ägypten vor der Hungersnot bewahrten. Dem Alten und auch dem Neuen Testament ist es ganz selbstverständlich, daß Menschen im Traum Weisung von Gott erhalten können.
Unsere Träume sind oft dunkel und belastend. Aber es gibt auch Träume, die einen Weg führen, wo man nach dem Erwachen wirklich etwas richtungweisend Neues weiß, das vorher nicht da war.
Auch heute noch scheuen sich Christen nicht, darin Weisungen Gottes zu erkennen. In jedem Fall gilt es, auf seine Träume zu achten. Träume haben ihre eigene Kraft. Sie sind keineswegs Schäume.

Und Tagträume?:
Wir alle träumen den Frieden ...

Josef, mit violetter Tunika bekleidet, liegt langausgestreckt schlafend auf einer riesigen bildbeherrschenden Bettstatt mit grünem und goldgepunktetem rötlich-violettem Polster. Das Bett steht im Freien vor dem offenen Tor eines langgestreckten Gebäudes. In den Wolken als Halbfigur der Engel mit langem Kreuz-Botenstab (so wie in der Ankündigung an Maria S. 50). Seine Hand zielt gleicherweise auf den Namenszug »Joseph« wie auf den Kopf des abgewandt Schlafenden. Eine lapidare Komposition. Und doch atmet alles in der Zartheit der ineinander verschwimmenden Farben wieder jenes stille Geheimnis, das nur der Gregormeister, diese überragende Künstlerpersönlichkeit der ottonischen Epoche, seinen Bildern zu verleihen vermochte.

Mögen deine Engel uns in unserm Schlummer
wahre Traumbilder zeigen,
o hoher Fürst des Weltalls,
großer, geheimnisvoller König.

Altirisch-keltisches Abendgebet

Gefahr für das Kind

Wo ist der neugeborene König?

Herodes, König der Juden von 37-4 v. Chr., Sohn einer arabischen Scheichstochter und des unter den Makkabäern zwangsjudaisierten Idumäers Antipatros (also kein Jude), war de facto ein Vasallenkönig Roms, allerdings – bis zu seiner Degradierung zum »Untertanen« wegen selbstherrlichen Verhaltens 8 v. Chr. – mit relativ freier Hand in seinem Herrschaftsgebiet. Er hatte sich mit Antonius arrangiert und nach dessen Selbstmord in in Alexandria (Antonius hatte 31 v. Chr. die Schlacht von Actium verloren) sich geschickt Octavian, dem neuen Machthaber und späteren Augustus, angedient. Maßlos in seinen Leidenschaften (10 Ehefrauen!), maßlos in seinem Haß, brutal, wenn er sich hintergangen fühlte, war Herodes dennoch kein schlechter Landesfürst. Die 33 Jahre seiner Herrschaft bescherten dem jüdischen Volk immerhin 30 Jahre Frieden. Herodes – er erhielt den Beinamen »der Große« – wurde mit ehrgeizigen Programmen zum größten Bauherrn, den Palästina je (bis heute) gesehen hat. Neben dem Bau und Ausbau von Festungen und Palästen (Masada sei zu nennen, die Burg Antonia – nach Antonius benannt – und der Herodespalast in Jerusalem, auch das Herodeion bei Betlehem) sind seine baulichen Großtaten vor allem die Hafenstadt Caesarea (22-10 v. Chr., ganz nach römischem Muster entworfen, nach Caesar Augustus benannt und im Stadtbild von einem Augustustempel beherrscht; vgl. die Rekonstruktionszeichnung S. 21) und – in riesigem Maßstab geplant – der Neubau des Jerusalemer Tempels (20/19 v. Chr. begonnen und 60 Jahre später – also nach dem Tode Jesu – noch immer nicht vollendet). Weil Herodes – er hatte sich seine Herrschaft erbarmungslos gesichert – seine zweite Frau, die heißgeliebte Hasmonäerin Mariamne ebenso wie deren Söhne Aristobul und Alexander, die in Rom im Hause des Augustus erzogen worden waren, nach finsteren und wirren Hausintrigen umbrachte, weil er schon zu Beginn seiner Regierungszeit 45 der 70 Mitglieder des Hohen Rates hatte hinrichten lassen, weil er den jungen hasmonäischen Hohenpriester Aristobulos ertränken ließ und unzählige andere ihm unliebsame Zeitgenossen dem Henker auslieferte, galt (und gilt) er – dem Volke der Juden zutiefst verhaßt – als Bluthund. Zu den meisten seiner Verbrechen aber trieb ihn sein Bangen um den Thron. Und dazu paßt die Geschichte vom Kindermord in Betlehem. Doch erwähnt der zeitgenössische Historiker Josephus Flavius, ein mit den Hasmonäern verwandter jüdischer Priester, der die Verfehlungen des Herodes mit Genuß ausbreitete, diese Tat nicht. Sie gilt deshalb vielen Wissenschaftlern als unhistorisch. Zuzutrauen wäre sie Herodes indes allemal gewesen.

Skulptur aus der Portalwand von St. Trophime in Arles. Um 1120. Die Könige (mit Kronen!) bei Herodes. Fragend – ihre Gaben bereits in der Hand – kommen sie auf ihn zu. Er, machtvoll thronend, hält schon ein riesiges Schwert, die Hand am Griff, quer auf dem Schoß bereit. Hinter ihm, das blanke Schwert erhoben, ein Soldat im Kettenhemd. Im nächsten Bogenfeld ein weiterer Soldat, das Schwert geschultert. Über dem Ganzen: Drohende Löwenköpfe.

Nach Herodes Tod (er starb qualvoll) – für Matthäus war das Anlaß, die Familie Jesu aus Ägypten zurückkehren zu lassen – wurde mit Zustimmung des Augustus sein Sohn Archelaos König von Judäa. Während dessen Brüder Herodes Antipas, Landesfürst von Galiläa und Peräa, sowie Philippos, Landesfürst der nordöstlichen Gebiete, mehr als dreißig Jahre ihre Herrschaft ausüben konnten, wurde der unfähige, grausame, tyrannische Archelaos nach 10-jähriger Regierungszeit 6 n. Chr. von Augustus abgesetzt. Judäa wurde in eine wenn auch unbedeutende kaiserliche Provinz verwandelt und einem römischen Praefekten unterstellt. Von 26-36 hieß dieser Praefekt Pontius Pilatus.

Und sie flohen nach Ägypten

Dort lebten sie bis zum Tod des Herodes.
So traf ein, was Gott durch seinen Propheten vorausgesagt hatte:
»Aus Ägypten habe ich meinen Sohn gerufen.«

Matthäus 2,15

Flucht nach Ägypten. Kapitell des Meisters Gislebertus. 1120-1130. Kathedrale Saint Lazare, Autun. Musée »Salle Capitulaire«.

Im berühmtesten Kapitell der Kathedrale von Autun mag wohl als erstes Marias geheimnisvoller, nicht näher zu definierender Gesichtsausdruck – er kann sowohl Besorgnis als auch Zuversicht bedeuten – auffallen. Die Gottesmutter (im Damensitz) mit riesigem Nimbus wie Vater und Kind, hält in der Linken die Erdkugel, mit der Rechten aber schützend das herrscherliche Kind, den Sohn des wahrhaftigen Gottes. Dieser wiederum – er scheint zu stehen – legt seine Rechte ebenfalls auf die Erdkugel, umgreift mit der Linken, sich zu halten, den Arm der Mutter (vgl. das Bild S. 95). Josef, mit riesigem geschulterten Schwert – gleichsam dem Riesenschwert des Herodes im Bild der linken Buchseite kontrastierend – sieht, das Seil zum Esel fest in der Hand, besorgt drohenden Gefahren entgegen. Der Esel hingegen schreitet mutig aus. Er lächele, hat man gesagt.

Im Hintergrund mächtige Gewächse mit fruchtartigen Blüten. Sie lassen eine positive Zukunft hoffen. Vielleicht ist auch der Palmbaum aus der apokryphen Fluchtüberlieferung des Pseudo-Matthäus (9. Jh.) gemeint, der sich beugte, den hungrigen Flüchtlingen in der Wüste seine Früchte zu spenden.

»Was die Rollen (unten!) betrifft«, heißt es im Autuner Begleittext zum Bild, »so hat noch niemand ihre Bedeutung erraten.« Vermutlich sind sie, wie in der Romanik so beliebt, und wie auch in diesem Bild ablesbar, Ausdruck der Freude am Ornament. Oder sollen sie den gefährlichen Weg, auf dem manches so leicht ins Rutschen und Rollen kommen kann, symbolisieren?

Eins bleibt entschieden festzuhalten: Das Kind Christus ist, wie Millionen Kinder vor und nach ihm, ein Flüchtling!

Der Schriftbeweis bestimmt also bei Matthäus das Land der Flucht. Aber niemandem ist die Assoziation zu verweigern, daß Abraham einst nach Ägypten zog, Abraham, dem die Erlösung der Welt durch Israel verheißen war, daß Josef dort war mit seinen Brüdern, und daß aus Ägypten das unterdrückte Volk unter Mose aufbrach zur Freiheit in die Wüste. Und so sehen auch viele, Theologen und andere, Jesus als den neuen Mose.

Mord an Kindern

Als Herodes merkte,
daß die Sternkundigen ihn getäuscht hatten,
wurde er sehr zornig.
Er befahl, in Betlehem und Umgebung
alle kleinen Jungen bis zu zwei Jahren zu töten.
Das entsprach der Zeitspanne,
die er aus den Angaben der Sternkundigen entnommen hatte.

Da erfüllte sich,
was der Prophet Jeremia schon vorausgesagt hatte:

»Geschrei war in Rama zu hören,
großes Weinen und bitteres Klagen.
Rahel weinte um ihre Kinder
und wollte sich nicht trösten lassen.
Denn sie waren alle dahin.«

Jeremia 31, 15
Matthäus 2, 16-18

Von der Jeremiastelle ausgehend (sie ist bei Matthäus wörtlich zitiert) gestaltet der Egbert-Meister den Kindermord als Mord an Jakobs Söhnen (= am Volke Israel). Rahel, Jakobs zweite Frau, die Mutter von Josef und Benjamin, starb unterwegs bei Benjamins Geburt. »Und Jakob begrub sie dort an der Straße nach Efrata, das heute Betlehem heißt« (1. Mose 35,19). Hier, an der Straße von Jerusalem nach Hebron, kurz vor dem Abzweig nach Betlehem, wird heute noch Rahels Grab verehrt. Rama indes liegt 8 km nördlich von Jerusalem.
Vor uns ein höchst dynamisches Bild, von links nach rechts in Gruppen gestaffelt. Links, ganz am Rand, im Aussehen ein ottonischer König (Krone, Purpurmantel, rote Tunika mit Goldborten, Herrscherstab), Herodes, der »Widersacher aus dem Abgrund«, mit ausgestreckter Hand den Mord anweisend. Hinter ihm drei reichgekleidete, ebenfalls bärtige Speerträger. Man hat darin seine drei Söhne Archelaos, Herodes Antipas und Philippos erkennen wollen. Dann wäre durch seine Nachfolger sein Tod schon symbolisch angedeutet. In der zweiten Zone heranstürmend drei junge, bartlose, gar nicht militärisch gekleidete Vollzugsfunktionäre (sie sehen auch nicht wie Mörder aus). Der erste bohrt einem aufrecht stehenden Kind (alle Kinder sind seltsam dicklich, kleine Erwachsene), das ihn vertrauensvoll anblickt, die Lanze ins Herz. Blut fließt herab. Der zweite hat den Jungen bei der Hand gepackt und schwingt das Schwert gegen ihn. Der dritte schwingt ebenfalls das Schwert. Aber seiner ausgestreckten Hand scheint das Kind zur Mutter hin zu entkommen. Einer Bildinterpretation zufolge ist es Lea, Jakobs erste Frau. Sie vermag offensichtlich eins ihrer Kinder zu retten. Der aufmerksame Ausdruck ihres Gesichtes legt das nahe. Darunter aber ein geköpftes Kind über drei weiteren Leichen. Und daneben vor der Stadtsilhouette Betlehems, die entsetzten, schreienden, klagenden Frauen. Es sind (die eine schlägt sich an die Brust, die andere reißt schmerzerfüllten Gesichtes die Arme auseinander) die Mägde Silpa und Bilha, ebenfalls Mütter von Jakobssöhnen. Beide sind oben unbekleidet, tragen das Haar auf dem Kopf zu einem Doppelknoten gebunden (sahen so in ottonischer Zeit Sklavinnen aus?). Ihre Kinder haben schon ausgelitten. Rechts aber, gekleidet wie Lea, Rahel, die, die Hände vors Gesicht geschlagen, davonlaufen will. Sie will sich nicht trösten lassen. Denn die beiden da vorn, die aufrecht den Tod empfangen, das sind ihre Söhne: Jakob und Benjamin. Viel Klagens, Weinens, Zagens – eine Dreiergruppe von höchster Ausdruckskraft! Und über allem steht geschrieben »pueri occidentur« (»die Kinder werden dahingerafft«). Nie wieder wurde der betlehemitische Kindermord derart in Szene gesetzt.

Kindermord. Egbert-Codex. Reichenau um 980. Stadtbibliothek, Trier.

Genauso, wie einst der junge Mose dem Mord an den hebräischen Jungen durch den Pharao entging, so entgeht das Kind Jesus dem Gemetzel des Königs Herodes – und paradoxerweise findet dieses Kind Aufnahme in Ägypten, dem Land, da Israel einst versklavt wurde. Aber Ägypten ist auch das klassische Land der Zuflucht.

Als Erinnerungsstätten an die Flucht verehren die koptischen Christen Ägyptens noch heute verschiedene Orte, u. a. eine Höhle unter der frühchristlichen Sergiuskirche in Alt-Kairo, in der die heilige Familie sich länger aufgehalten haben soll. Hinter allem aber steht das böse Ende des Königs Herodes, das bereits bei Jesaja vorgezeichnet scheint: »Du Unterdrücker wirst ein böses Ende nehmen. Mit deiner Schreckensherrschaft ist es aus. Dahin die Pracht, die dich umgab. Dahin die rauschende Musik der Harfe. Du mußt hinunter in die dunkle Totenwelt. Das Bett, auf dem du liegen darfst, sind Maden. Und Würmer sind die Decke über dir« (Jesaja 14, 3.11).

Rückkehr aus Ägypten

Als aber Herodes gestorben war, hatte Josef in Ägypten einen Traum,
darin erschien ihm der Engel des Herrn und sagte:
»Steh auf und nimm das Kind und seine Mutter und kehre in das Land Israel zurück; denn alle, die das Kind umbringen wollten, sind gestorben.«
Da stand Josef auf und nahm das Kind und seine Mutter und kehrte nach Israel zurück.
Als Josef aber erfuhr, daß Archelaos als Nachfolger seines Vaters Herodes in Judäa regierte, wagte er nicht, dorthin zu ziehen. In einem Traum erhielt er neue Weisungen und ging daraufhin nach Galiläa.
Dort ließ er sich in der Stadt Nazaret nieder.
So traf die Voraussage der Propheten über Jesus ein, man werde ihn »den aus Nazaret« nennen.

Matthäus 2, 19-23

Johannes – Prediger des Lichtes

Der Weihnachtshymnus

Im Uranfang vor aller Zeit, war er, das Wort.
Und er war bei Gott. Und Gott war bei ihm.

Alles wurde durch ihn.
Ohne ihn wurde nichts.

In ihm war Leben.
In ihm war Licht.

Und das Licht strahlte auf. Gegen die Finsternis.
Und die Finsternis mußte weichen.

Er, das Wort, das wahre Licht, er kam in die Welt.
Er kam in sein eigenes Land.
Aber die Menschen erkannten ihn nicht.
Sie nahmen ihn nicht auf.

Manche aber sahen ihn.
Und sie wurden Kinder Gottes, voller Leben.

Er das Wort, das wahre Licht,
er wurde ein Mensch von Fleisch und Blut.
Und er wohnte unter uns Menschen.
Und wir sahen seine Macht und Hoheit,
die vom Vater kam.

Und er beschenkte uns aus seinem Reichtum.
Er überschüttete uns mit Gnade.

Und niemand sieht Gott. Nur er, der einzige Sohn,
der dem Vater ganz nahe ist, er zeigt uns Gott.

nach Johannes 1,1-5.9.14.16.18

Christus ist das sichtbare Bild des unsichtbaren Gottes. Er ist sein Bevollmächtigter gegenüber allen Geschöpfen.
Denn in ihm liegt das Geheimnis der Schöpfung.
Die Welten der Sterne und auch unsere Erde wurden durch ihn geschaffen.
Das Sichtbare und das Unsichtbare, alle Mächte und Kräfte der Natur, alle ihre Elemente und Gesetze wurden durch ihn.
Er ist allem voraus, und alles hat seinen Bestand in ihm.
Denn die ganze Fülle Gottes nahm Wohnung in ihm, damit das All durch ihn zurückfände in Gott hinein.
Alles, was auf Erden und im Himmel ist, fand den Frieden durch ihn.

Brief an die Gemeinde in Kolossä 1, 16-20
Übertragung Jörg Zink

Johannes mit seinem Evangelium als Buchrolle.
Detail eines Sarkophages aus dem 4. Jahrhundert.
Vatikanische Museen, Rom.

Das vierte Evangelium

Das Johannesevangelium, ein Evangelium, »voll von Verständnis, Gefühl und Schönheit« (Owen Chadwick), »das einzige zarte und rechte Hauptevangelium« (Martin Luther), konfrontiert uns mit dem Paradoxon der Menschwerdung: Wie kann der, der so ganz und gar eins war mit dem Vater, so völlig Mensch werden?

Zugeschrieben wird das Evangelium gemeinhin dem nach Markus 1, 19-20 von Jesus selbst als einem der ersten Jünger berufenen Sohn des Zebedäus, dem Jakobusbruder. Es war der Jünger, den Jesus liebte (Johannes 21, 24), dem er die Sorge für seine Mutter übertrug (Johannes 19,25 ff.), der Petrus beim Lauf zum leeren Grab überholte (Johannes 20,3-4), der nach dem Märtyrertod seines Bruders Jakobus unter Agrippa I. (um 43 n. Chr.) neben dem Herrenbruder Jakobus und Petrus einer der Leiter der Jerusalemer Urgemeinde war (Galater 2,9). Er habe das Evangelium nach seiner Rückkehr von der Ägäisinsel Patmos (dorthin von Kaiser Domitian verbannt) in hohem Alter zwischen 85 und 98 in Ephesus geschrieben. *So* viele Kirchenväter, so auch das Muratorische Kanonverzeichnis vom Ende des 2. Jahrhunderts, das diesen Johannes auch als den Verfasser der Offenbarung und der Johannesbriefe nennt.

Aber ist dem so? War der Verfasser wirklich Augenzeuge? Das hervorragende Griechisch, die literarische Qualität des (von einigen Brüchen abgesehen) dicht und meditativ angelegten Werkes mit seinen zahlreichen Redekompositionen, vor allem die theologische Tiefe sprechen gegen den einfachen Fischersohn vom See Gennesaret. Man weist das Evangelium heute einem Unbekannten, einem hochgebildeten Menschen, geschulten Geistes, von »kontemplativer Kraft« (Owen Chadwick), der gute Kenntnis der Hebräischen Bibel und der drei synoptischen Evangelien verrät, zu. Manche denken auch an eine Verfassergruppe, an das Evangelium als »Resultat eines anonymen Wachstumsprozesses innerhalb eines Kollektivs« (Hartmut Thyen).

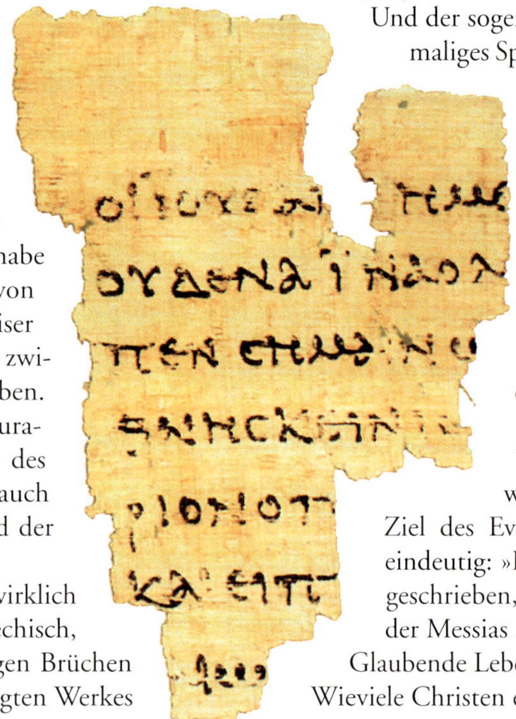

Papyrusfragment mit Johannes 18, 31-33, Jesu Verhör vor Pilatus. Ältester bekannter Teil eines Evangelientextes. Um 125. John Rylands Library, Manchester.

Neuerdings vermutet Klaus Berger die Entstehung dieses »städtisch orientierten« Evangeliums in Alexandria (mit einer Entstehungszeit um 60; bisher ist man immer von 100 ausgegangen).

Immerhin weiß man, daß das Evangelium in Ägypten früh gelesen wurde, und der ägyptische Wüstensand gab als ältestes bekanntes Schriftzeugnis des Neuen Testamentes ein Papyrusfragment mit Textzeilen aus dem Johannesevangelium frei.

Das Johannesevangelium – darin ist sich die Forschung einig – ist ein durchgehend konzipiertes Werk. Um 100 beginnt das junge Christentum sich philosophisch auszudrücken. Und der sogenannte Prolog 1, 1-18, ist ein ganz einmaliges Sprachstück, hinter dem sich wahrscheinlich das umfangreichste und wirkmächtigste Glaubensbekenntnis des neutestamentlichen Urchristentums verbirgt. Die Ausleger hat dieser Text immer wieder mit Staunen erfüllt. Er enthält bereits in verdichteter Form die Thematik des gesamten Evangeliums. Umgekehrt gesagt: Das Evangelium ist gewissermaßen erzählender Kommentar zum Prolog. Bezeichnenderweise enthält es keine Verklärungsgeschichte. Das Ganze ist, wenn man so will, »Verklärung«. Das Ziel des Evangeliums beschreibt Johannes 20,31 eindeutig: »Diese aber (die Zeichen Jesu) sind aufgeschrieben, damit ihr glaubend bleibt, daß Jesus der Messias ist, der Sohn Gottes. Und damit ihr als Glaubende Leben habt in seinem Namen.«

Wieviele Christen es um 100 im Römischen Reich bereits gegeben hat, weiß man nicht, aber die Zahl der »Gemeinden«, vor allem in den Städten des Imperiums, wuchs ständig. Vom 2. Jahrhundert an begann die junge Kiche – das war lebenswichtig für sie – sich zu organisieren. Es gab Presbyter (Gemeindeleiter, nicht selten mit den Bischöfen identisch) und Diakone (Gehilfen beim Gottesdienst und Armenpfleger). Dem Bischof war Gehorsam zu leisten. Von einem Zölibat ist indes nirgendwo die Rede.

Zu bedenken bleibt: Im 2./3. Jahrhundert war das Christentum immer noch nur *eine* Religion unter vielen.

»Prolog« und Konzilien

Zentral ist der im Neuen Testament sonst nicht auftauchende Begriff des »Logos« (griech. »Wort«). Christus ist das »Wort« Gottes, nicht personidentisch, aber wesenseins mit dem Vater. Gott ist in Christus präsent. Christus, bei Gott, ist beteiligt an der Erschaffung der Welt. Modifiziert: »Er ist das Bild des unsichtbaren Gottes. Er ist der Anfang aller Schöpfung. Er war vor allem anderen da, und alle Dinge bestehen durch ihn. Es gefiel Gott, in ihm Wohnung zu nehmen mit der ganzen Fülle seiner Macht« (Brief an die Gemeinde in Kolossä, Kapitel 1, aus den Versen 15-19). Ähnlich im Brief an die Hebräer (1, 1-3): »Durch ihn hat Gott die Welt geschaffen. In ihm lebt die Herrlichkeit Gottes auf. Denn er entspricht dem Wesen Gottes vollkommen. Durch sein starkes Wort hält er das Weltall zusammen.«

Die hohe Christuslehre des Johannes wurde in der Folgezeit nicht einfach übernommen. Vielmehr blieb die Frage nach der wahren Gottheit – der wahren Menschheit des Christus Jesus umstritten. Das Konzil von Nicäa (325) bekundete, daß der Mensch Jesus eindeutig auf die Seite Gottes und nur dorthin gehöre. Dieses Faktum wurde festgeschrieben, das ›Wie‹ dabei nicht geklärt. Das Konzil von Chalkedon (451) stellte die Ausgewogenheit beider Naturen her: »Wir lehren ein und denselben Christus, den eingeborenen Sohn und Herrn, anzuerkennen in zwei Naturen, unvermischt, unwandelbar, ungeteilt, ungetrennt, weil niemals der Unterschied der Naturen wegen der Einung aufgehoben ist, vielmehr die Eigentümlichkeiten beider Naturen gewahrt bleiben. Er ist vollkommen in der Gottheit, vollkommen in der Menschheit.«

Wie einfach dagegen Luther: »Gott wird Mensch, dir, Mensch, zugute!« Einfach gewiß auch noch Augustinus: »Er lag in der Krippe und hielt die Welt zusammen. Er war ein unmündiges Kind und zugleich das Wort.«

Origenes (184-256) indes, der große christliche Denker des 3. Jahrhunderts, überlegt sehr sorgfältig:

»Unter allen Wundern und Großtaten, die den Sohn Gottes betreffen, übersteigt dieses Wunder durchaus alles menschliche Staunen. Der sterbliche Verstand findet nicht die Kraft, zu erspüren und einzusehen, daß jene so große Macht der göttlichen Majestät, jenes ›Wort‹ des Vaters selbst, jene Weisheit Gottes, in der alles geschaffen wurde, Sichtbares und Unsichtbares, innerhalb der Umschriebenheit des Menschen, der in Judäa erschienen ist, gewohnt haben soll. Ja mehr noch: daß die Weisheit Gottes in den Schoß einer Frau eingetreten sei, als kleines Kind geboren wurde und weinte, so wie die kleinen Kinder weinen.«

Origenes folgert: »Darum muß die Betrachtung mit aller Vorsicht vorgehen, damit in einem und demselben die Wahrheit beider Naturen gezeigt, nichts Unschickliches und Unwürdiges von der göttlichen Wesenheit angenommen und andererseits doch die geschichtlichen Vorkommnisse nicht für trügerische Schattenbilder gehalten werden.«

Wir glauben an den einen Gott,
den Vater, den Allmächtigen,
der alles geschaffen hat,
Himmel und Erde,
die sichtbare und die unsichtbare Welt.

Und an den einen Herrn Jesus Christus,
Gottes eingeborenen Sohn,
aus dem Vater geboren vor aller Zeit:
Gott von Gott, Licht von Licht,
wahrer Gott vom wahren Gott,
gezeugt, nicht geschaffen,
eines Wesens mit dem Vater;
durch ihn ist alles geschaffen.

Für uns Menschen und zu unserm Heil
ist er vom Himmel gekommen,
hat Fleisch angenommen
durch den Heiligen Geist
von der Jungfrau Maria
und ist Mensch geworden.

aus dem Glaubensbekenntnis des Konzils von Nicäa - Konstantinopel 381

Das Wort

Obere Rahmenleiste:

IN PRINCIPIO ERAT VERBUM
ET VERBUM ERAT APUD DEUM
ET DEUS ERAT VERBUM

Im Anfang war das Wort.
Und das Wort war bei Gott.
Und Gott war das Wort.

Johannes 1, 1

Mittelbalken des Erdkreises:

OMNIA PER IPSUM FACTA SUNT
ET SINE IPSO FACTUM EST NIHIL

Alles ist durch ihn geschaffen.
Und ohne ihn ist nichts geschaffen.

Johannes 1, 3

»Der Herr hat mich gemacht vor allem anderen. Ich war sein erstes Werk am Anfang, vor Beginn der Welt« (Sprichwörter 8,22). Dieses Wort, bezogen auf die personhaft gedachte Weisheit, läßt sich an die Stelle des Logos aus dem Johannesprolog setzen.

Dargestellt ist der präexistente Christus im Stil der Majestas Domini mit Kreuznimbus, Buch und mit herrscherlichem Sieges- und Segensgestus. Nicht nur Schmuck dürften die zwölf blauen Kreise im Kreuz des Nimbus sein. Dachte der Maler an die zwölf Jünger, an die zwölf Stämme Israels? Oder nicht vielmehr an die zwölf Monate des Jahres als Symbol der Zeit? Im letzteren Fall hieße das: der über dem Erdkreis Thronende ist auch Herr über Zeit und Ewigkeit. In jedem Fall: Er ist das Wort: in principio erat verbum. Und: Er ist in beiden Bereichen gegenwärtig, in der Welt Gottes, flankiert von zwei sechsflügligen vielfarbigen Cherubim mit ausgebreiteten Händen, und in der Welt des Diesseits mit seinen Füßen fest auf dem Schemel, verehrt von Engeln und Menschen.

Der Schemel seiner Füße aber ist zugleich die Kastenkrippe mit den Arkaden zur Grotte, mit dem großen schwingenden Tuch geheimnisvoller Verhüllung davor. Die Engel (die Flügel des einen züngeln empor) berühren über diesem Tuch die Krippe.

Der irdische Kreis ist doppelt angelegt. In den vier sichelförmigen Abschnitten die vier Elemente: links oben (weiblich) IGNIS (das Feuer) mit dem dunklen Gesicht der Sonne (SOL); rechts oben AER (die Luft), ein geflügeltes Wesen mit LUNA (dem Mond) als einem hell strahlenden Gesicht. Links unten (männlich) MARE (das Meer) mit einem Fisch, rechts unten (weiblich) TERRA (die Erde) mit einem kleinen Menschen. MARE und TERRA berühren die Wurzeln des Lebensbaumes, der durch das untere Segment des Mittelkreises bis zum Mittelbalken hin aufwächst und von dorther den gesamten Erdkreis begrünt.

Zwei für christliches Leben signifikante Szenen enthält der Bildteil unter dem Mittelbalken: Rechts die Taufe durch Johannes: Der Täufling, ein alter Mann (Erwachsenentaufe!), sitzt nackt in dem großen Becken, wie es im Früh- und Hochmittelalter zum Untertauchen des ganzen Menschen gebräuchlich war. Eine weißgekleidete Frau (Taufhelferin!) assistiert. Dahinter eine Schar gläubig schauender Menschen.

Eine ganz ähnliche Schar, aber jetzt mit verhüllten Händen, mit denen man in der Antike nur vor den Kaiser oder vor die Gottheit trat, links. Aber es handelt sich bei der nackten Figur auf dem Altar nicht (frühere Ausleger glaubten es) um ein antikes Götterbild. Den Schlüssel zur Deutung liefert vielmehr die in den Lebensbaum eingefügte Kanne (Weinkanne!). Die Figur auf dem Altartisch ist Christus selbst, der sich als Brot des Lebens gibt. Wir haben es mit einer Eucharistieszene zu tun; Brot und Wein als himmlische Gaben, die man nur mit verhüllten Händen entgegennehmen kann.

Der sich als Bruder zu uns stellt, gibt sich als Brot zum Heil der Welt.

Otto Riethmüller 1934

So schwebt die weihnachtliche Krippe, bedeckt von den Füßen des österlichen Christus, über den beiden Ur-Sakramenten Taufe und Eucharistie, die auch von evangelischen Christen als Sakramente, will heißen als geheimnisvolle Symbolhandlungen des Glaubens, anerkannt werden.

Ein Bild zur »Johannes-Weihnacht«, das Welt, Menschen, Engel und Christus, Krippe, Kreuz und die großen Sakramente tief spirituell in einem genialen Arrangement miteinander korrespondieren läßt.

Als tiefes Schweigen das All umfing
und die Nacht auf ihrem Wege die Mitte erreichte,
da stieg vom Himmel, von den königlichen Sitzen,
dein allmächtiges Wort herab, o Herr.

aus der altkirchlichen Liturgie der Weihnacht

*Buchmalerei zum Prolog
des Johannesevangeliums.
Köln. Um 1050.
Staatsbibliothek Bamberg.*

INPR INCIPIO ERAT VERBV ET VERBV E RAT APVD DM ET
DS ER AT VERBV.
SOL
LVNA
AER
OMNIA P IPSV FACTA SVNT ET SINE IPSO FACTV E NIHIL.
MARE.
TERRA.

Das Licht

Im Verlauf des Nachdenkens der Christen über ihren Herrn wurde der Zeitpunkt, zu dem man ihn als Sohn Gottes, als den Christus, sah, im 1. Jh. immer weiter zurückverlegt: Von seiner Auferstehung in den frühen Bekenntnissen der Gemeinde über die Taufe im Zeugnis des Markus, über die Kindheitsgeschichten des Lukas und Matthäus (Christus-Kind, Weltenherrscher-Kind) bis zum Johannesprolog, wo Christus schon vor aller Zeit als der Logos Sohn Gottes war.
So sah ihn das Bild S. 125. So sieht ihn auch unser Bild.
Dort Eucharistie und Taufe! Hier im Mittelpunkt – im Balken, der das Weltall unterteilt – der *Stern* als Licht Gottes für diese Welt, »wie ein Fenster, das der Trennung von Himmel und Erde ein Ende setzt« (Hans-Ruedi Weber). Dieses Licht überstrahlt die schwebende Goldkrippe, einen mächtigen Kastenbau auf Rundbögen, gleich einem Altar. Diese Krippe kommt in eine Welt, die symbolisiert ist durch die göttlichen Personifikationen von Meer (Okeanos mit geflügeltem Haupt reitet auf dem Meeresungeheuer, dem Leviatan, der gewundenen Schlange, dem Drachen – Jesaja 27, 1 –, dem Feind aller guten Schöpfung), und Erde (Gäa, die Erdmutter, aus der das Leben der Natur entspringt und wächst; sie hat sich des in Sünde gefallenen Menschenpaares bemächtigt), beide wider Gott, beide Ausdruck einer Welt der Finsternis.
Oben aber Christus in der Goldmandorla (mandelförmiges Symbol von Licht und Majestät), Christus mit Krone, Buch des Lebens (VITA) und dem Lamm Gottes, das die Schuld der Welt auf sich nimmt (Johannes 1, 29), Christus im Himmelskreis der sieben Sphären als präexistenter Logos, flankiert von zwei Sternensonnen und zwei Seraphim mit Pfauenflügeln (der Pfau galt als Symbol der Unsterblichkeit). Christi Füße ruhen auf Erdschollen, die bereits oberhalb des Trennbalkens Bereich dieser Welt sind.
Gott und Göttin indes in der Meeresflut der Finsternis (Sintflut) sind als Gegensätze dazu anzusehen. Gäa umfaßt gleichzeitig Adam und Eva sowie den aufstrebenden Baum der Erkenntnis. Um den Baum windet sich die riesige Schlange. Sie reicht Eva den Apfel der Versuchung.
Dennoch: Die Botschaft des Ganzen lautet anders: Das Wort des Vaters erscheint in der Tiefe der Welt als das neue Licht, Raum und Zeit durchflutend. Er, das Wort, wird Fleisch (griech. sarx = beseelter Leib); er wird Mensch in der Krippe; er wohnt unter den Menschen als einer von ihnen. Und diese sehen trotz aller Dunkelheit seine Macht und die lichterfüllte Hoheit des einzigen Sohnes. Die alten Gottheiten sind überwunden. Sie blicken demütig auf zum Kind in der Krippe, zum Stern, zum Herrn in seiner Herrlichkeit.
Und wiederum: Das Dunkel bleibt: »Das Licht ist in die Welt gekommen. Aber die Menschen haben die Dunkelheit lieber als das Licht. Denn ihre Taten sind schlecht« (Johannes 3, 19). »Wer behauptet, im Licht zu leben, aber seinen Bruder haßt, der ist noch im Dunkeln« (1. Brief des Johannes 2, 9).
Und wiederum: Es ist zugesagt: »Die Dunkelheit nimmt ab. Und das wahre Licht leuchtet jetzt« (1. Brief des Johannes 2, 8). »Gott ist Licht. In ihm gibt es keine Finsternis« (1. Brief des Johannes 1, 5).
Die Zeichen, die seine Lichtherrlichkeit vom Vater in Ewigkeit offenbaren, finden sich im Evangelium immer wieder: 2, 11 (Hochzeit in Kana); 11, 40 (Erweckung des Lazarus); 17, 4 f. (»Ich habe das Licht auf der Erde sichtbar gemacht«).
Summierend läßt sich sagen: »Er ist offenbart im Fleisch, erschienen den Engeln, gepredigt den Völkern, geglaubt in der Welt, aufgenommen in die Herrlichkeit« (1. Brief des Timotheus 3,16).

O Morgenstern, Glanz des unversehrten Lichtes,
der Gerechtigkeit strahlende Sonne:
O komm und erleuchte, die da sitzen
in Finsternis und im Schatten des Todes.

Altkirchliche Vesperantiphon

Er blieb, der er war, der immerseiende wahre Gott.
Was er nicht war, nahm er an: Menschengestalt –
aus Liebe zu den Menschen.

Altkirchliche Liturgie

»Kostbares« Evangeliar des Bischofs Bernward von Hildesheim. Bildseite zum Prolog des Johannesevangeliums, dem Diakon Gundbald zugeschrieben. Um 1015. Dombibliothek, Hildesheim.
Man geht davon aus, daß Bischof Bernward, Erzieher Kaiser Ottos III., Kunstkenner und Kunstförderer von höchstem Rang, selbst die Anregung zu diesem eindrucksvoll symbolisch-spekulativen Bild gegeben hat.

Die Entstehung der christlichen Weihnachtskultur

Die Anfänge

Verfolgungen

Während der römische Staat eine Unzahl von östlichen Religionen – den Kult der Mithras aus Persien, den Kult des Jupiter Dolichenus (Baal aus der kleinasiatischen Stadt Doliche), den Kult des Jupiter Heliopolis (Baal aus Baalbek bei Damaskus), die Mysterienkulte der kleinasiatischen Kybele oder der ägyptischen Isis – aber auch die jüdische Religion (seit Caesar waren die Juden vom Staatskult befreit) duldete, einzelne sogar förderte und zur eigenen Sache machte, sahen sich die Christen im 1.-4. Jh. in unterschiedlicher Weise staatlichen Maßnahmen ausgesetzt. Sie selbst haben in der Frühzeit nie versucht, durch politischen Druck staatliche Zustände verändern zu wollen. Schon die Hinrichtung des Jesus von Nazaret unter dem Praefectus Judaeae Pontius Pilatus war ein erster Akt der »Verfolgung«. Was unter Nero 64 in Rom ohne jede gesetzliche Grundlage geschah, war lokal begrenzt und Ausnutzung einer christenfeindlichen Stimmung unter den Römern durch den Kaiser, der damit von seiner Schuld am Brand Roms ablenken konnte.

Diocletian und sein Mitkaiser Maximian. Links: Diocletian mit Lorbeerkranz und Adlerszepter. Goldmedaillon 287 n. Chr. Staatliche Museen, Münzkabinett, Berlin.

Auch im 2. Jh. ging es um Einzelverfolgungen. Rechtsqualität erlangte die berühmte Antwort Trajans auf die briefliche Anfrage des bithynischen Statthalters Plinius (wohl um 111/112): »Aufzuspüren sind die Christen nicht. Wenn man sie anzeigt und überführt, muß man sie strafen.« Mehr und mehr stand das von den Christen verlangte Götteropfer = Kaiseropfer im Vordergrund: »Eure Götter zu ehren, haben wir von dem Augenblick an unterlassen, als wir erkannten, daß sie keine Götter sind. – Das Blut der Märtyrer ist die Saat. Je mehr ihr uns niedermäht, desto mehr wachsen wir« (Tertullian von Carthago 197).

Es kam zu grausamen Exzessen, z. B. in Lyon 177. Von Statthaltern verhängte Strafen konnten sein: Verschärfte Exekution, Verbrennung bei lebendigem Leibe, Kreuzigung oder Kampf mit wilden Tieren. Viele Christen starben in großer Glaubensgewißheit, manche geradezu ekstatisch: »Weizen Gottes bin ich. Und durch die Zähne von Bestien werde ich gemahlen, damit ich als reines Brot Christi empfunden werde« (Ignatius von Antiochien, bereits als Gefangener, in einem Brief an die Römer, um 115). Tierhetzen gegen Christen im römischen Colosseum hat es (landläufiger Meinung zuwider) indes nicht gegeben.

Systematische, das ganze Reich betreffende Verfolgungen setzten unter den Kaisern Decius (249-251) und Valerian (253-260) ein. Zunächst ging es vor allem gegen Bischöfe und prominente Kleriker. Man wurde jetzt zum Opfer vorgeladen. Viele Christen wurden wankend und opferten vor dem Kaiserbild. Sie erhielten eine Opferbescheinigung, den berühmten »libellus«, und waren dann frei. Für die Mitchristen waren sie ab jetzt »lapsi«, Gefallene. Die Mehrzahl blieb standhaft, setzte sich peinlichen Verhören, Foltern, sowie häufig grausamen Todesstrafen aus. Einer der Märtyrer dieser Zeit war Cyprian, Bischof von Carthago. Valerian verhängte ein generelles Versammlungsverbot (die Christen durften nicht einmal mehr ihre Begräbnisstätten besuchen). Seit dem neuen Christengesetz von 258 war das Christsein als solches strafbar. Mit dem Tod Valerians in persischer Gefangenschaft 260 endete diese Verfolgungszeit. Es begann unter seinem Nachfolger Gallienus die »longa pax«.

Diocletian (284-305) leitete gegen Ende seiner Regierungszeit – die Motive sind nicht eindeutig erhellt – dann die größte aller Christenverfolgungen ein. Jetzt ging es um die Ausrottung des Christentums schlechthin. Fast ein Jahrzehnt lang (303-311) – im Westen unter Caesar Constantius Chlorus, dem Vater Constantins, eher geringfügig, im Osten unter Galerius, dem Mitkaiser Diocletians, brutal, am schlimmsten in Ägypten – sah sich die Christenheit (sie bildete inzwischen ein Drittel der Bevölkerung) den entsetzlichsten Martyrien ausgesetzt. »Die Zahl der Verurteilten war so groß, daß man sie nicht mehr einzeln hinrichtete, sondern scharenweise zusammentrieb, mit einem Feuerkreis umgab und verbrannte. Die Kerker waren vollgestopft. Unerhörte Torturen wurden ersonnen« (Lactantius in seiner »Geschichte der Verfolgungen«, verfaßt zwischen 316 und 321).

Constantin (Regierungszeit 307-337), von vielen Historikern und Kirchenhistorikern als zwiespältiger Charakter beschrieben, war eine kraftvolle Herrscherpersönlichkeit. Er war Realpolitiker, der die Zeichen seiner Zeit erkannte. Und diese Zeichen besagten: Die Macht des Gottes der Christen ist nicht mehr zu brechen. Schon Galerius, (nach Maximian) Mitkaiser des Diocletian, hatte im Edikt vom 30.4.311 schreiben lassen: »Sie dürfen also wieder Christen sein und ihre Versammlungsstätten wieder herrichten (eine Unzahl von Kirchen war zerstört worden), unter einer Bedingung allerdings, daß sie in keiner Weise gegen die bestehende Ordnung handeln.«

Nach seinem Sieg über Maxentius an der Milvischen Brücke bei Rom im Jahr 312 – der christliche Schriftsteller Lactantius berichtet von einer Vision des Kaisers, die ihn veranlaßte, vor der Schlacht auf den Schildern seiner Garde die Namenschiffre Christi, das Chi-Rho, anbringen zu lassen –, ließ er zusammen mit dem östlichen Kaiser Licinius am 13. Juni 313 von Mailand ein Zirkularschreiben (fälschlicherweise »Mailänder Edikt« genannt) ausgehen, das die Religionsfreiheit endgültig festlegte: »Wir, Constantin und Licinius, die beiden Kaiser, haben für gut befunden, daß wir den Christen ... freie Wahl zugestehen, derjenigen Religion zu folgen, welcher sie immer wollen. Außerdem verfügen wir, daß man den Christen ihre Stätten, an denen sie vormals zusammenzukommen pflegten, unentgeltlich und ohne irgendeinen Ersatz des Kaufpreises wieder zurückgebe.« Bald wurde die erlaubte zur bevorzugten Religion.

Constantin der Große. Goldmünze (Solidus), 335, zwei Jahre vor seinem Tode in Nicomedia geprägt. Der Kaiser schaut aufwärts, »als ob er mit Gott spräche« (Eusebius von Caesarea).

Constantin war zu Anfang seiner Herrschaft noch Anhänger des Sol invictus gewesen (eine Münze stellt ihn z. B. in hintereinandergestaffeltem Profil zusammen mit dem Sonnengott dar). Auch der 315 in Rom geweihte Constantinsbogen bringt noch keinen Hinweis auf den neuen Gott, den Constantin in dieser Zeit »die Gottheit« zu nennen pflegte. Andererseits zeigt ein 315 in Pavia geprägtes Sibermedaillon den Kaiser bereits mit dem Chi-Rho am Helm. Irgendwann in diesen Jahren muß er den Anspruch, der vergöttlichte Sol zu sein, und damit die Würde des Gottkaisers aufgegeben haben. Münzen der Spätzeit zeigen dann, wie das christliche Labarum die Hydra (als Inbegriff des Bösen) durchbohrt, wie der Kaiser von der christlichen Gotteshand gekrönt wird, wie er auf dem Thron als Abbild des himmlischen Herrschers Christus dargestellt und wie er schließlich (so eine Konsekrationsmünze um 337) nach seinem Tode, in der Quadriga auffahrend, von der Hand des Christengottes empfangen wird.

Seit 324 (Sieg über Licinius) Alleinherrscher, präsidierte Constantin 325 dem ersten großen ökumenischen Konzil in Nicäa, auf dem die den Christen wichtige Glaubensfrage Christus gottähnlich (Arius) oder gottgleich (Athanasius) verhandelt wurde. 330 weihte er anstelle des alten Byzanz – ohne Zulassung heidnischer Kulte – die neue Hauptstadt Konstantinopel (fortan bis 1453 Zentrum der östlichen Christenheit). 350 kam es unter Constantins Nachfolgern zu einem ersten Verbot heidnischer Opfer im Reich. Constantin selbst hatte bereits 315 die Kreuzigungsstrafe und 326 die »damnatio ad bestias«, die Tierhetze gegen Menschen, abgeschafft. 380 erließen die Kaiser Gratian, Valentian und Theodosius ein Gesetz, in dem es heißt: »Alle Völker unter unserer Regierung sollen in der Religion leben, die der Apostel Petrus die Römer nach ihrem eigenen Zeugnis gelehrt hat.«

Bronzemünze der Mutter des Kaisers. Umschrift: Helena Augusta. Thermenmuseum, Rom.

392 bestimmte Kaiser Theodosius I.: »Niemand darf an irgendeinem Ort, in irgendeiner Stadt den vernunftlosen Götterbildern ein unschuldiges Opfertier schlachten.« Opfernde waren von jetzt ab mit der Todesstrafe bedroht. Ihr Vermögen wurde eingezogen (Gegenverfolgung!). 382 mußte der römische Senat, er hatte sich lange gewehrt, den Göttern abschwören. Und um 400 berichtet Hieronymus aus Rom: »Das goldene Kapitol starrt von Schmutz. Alle Tempel Roms sind mit Ruß und Spinnweben überzogen. Die einst die Götter der Nation waren, sind mit Fledermäusen und Eulen auf den Dachgiebeln zurückgeblieben.«

Am 3.3.321 war von Constantin das Sonntagsgesetz erlassen worden: »Alle Richter, Stadtleute und Handwerker sollen an dem verehrungswürdigen Tag der Sonne (venerabilis dies solis) ruhen. Dagegen mögen die Landleute frei und ungehindert der Bestellung ihrer Felder nachgehen.«

Das Christentum war zur Staatsreligion geworden. Die christliche Kultur blühte machtvoll auf. Und mit ihr das Weihnachtsbild.

Aufblühende christliche Weihnachtskultur

In der konstantinischen Zeit gewann die Geburt Christi dogmatisch und liturgisch an Bedeutung. Grund dafür war der Sieg der orthodoxen Lehre (Christus gottgleich, nicht nur gottähnlich) auf dem ökumenischen Konzil von Nicäa 325.

Was schon in der Katakombenmalerei in wenigen erhaltenen Beispielen begonnen hatte, entfaltete sich im römischen Westen jetzt vor allem in der Sarkophagplastik. Neben vielen alt- und neutestamentlichen Szenen sind etwa 20 Darstellungen der Geburt des verheißenen Gotteskindes erhalten. Daraus wählen wir eine der schönsten.

Barhäuptig, mit langwallendem Haar (also ohne die sonst so häufigen phrygischen Mützen) schreiten von links her in zügiger Bewegung die drei Magier heran. In römische Tuniken – das ganze Bild ist weströmisch – gekleidet, halten sie in der Linken ihre Gaben. Mit der Rechten weisen sie – ihre Arme und Hände bilden dabei eine Linie – auf den Stern, den Bileam verheißen hat (4. Mose 24,17). Ihre Gesichter sind lebendig und individuell unterschieden. Auffordernd wendet der zweite sich zum dritten zurück. Dem ersten ist der Stern so nahe, daß er ihn mit dem Finger zu berühren vermag.

Fast in der Bildmitte der mächtige Stier. Er scheint an der korbgeflochtenen Krippe zu knabbern. Neben ihm der Esel. Beide haben das Kind gewissermaßen zwischen sich. »So beteten sogar die Tiere, Ochs und Esel, ihn stetig an, während sie ihn zwischen sich hatten«, heißt es im frühmittelalterlichen Pseudoevangelium des Matthäus. Und: »Da erfüllte sich, was durch den Propheten Habakuk (in der Septuaginta-Übersetzung!) verkündet ist: Zwischen zwei Tieren wirst du erkannt!«

Über Krippe und Tieren auf Pfosten ein mit römischen Ziegeln gedecktes flaches Dach. Das bis über den erhöhten Kopf fest gewickelte Kind darunter blickt auf den Stern. Rechts daneben ein Hirte. Er steht für den alttestamentlichen Seher Bileam. Rechts außen Maria (noch nicht die Theotokos!), fast abgewandt, wie unbeteiligt auf einem Stein sitzend. Ihr Körper ist von der Palla, dem langen, faltenreichen Obergewand der römischen Frauen, umhüllt. Mit der linken Hand deckt sie ihre rechte Gesichtshälfte zu, als wolle sie fragen: »Was geschieht hier nur? Ich kann es nicht verstehen.«

Der Hirte hingegen, mit weisendem Gestus ihr zugewandt: »Schau doch auf den Stern! Er offenbart das Geheimnis dieser Geburt.«

Geburt Christi und Anbetung der Magier. Sarkophag der Adelphia (Detail). Etwa 340-345. Museo archeologico, Syrakus.

Wir haben gesehen,
wie ein unbeschreiblich großer Stern
unter den Sternen erschien
und sie verdunkelte,
so daß sie nicht mehr schienen.
Und so erkannten wir,
daß für Israel ein König geboren wurde.

aus dem Marien-Evangelium des Jacobus

Über der Krippenszene des (oströmischen) Bildes dieser Seite befand sich (Reste sind vorhanden) ein zweites, sicherlich zugehöriges Relief. Unser Bildteil zeigt – etwa 100 Jahre nach dem Sarkophag der Adelphia – eine aus Formsteinen gemauerte Krippe (dort geflochten) mit einem festgewickelten Kind darauf, Ochs und Esel dahinter. Kein Hirte, keine Magier, keine Maria, keine Höhle, kein Stall, aber: Bäume! Es sind zwei Lebensbäume als Heilssymbol. Kreatur und Natur haben Anteil an dem Wunder der Geburt. Sie huldigen der göttlichen Majestät des Kindes. Sie beten an. Sie sagen Lob. »Es gaben aber Zeugnis von der Geburt die Kreaturen, die Sein und Leben haben, die Bäume und die Pflanzen« (Jacobus de Voragine, Legenda aurea). »Die Kreatur beglaubigt ihn«, sagt Reinhold Schneider.

Christgeburt (Ausschnitt), Marmorfragment aus Naxos. Gilt als das älteste oströmische Geburtsbild. 1. Viertel 5. Jh. Byzantinisches Museum, Athen.

Preist den Herrn,
alle seine Geschöpfe,
preist ihn dort in der Höhe.
Preist den Herrn,
alle seine Geschöpfe,
preist ihn unten auf der Erde.
Lobt ihn,
ihr Berge und Hügel,
ihr Obstbäume und Wälder.

Psalm 148, 1.7.9

Wenn auch erst die sogenannte theodosianische Renaissance (Kaiser Theodosius II., 408-450) die eigentliche Blüte der christlichen Kultur brachte, auf Constantin und seine Mutter Helena geht alles – nicht zuletzt die christliche Weihnachtskultur – zurück. Das will der spätbyzantinische Maler 700 Jahre später in seinem Doppelbild ganz offensichtlich sagen. Und es trifft zu: Die Kreuzesverehrer Constantin und Helena stifteten und förderten den Bau der ersten christlichen Großbasiliken (Lateranskirche und St. Peter in Rom, die Apostelbasilika in Konstantinopel, Grabes- und Geburtskirche mit der Geburtsgrotte im Heiligen Land).

Was sehen wir: Der Kaiser und die Augusta im byzantinischen Kaiserornat, streng, von »nobler Reserve in Haltung und Gebärde« (Frits van der Meer), umfassen das Doppelkreuz Christi (der obere Querbalken meint den Titulus), das sogenannte Patriarchenkreuz der Byzantiner, »deutliches Siegel, das den Frommen kündet das Leben« (christliche Sibylle) – hier auf einem Erdreich, dem Blumen entsprießen.

Und das sakral repräsentative Weihnachtsbild oben? – Es weist alle Züge ostkirchlicher Überlieferung auf: Die Höhle, das Licht des Sterns, auf das Kind herabfallend, Maria auf dem Polsterlager, das Kind in der gemauerten Kastenkrippe, Josef abseits, sinnend, das erste Bad (die Taufe) des Logos-Kindes mit den beiden Hebammen. Und – wie im Westen auch: »Die Engel singen Gott zum Lob. Den armen Hirten wird vermeldt der Hirt und Schöpfer aller Welt.«

Constantin, Helena, Geburt Christi. Griechische Handschrift des 11. Jahrhunderts. Palatinische Bibliothek, Parma.

Ambrosius von Mailand. Kapelle San Vittoro in Ciel d'Oro bei San Ambrogio, Mailand. Das Mosaik ist bald nach dem Tod des Bischofs (397) entstanden. Porträtähnlichkeit wird angenommen – ein Glücksfall. Ambrosius trägt die Kleidung des vornehmen Römers, die weißwollene Tunika, einen Überwurf mit schwarzen Streifen, der den linken Arm verhüllt, an den Füßen Sandalen. Die Bischofswürde ist durch das bescheidene Kreuz auf der Brust kenntlich gemacht. Der Kopf (kurzgeschorenes Haar, Oberlippen- und Backenbart) ist leicht geneigt. Der Blick geht fragend-prüfend auf den Betrachter. Die rechte Hand liegt über dem Herzen. Dies ist ein nüchterner, entschiedener, willensstarker Mann, aber auch asketisch, der Meditation fähig. Dieser Bischof lebte tiefernst, verinnerlicht und arm, befreit von allem irdischen Besitz, um »mit leichtem Gepäck« Christus nachfolgen zu können.

Erste Hymnen der Weihnacht

Und – eine Folge der glücklichen Anfänge –: Der christliche Hymnus blüht auf. Ambrosius von Mailand (339-397), gegen Ende des konstantinischen Jahrhunderts Statthalter von Oberitalien, seit seiner Taufe 374 Bischof von Mailand, führt nach ostkirchlichem Vorbild den wechselseitigen Psalmengesang auch im Westen ein und verfaßt selbst Volkshymnen in lateinischer Sprache, die stilbildend für die Entwicklung des Kirchenliedes werden. Evangelische Christen finden in ihrem Gesangbuch Nachdichtungen des »Deus creator omnium« (»Du Schöpfer aller Wesen«, Otto Riethmüller 1934), des »Splendor paternae gloriae (»Du Glanz von Gottes Herrlichkeiten«, Fritz Enderlin 1949), vor allem des »Veni redemptor gentium« (»Nun komm, der Heiden Heiland«, Martin Luther 1524). Der junge Augustinus hat sich von den eigensinnigen und evangelisch einfachen Hymnen des Ambrosius, den er verehrte und von dem er sich taufen ließ, zutiefst anrühren lassen.
Wir bringen hier als Beispiel den etwa 30 Jahre nach Ambrosius ganz in dessen Geist enstandenen Weinnachtshymnus »A solis ortus cardine« des Caelius Sedulius, und zwar in der meisterhaften Nachdichtung Martin Luthers:

Christum wir sollen loben schon,
der reinen Magd Marien Sohn,
so weit die liebe Sonne leucht'
und an aller Welt Ende reicht.

Der selig Schöpfer aller Ding
zog an eins Knechts Leib gering,
daß er das Fleisch durchs Fleisch erwürb
und sein Geschöpf nicht ganz verdürb.

Die edle Mutter hat geborn,
den Gabriel verhieß zuvor,
den Sankt Johann mit Springen zeigt,
da er noch lag im Mutterleib.

Er lag im Heu mit Armut groß,
die Krippe hart ihn nicht verdroß.
Es ward ein wenig Milch sein Speis,
der nie ein Vöglein hungern ließ.

Des Himmels Chör sich freuen drob,
die Engel singen Gott zu Lob.
Den armen Hirten wird vermeldt
der Hirt und Schöpfer aller Welt.

Lob, Ehr und Dank sei dir gesagt,
Christe, geborn von reiner Magd,
mit Vater und dem Heilgen Geist
von nun an bis in Ewigkeit.

Martin Luther 1524 nach dem Hymnus
»A solis ortus cardine« des Rechtsanwalts und Poeten Caelius Sedulius um 430.
Das Lied hat im Original 23 Strophen.

Die erste Strophe lautet in wörtlicher Übersetzung:

Von Sonnenaufgangs Himmelsstrich
bis an des Westens fernen Saum
laßt Christ, dem König, singen uns,
geboren aus Maria Magd.

Legenden aus den Legenden

»Neben dem erbitterten, auf hohem wissenschaftlichen Niveau stehenden christologischen Ringen der ersten Konzilien gab es für die Frömmigkeit des kleinen Mannes eine sich steigernde Produktion apokrypher Kindheitsevangelien. Nicht der Begriff, sondern das Bild, nicht die scharfgeschliffene Ratio, sondern die einfühlsame Emotio waren in der Vielzahl apokrypher Texte maßgebend« (Alfred Läpple).

So finden wir das christliche Weihnachtsfest umspielt von vielen apokryphen (= nicht in den Kanon des Neuen Testamentes aufgenommenen) Texten, von variierenden erweiternden, oft poetisch reichen Weihnachts-Legenden, die die Ur-Legenden des Matthäus und des Lukas in immer neuen Formen fortspinnen. Man hatte den Schluß des Johannesevangeliums – »Jesus hat noch viele andere Dinge getan. Wenn alles einzeln aufgeschrieben würde, die Welt könnte die Zahl der Bücher nicht fassen« (Johannes 21, 25) – wörtlich genommen. Und so trieb die Phantasie die Legende, wie Frits van der Meer sagt, von Persien nach Äthiopien, von Armenien nach den Balearen. Dabei konnte auch manches vordergründig, mirakelhaft geraten.

Indes, die Legende ist eine elementare Sprachform, eine Möglichkeit, die Welt in ihren vielfältigen Spektren, in ihrem Tiefsten zu fassen. Legende, das meint nicht etwas sagenhaft Unglaubwürdiges, das meint »Gleichnis der Wirklichkeit«.

Die Legende spiegelt Geschichte, aber dem Geschichtlichen gilt nicht ihr vorrangiges Interesse. Sie ist historisch nicht beglaubigt, aber sie schafft um einen historischen Kern herum etwas Neues, indem sie benennt und deutet. Am ehesten ist sie einem Bild des Expressionismus zu vergleichen, also einem »Innenbild«, mit dem inneren Auge gesehen, einem Bild, das nicht Sichtbares abbildet, sondern etwas sichtbar macht. Die christliche Legende ist Bekenntnis, »Urform menschlicher Aussage, die Übersinnliches konkret Gestalt gewinnen läßt, die das Göttliche näherrückt« (Walter Nigg). Die christliche Legende hat eine Botschaft an die Menschen. Wenn ihr dabei das Wunderbare selbstverständlich ist, sollte das nicht »verwundern«.

In Wirklichkeit haben
die apokryphen Kindheitslegenden
»im Altertum, im Mittelalter
und in der Renaissance
einen stärkeren Einfluß
auf Literatur und Kunst ausgeübt
als die Bibel.«

Oscar Cullmann

Am Anfang steht eine großartige, poetisch dichte, farbige Legendensammlung des 2. Jahrhunderts. Es ist das wiederholt erwähnte, bereits um 150 entstandene Kindheits-Evangelium eines sonst nicht näher greifbaren Jacobus, seit dem 16. Jh. Prot-Evangelium des Jacobus genannt (von »prŏ«, »vor« = es geht den biblischen Erzählungen zeitlich voran, erzählt z. B. von der Geburt und Kindheit der Maria). Da es aber, griechisch geschrieben, vermutlich in Ägypten entstanden, den Lebensweg der Maria zum Gegenstand hat – es gab zu dieser Zeit offensichtlich bereits einen entwickelten Marienkult –, nennen wir es konsequent »Marien-Evangelium«. Wenn auch vom Kirchenvater Hieronymus scharf angegriffen, im 4./5. Jahrhundert von den Päpsten Damasus und Gelasius sogar verworfen, erfreute sich das Marien-Evangelium des Jacobus dennoch, besonders im Osten, unter dem christlichen Volk größter Beliebtheit. Auf die spätere Mariologie hatte es einen großen Einfluß. Viele der bildlichen Marienzyklen des Mittelalters sind ohne Kenntnis des Marien-Evangeliums nicht zu verstehen.

In seiner Nachfolge entstand, erstmals in einer Handschrift des 8./9. Jahrhunderts belegt, das in verfeinernder Form ebenfalls Maria als Königin der Jungfrauen verherrlichende sogenannte Pseudo-Evangelium des Matthäus, das (eindeutig auf frühere Vorlagen zurückgehend) die Marien-Legenden noch stärker im Bewußtsein des Volkes verwurzelte und sie bis ins Zeitalter der Renaissance von nachhaltigem Einfluß auf Literatur und Kunst bleiben ließ.

Unter göttlicher Planung und Führung stand die Geburt des Christus Jesus. Das sollte immer wieder sichtbar werden. Visionär, traumhaft, wundergeleitet sind die dazu erfundenen Erzählungen. Es sind Geburtslegenden, welche die Menschwerdung Gottes mit einer Aura des Geheimnisvollen umgeben, auch, um dem Kind von Gott auf diese Weise überbietende Chancen zu verschaffen gegenüber der griechischen Götterwelt und den Gottheitsansprüchen römischer Kaiser.

Neben ausgewählten nacherzählten Texten aus dem Marien-Evangelium des Jacobus – »die ganze Darstellung ist eindrucksvoll, höchst anschaulich und zeugt von Diskretion, Innerlichkeit und Poesie« (Oscar Cullmann) – bringen wir einen Auszug aus dem hochpoetischen, ebenfalls im 2. Jahrhundert entstandenen lateinischen Kindheitsevangelium der Arundel-Handschrift, die 1927 erstmals publiziert wurde.

Der tiefste Sinn und Zauber dieser Erzählungen aber liegt darin, »daß alle göttliche Hoheit und alle menschliche Niedrigkeit des Menschensohnes in Ursprung und Art eines Kindesdaseins gebannt wird, – eines Kindesdaseins, das Engel geleiten und ärmliche Eltern hüten« (Ernst Lohmeyer).

Daß Glaube weiterhin geweckt, gefestigt werden kann, daß Hoffnung angesagt, Heil zugesprochen wird mit der Wahrheit dieser Christus-Kindheitslegenden, das haben die Dichterinnen und Dichter der Jahrhunderte erkannt. Was einstmals legendär sich entfaltete, haben sie über 2000 Jahre hinweg mit immer neuen Akzenten und Motiven aufgenommen, weitergesponnen, abgewandelt – bis in die Gegenwart hinein. Immer neue Wahrheitsaussagen haben sie einge-

Das Marien-Evangelium des Jacobus. Papyrushandschrift des 3./4. Jahrhunderts. Bibliotheca Bodmeriana, Cologny bei Genf. Seit dem 2. Jahrhundert beginnt man, beschriebene Papyrusblätter zu Codices zusammenzulegen.

bunden. Sie legten ihr Wunschdenken hinein, ihre geheimen Sehnsüchte, ihre theologischen Hoffnungen, ihre Utopien, aber auch ihre Fragen.
Keine anderen Texte der Antike sind in der Phantasie der Nachkommenden so vielfältig variiert, nach- und neuerzählt worden. Jede Zeit spiegelt sich dabei in ihren Weihnachtslegenden. Die Erzählerinnen und Erzähler der jeweiligen Epoche können nicht absehen von ihren jeweiligen Erfahrungen, von ihrem Denkgeschick.
Und darum darf dies eine gelten: Solange von Christus erzählt wird, solange wird es auch Legenden geben, die seine wunderbare Geburt je und je neu umspielen.
Und solange es diese Legenden gibt, wird es auch Menschen geben, die Wunder, Stern und den Lichtglanz Gottes auch vor den Schrecknissen einer jeweiligen Gegenwart nicht vergessen, die zusammen mit diesen Legenden ernst sein können, kritisch und gelassen, die mit ihnen zu lächeln vermögen und zu hoffen, daß eine Zeit begann, die nie mehr aufhört.

Friede dem Schreiber und dem Leser!

Mit diesen Worten beendet Jacobus sein Marien-Evangelium, das er am Anfang »Geburt Marias – Offenbarung des Jacobus« überschrieben hat.

Ein frühes *kirchengeschichtliches* Dokument zur Kindheitsgeschichte verdanken wir dem griechischen Philosophen und Christen Justin aus Flavia Neapolis in Palästina, der um 165 in Rom den Märtyrertod erlitt. Er hat in einer Apologie (Verteidigungsschrift) des Christentums einen Geburtsbericht hinterlassen, der interessante Nuancen zu den Kindheitsgeschichten des Matthäus und Lukas aufweist. Er sei deshalb hier mitgeteilt:

»Josef, der mit Maria verlobt war, hatte anfänglich Maria, seine Braut, verlassen wollen in der Meinung, daß sie infolge unehelichen Umgangs mit einem Manne schwanger sei.
In einem Gesicht hatte er jedoch den Befehl erhalten, sein Weib nicht zu entlassen. Der Engel nämlich, der ihm erschienen war, hatte gesagt: ›Vom Heiligen Geiste ist, was sie im Leibe trägt.‹
Nun hätte er sich gescheut, sie zu entlassen.
Er ging vielmehr mit ihr, als damals in Judäa die erste Censusliste unter Quirinius aufgestellt wurde, von Nazaret, wo er gewohnt hatte, hinauf nach Betlehem, woher er stammte, um sich dort aufzeichnen zu lassen, denn er war gebürtig aus dem Stamme Juda, welcher jene Gegend bewohnte.
Zugleich mit Maria erhielt er Befehl, nach Ägypten zu gehen und dort mit dem Kinde zu bleiben, bis ihnen in einer neuen Offenbarung gesagt würde, sie sollten nach Judäa zurückkehren.
Damals aber, als der Knabe in Betlehem geboren wurde, nahm Josef, da er in jenem Dorfe nirgends Unterkunft finden konnte, in einer Höhle in der Nähe des Dorfes Quartier.
Als sie an jenem Orte weilten, hatte Maria Christus geboren und ihn in eine Krippe gelegt.
Hier haben ihn die Magier aus Arabien gefunden.«

Verkündigung am Brunnen

Die Verkündigung am Brunnen. Mosaik des Chora-Klosters. Istanbul. 1315–1321.

Außer ihrem Sohn Jesus hat niemand sonst eine so zentrale Rolle in der christlichen Frömmigkeit und Ikonographie gespielt wie Maria. Von frühester Zeit an wollten die Gläubigen mehr über sie wissen als im Neuen Testament berichtet wird. Daher die apokryphen Schriften vom 2. Jahrhundert an, die versuchen, diese Lücke zu füllen. Ihr Ziel: die Verherrlichung Marias!

Am 25. März feiert die orthodoxe Kirche das Fest der Verkündigung an Maria (= das Fest der Empfängnis), errechnet auf neun Monate vor der Geburt Jesu am 25. Dezember. Folgt man dem Marien-Evangelium des Jacobus, so ist die Verkündigung am Brunnen eine Vor-Verkündigung (die eigentliche Verkündigung erfolgt dann im Haus): »Und sie nahm den Krug und ging hinaus, Wasser zu schöpfen. Und siehe, eine Stimme (für den Künstler die des Engels) sprach zu ihr ...«

Maria nimmt den Krug.
Sie geht hinaus, Wasser zu holen.
Da – die Stimme.
Maria hört es:
»Sei gegrüßt,
du Begnadete unter den Frauen.
Gott ist mit dir.«

Maria schaut auf.
Sie schaut nach rechts.
Sie schaut nach links:
»Woher kommt diese Stimme?«
Maria erbebt.

Maria geht zurück ins Haus.
Sie stellt den Krug ab.
Sie nimmt den Purpur.
Sie setzt sich und spinnt.

Und da, der Engel,
wieder ist er da ...

aus dem Marien-Evangelium
des Jacobus 11, 1

Der unter einer alten byzantinischen Kirche in Nazaret gezeigte Brunnen der Verkündigung. Quellwasser sprudelt dort heute noch.

Links: Wir sehen Maria in diesem Meisterwerk musivischer Kunst ganz in Blau, wie schwebend, den rechten Brunnenrand mit der Fußspitze nur berührend, wie sie, während die Rechte den Krug über der Brunnenöffnung hält, sich mit der geöffneten Linken und ihrem fragenden Gesicht ganz der sie ansprechenden Stimme zuwendet. Es ist der aus dem Goldgrund der Welt Gottes neben dem stürmisch bewegten Baum hinter der Mauer heranschwebende Engel mit Heroldstab, der ihr die Botschaft zukommen läßt.
Der dreistufige Brunnen symbolisiert lebendiges Wasser. So wie im Alten Testament Rebekka Elieser am Brunnen von Haran zu trinken gab (rechts von Maria mit purpurnem Dach das Gotteshaus des Alten Bundes), so wie im Neuen Testament die Frau aus Samarien am Brunnen sich mit Christus über den Quell lebendigen Wassers unterhielt (links von Maria der hoch aufragende Himmelsbau des Neuen Bundes), so gewährt Gott der Menschheit durch die Inkarnation seines Sohnes in Maria Zugang zum wasserspendenden Quell ewigen Lebens. Verständlich deshalb, daß Maria auch mit dem Beiwort »lebensspendende Quelle« geehrt wurde.

Josef findet Maria schwanger

Als Maria aber im sechsten Monat ist, da kommt Josef von seiner Arbeit, von seinen Bauten, heim ins Haus.
Er tritt ein. Er findet Maria schwanger.
Josef schlägt sich ins Angesicht. Er wirft sich auf die Matte. Er weint bitterlich. Er spricht:
»Wie kann ich noch aufschauen zu Gott, meinem Herrn, wie kann ich noch beten wegen dieses Mädchens!
Als Jungfrau holte ich sie aus dem Tempel. Wer hat mich hintergangen? Wer hat dies getan in meinem Haus?
Diese schlimme Tat, daß sie schwanger ist?«
Josef steht auf. Er ruft Maria. Er spricht zu ihr: »Du, die du von Gott umsorgt bist, warum hast du das getan?
Warum hast du Gott vergessen? Du warst doch im Allerheiligsten. Warum hast du dich so erniedrigt?«
Maria aber weint bitterlich: »Ich bin rein geblieben. Ich hatte mit keinem Mann zu tun.«
Josef sagt: »Und woher ist das Kind in deinem Leib?«
Maria sagt: »So wahr Gott lebt, ich weiß es nicht.«
Da ist Josef voller Schrecken. Er geht fort. Er denkt nach: Was soll ich nur tun mit Maria?
Wenn ich ihre Sünde verberge, das ist gegen Gottes Gesetz. Wenn ich ihre Sünde bekanntmache in Israel und sie wird getötet
– vielleicht ist das, was in ihr ist, von Engeln –, dann habe ich unschuldig Blut ausgeliefert ans Todesgericht.
Was soll ich nur tun?
Josef ist verzweifelt: Ich gehe weg, heimlich. Ich trenne mich von ihr.
Dann aber ist Nacht. Josef schläft. Er träumt. Im Traum ein Engel.
Der spricht: »Josef, fürchte dich nicht wegen dieses Mädchens. Das Kind, das sie erwartet, kommt von Gott, von Gottes Geist.
Es wird ein Sohn. Du sollst ihn Jesus nennen. Er rettet sein Volk von großer Schuld.«
Da steht Josef auf vom Schlaf. Er lobt den Gott Israels: »Du hast mir Gnade erwiesen!«
Und Josef behält Maria bei sich. Er schützt und behütet sie.

aus dem Marien-Evangelium des Jacobus 13, 1 - 14, 2

Eine höchst differenzierte Schilderung, die weit über die kargen Notizen des Matthäusevangeliums (1,18-21) hinausgeht. Wir werden hineingenommen in die verzweifelte Situation Josefs. Wir können ganz menschlich mitempfinden. Josef befindet sich wirklich in aussichtsloser Lage. Aber dann kommt der Engel ...
»Wenn Josef geglaubt hätte, daß Maria aus ehebrecherischem Samen schwanger geworden sei, hätte er sie keineswegs entlassen wollen, sondern sie dem Gesetz und der Todesstrafe überliefert, da er gerecht war. Aber er tat dies nicht« (Johannes Chrysostomos, 344-407).

Was wissen wir eigentlich von Josef? Im Neuen Testament findet sich kein von ihm gesprochenes Wort. Seine Lebensdaten sind unbekannt. Jüdische Zeugnisse machen deutlich, daß sein Beruf respektiert war: »Die Rabbinen sagen, ein Handwerker braucht sich vor den größten Gelehrten seiner Arbeit nicht zu schämen« (Robert Aron). Aber zwischen Maria und Josef steht »ein seltsames Schweigen« (Alfred Läpple). Dieses Schweigen wird nirgendwo aufgelöst.
Indes: Im Gegensatz zu Lukas spielt Josef bei Matthäus eine wichtigere Rolle. Durch Josefs Ahnenreihe ist Jesus Sohn Abrahams, Sohn Davids (Matthäus 1,1-17). Matthäus 1,19 nennt Josef einen rechtschaffenen, gerechten Mann, der einerseits dem Gesetz Genüge tun (er heiratet Maria nicht), andererseits Großherzigkeit walten lassen will (er gibt sie nicht öffentlicher Schande preis). Und dann kommt der Engel zu Josef, wieder und wieder ...
In den Bildern sieht man Josef vielfach als Greis. Da fällt es nicht schwer, die Jungfräulichkeit Mariens ungefährdet zu sehen. »Ob Josef wirklich ein alter Mann war, wie die Legende und die christliche Kunst meinen, steht dahin« (Jörg Zink).

Oft sitzt Josef abseits. Aber hier, im Bild aus Autun, hat der bärtige Mann wie im Bild des Egbert-Codex (vgl. S. 63) etwas kraftvoll Majestätisches. Er sinnt. Er schaut voraus. Er sieht den Sohn aus Gott in Maria. Das verleiht ihm eine hohe Würde. Es ist der Josef, der weiß, daß ihm die Flucht des Kindes anvertraut ist, die Rettung und auch die Rückkehr.
Auf den ganz alten Bildern der Christenheit fehlt Josef, weil Christus, dem Nur-Menschlichen entrückt, als Sohn des ewigen Vaters gezeigt werden soll. Seit dem Konzil von Ephesus (431) aber wird nicht nur die göttliche Mutterschaft Mariens, sondern auch Josefs Vaterschaft im Familienkreis stärker betont.
Er sitzt jetzt als Gemahl der jungfräulichen Mutter ihr und dem Kind gegenüber. So dürfen wir auch das Bild des Meisters Gislebertus verstehen, ein Bild, das zugleich in der einfachen, auf das Wesentliche hin reduzierten Darstellung das tiefe religiöse Empfinden der romanischen Epoche ausstrahlt. Im Marien-Evangelium des Jacobus hat Josef – von der liebevollen Begleitung Mariens auf dem Weg nach Betlehem an bis hin zur »kosmischen Stille«, die nur er erfährt – eine viel stärkere aktive Funktion.
Um der feinen Nuancen in den Entsprechungen, aber auch um der Unterschiede willen (eine mögliche Tötungsabsicht der Juden Maria gegenüber kennt das Evangelium nicht) lohnt es sich, die einfühlsame Darstellung des »Heliand«, dieser altsächsischen Stabreimdichtung, um 840 in Fulda geschrieben, die den Sachsen den Heiland »begreifbar« machen sollte, (in Auszügen) zuzuordnen:
»Da ward das Herz Josefs, sein Gemüt, betrübt. Er merkte, daß Maria mit einem Kinde ging. Nicht wußte er, daß das Weib sich immer bewahrt und behütet, nicht kannte er des waltenden Herrn gnädige Botschaft.

Sinnender Josef. Kapitell des Meisters Gislebertus. 1120-1130. Kathedrale St. Lazare, Autun.

Nicht wollte er sie da als Braut behalten, sie holen in sein Haus. Er begann da im Herzen zu sinnen, wie er sie verließe, ohne daß ein Leid ihr deshalb angetan würde. Nicht wollte er als ungetreu sie melden vor der Menge. Er bangte, daß ihr die Männer sonst das Leben nähmen …

Da begann der weise Mann, der gute Geselle, zu sinnen, wie er sie mit List verließe. Doch es war nicht lange danach, da kam zu ihm im Traum des Königs Engel, des Himmelsvaters Bote, und hieß sie ihn halten gut, sie minnen in seinem Gemüt. ›Nicht sei‹, sprach er, ›Marien gram, deiner trauten Maid! Sie ist ein treffliches Weib; mach ihr nicht harten Vorwurf! Du sollst sie halten wohl, ihrer warten in dieser Welt.

Bewahre das Verlöbnis hinfort, wie du es tatest, und halte euern Treubund fest! Nicht lasse es dir ein Leid sein, daß sie in ihrem Leibe trägt ein Kind, in ihrem Körper. Das ist gekommen von Gott, durch den heiligen Geist von des Himmels Aue; es ist Jesus Krist, das Kind Gottes, des Waltenden Sohn. Fürwahr, du sollst sie heilig halten. Nicht lasse dein Herz zweifeln, dein Gemüt dich beirren!‹«

Josef, seine Söhne und Maria

Maria spinnt den Purpurfaden für den Tempelvorhang. So erzählt es das Marien-Evangelium des Jacobus (10, 2). Die junge werdende Gottesmutter mit ihrem großen Nimbus läßt den Faden mit eleganter Bewegung durch ihre Hände gleiten. Das Kind in ihrem Leib (»der Gott im Bauche des Mädchens«, Kurt Marti) ist in einem Strahlenkranz sichtbar – als Hostie: »Freue dich, du Begnadete, du goldenes Gefäß für das göttliche Manna«, schrieb um 400 Epiphanias von Salamina. Josef, großen Angesichtes, schaut durch ein seitliches Rundbogenfenster in das kleine Gemach. Sein Blick ist erkennend, gläubig: »Es muß geschehen, wie Gott es will.«

Tafelbild, oberdeutsch um 1400. Staatliche Museen, Berlin.

Und eine Anordnung geht aus,
ein Befehl von dem Kaiser Augustus:
Alle Einwohner Betlehems in Judäa
sollen in Steuerlisten erfaßt werden.

Josef sagt:
»Ich will meine Söhne aufschreiben lassen ...
Was aber ist mit diesem Mädchen?
Was soll ich machen mit ihr?
Wie soll ich sie registrieren lassen?
Als meine Frau?
Da muß ich mich schämen.
Als meine Tochter? –
Aber das wissen doch alle in Israel,
daß sie nicht meine Tochter ist.

Gott muß es machen.
Es muß geschehen, wie Gott es will.«

Josef sattelt seine Eselin.
Er setzt Maria darauf.
Einer der Söhne führt den Esel.
Josef geht hinterher.

Sie nähern sich Betlehem.
Es sind noch drei Meilen.

Josef blickt Maria an.
Er sieht, daß sie traurig ist.
Er spricht bei sich selbst:
»Vielleicht macht ihr das Kind zu schaffen.«

Wieder blickt er Maria an.
Da sieht er Maria lachen.
Er spricht: »Maria, was ist das?
Einmal sehe ich dich traurig,
dann wieder lachend.«

Maria spricht:
»Josef, ich sehe zwei Völker,
ein Volk, das weint und klagt,
und ein anderes Volk,
das fröhlich ist und jubelt.«

Und sie kommen halbwegs.
Maria spricht:
»Josef, hebe mich herab von der Eselin.
Das Kind in mir bedrängt mich.
Es schmerzt mich.
Es will herauskommen.«

Josef hebt sie herunter.
Er spricht zu ihr:
»Wo soll ich dich hinbringen?
Wo kann ich deinen Zustand verbergen?
Die Gegend ist einsam.«

Josef findet dort eine Felshöhle.
Er bringt Maria hinein.
Er läßt die Söhne bei ihr.

Josef geht hinaus,
um eine Hebamme zu suchen
dort in der Gegend von Betlehem.

aus dem Marien-Evangelium des Jacobus
17,1-18,1

Elfenbeintafel aus der Kathedra des Erzbischofs Maximian. 546-556. Ravenna oder Konstantinopel. Museo arcivescovile, Ravenna (vgl. S. 144).

Die Elfenbeintafel aus der Kathedra (Bischofsstuhl) des Erzbischofs Maximian von Ravenna (546-556) zeigt im oberen Teil, wie der Engel Josef im Traum verkündet, das Kind sei vom Geiste Gottes. Jacobus hat vorher davon erzählt (vgl. Matthäus 1,20). Im unteren Teil wandelt der byzantinische Bildschnitzer das Jacobus-Evangelium ab: Er hat den Sohn, der die Eselin führt – der Witwer Josef hatte aus erster Ehe drei erwachsene Söhne – zum Engel gemacht. Es ist derselbe Engel mit dem Botenstab wie oben. Auch Josef geht nicht mehr einfach hinterher, sondern er stützt Maria, deren gesegneter Leib schwer auf der Eselin lastet. Liebevoll legt Maria ihren Arm um den bärtigen alten Mann, schönster Ausdruck ehelicher Verbundenheit. Alles ist Bewegung nach vorn. Eine einmalige Darstellung, die gegenüber der Knappheit des Lukasevangeliums ganz die Menschlichkeit des Jacobus-Evangeliums atmet. Maria muß nicht mehr laufen. Die Eselin, ihr Reittier, ist seit dieser Geschichte in die christliche Überlieferung eingegangen.

Einem besorgten Josef begegnen wir. Er hebt Maria auf den Esel. Er macht sich Gedanken über sie. Er sieht, daß sie traurig ist. Dann wieder lacht sie. Das beunruhigt ihn. Als die Geburt naht, hebt er sie vom Tier, sucht in der einsamen Gegend die Höhle für sie, macht sich auf – Lukas weiß nichts von solchen Dingen –, eine Hebamme zu suchen.

Aber Josef schämt sich auch. Er sucht Marias Zustand zu verbergen. Sind ihm Zweifel geblieben?

Jesus wird geboren – Stillstand der Natur

»Ich aber, Josef, ich gehe umher...
Ich gehe nicht umher...

Ich blicke hinauf in die Luft.
Ich sehe die Luft erstarrt.
Ich blicke hinauf zum Himmelsgewölbe.
Ich sehe es stillstehen.
Ich sehe die Vögel des Himmels.
Sie bewegen sich nicht.

Ich blicke auf die Erde.
Ich sehe eine Schüssel stehen.
Arbeiter sind darum gelagert.
Sie haben die Hände in der Schüssel.
Brotteig wollen sie kneten.
Aber sie kneten nicht.

Und die Kauernden kauern nicht.

Und die etwas aufheben,
die heben nichts auf.
Und die etwas zum Munde führen,
die führen nichts zum Munde.

Alle haben ihr Gesicht aufgerichtet –
nach oben.

Und seht: Schafe werden umhergetrieben.
Aber sie kommen nicht vorwärts.

Der Hirt erhebt seine Hand.
Mit dem Stecken.
Er will die Schafe schlagen.

Aber er schlägt sie nicht.
Seine Hand bleibt in der Luft.

Ich blicke zum Fluß,
ich, Josef.
Und die Mäuler der Böcke
sind über dem Wasser.
Sie wollen trinken, die Böcke.
Ihre Mäuler sind offen.
Aber sie trinken nicht.
Alles ist wie erstarrt ...«

Dann aber, es geschieht,
die Erstarrung ist vorüber.
Alles bewegt sich wieder.

Und seht, eine Frau, eine Hebamme,
kommt vom Gebirge herab.
Sie spricht zu Josef:
»Mann, wohin gehst du?«
»Ich suche eine hebräische Hebamme!«
»Bist du aus Israel?
Und wer ist die,
die in der Höhle ihr Kind zur Welt bringt?«

»Meine mir anverlobte Frau.«
»Sie ist nicht deine Frau?«
»Es ist Maria,
aufgewachsen im Tempel des Herrn.
Ich bekam sie durchs Los zur Frau.
Und doch: Sie ist nicht meine Frau.
Sie hat empfangen vom Geist Gottes.«
»Ist das wahr?«
»Komm und sieh!«

Und die Hebamme geht mit Josef.
Sie tritt an den Ort der Höhle.
Und seht, eine Wolke ist da.
Sie überschattet die Höhle.

Und die Hebamme spricht:
»Meine Seele erhebt sich.
Meine Augen sehen Wunderbares.
Für Israel ist das Heil geboren.«

Und die Wolke ist nicht mehr da.
Ein großes Licht ist da,
Lichtglanz von Gott.
Die Augen können es nicht ertragen.

Und dann ist das Kind zu sehen.
Es liegt an der Brust seiner Mutter.
Es trinkt.

Und die Hebamme schreit auf:
»Was für ein Tag,
heute, für mich.
So etwas habe ich nie gesehen.«

aus dem Marien-Evangelium des Jacobus 18,2-19,1

Eine einmalige Erzählung von großer literarischer Kraft und Schönheit mit überraschenden Momenten der Unwirklichkeit im ersten Teil. Eine Ich-Erzählung des Josef. Die Bibel kennt diese »kosmische Stille« nicht. Auch keine sonstige Überlieferung. Die Natur, Menschen, Tiere, alles hält inne angesichts des Mysteriums dieser unglaublichen Geburt. Zum Himmel blickt Josef: Das Gewölbe steht still. Und kein Vogel vermag mehr zu fliegen. Zur Erde schaut Josef: Erstarrt sind die Männer an der Brotteigschlüssel. Nichts vermögen sie zum Munde zu führen. Erstarrt sind die Schafe. Und der Hirte vermag sie nicht zu schlagen. Und die Böcke am Wasser haben die Mäuler geöffnet. Aber sie können nicht trinken.

Und dann ist da ganz plötzlich die Hebamme und eine lichte Wolke über der Höhle der Geburt – wer denkt da nicht an die Wolkensäule des Lichtes, in der Gott seinem Volk voranzog. Und die Hebamme tritt ein in die Höhle. Und sogleich erkennt sie ihren Herrn.

Tauet, ihr Himmel, von oben.
Ihr Wolken, regnet den Gerechten.
Tu dich auf, Erde,
und sprosse den Heiland hervor.

Jesaja 45,8

Die frühchristliche Gesellschaft war nicht düster. »Die Christen lebten aus einer wahrlich antiken existentiellen Freude heraus. An jenem Tage, so hatte der Prophet Joel (3,18) geweissagt, würden die Berge Süßigkeit träufeln und die Hügel von Milch und Honig fließen. Darum glaubten die Christen, daß in der Weihnacht alles einen Augenblick lang stocken werde – die Hände in den Schüsseln, die fressenden Tiere an den Trögen, die nach Luft schnappenden Fische überm Wasser, das Wasser selbst in den Flüssen, die Reisenden unterwegs, ja, das Firmament am Pol – und dann, daß alles entzückt, wie in einem universalen Neufrühling, weitergehe: der Tau benetze die ganze Welt, ein dichter Blumenteppich bedecke die Erde, die Felsen übergrünten sich mit Gras, aus den Rinden der Steineichen triefe Zimt, und der Sand der Syrte finge an wie Narde zu duften...« (Frits van der Meer).

»Schafe werden umhergetrieben, aber sie kommen nicht vorwärts.«
Illuminierte Initiale aus einer Handschrift der Biblioteca Apostolica Vaticana.

In der Nacht,
da Jesus geboren wurde,
verkehrte sich die Finsternis
in das Licht des Tages.

In der Nacht,
da Jesus geboren wurde,
seht:
alle Weinstöcke erblühten
im Lande Juda.

Jacobus de Voragine, Legenda aurea

Zwei Hebammen

In der späteren Überlieferung erhält die erste Hebamme den Namen Zelemi. Sie schreit auf, als sie die Geburt aus der Jungfrau erkennt. Sie glaubt. Salome aber, die zweite Hebamme – eigentlicher Hebammendienst ist gar nicht vonnöten –, ist voller Skepsis. Und so begibt sich die Mirakelgeschichte des Jacobus, an der sich das wundergläubige Mittelalter (zumal auch Jacobus de Voragine die Hebammengeschichte in die Legenda aurea aufgenommen hatte) in Darstellungen – wir besitzen bis hin zur Domtür in Hildesheim viele Skulpturen und Bilder – nicht genug tun konnte. Salomes Hand, als sie Marias Zustand konkret erfühlen will, verdorrt, »wie vom Feuer verzehrt«, und erst ihre Reue und ihr demütiges Gebet lassen ihr, engelgeleitet, durch das Kind Heilung zuteil werden. Und, wie wir es aus anderen Zusammenhängen im Evangelium des Markus kennen, es wird ihr geboten, das Wunderbare nicht weiterzusagen.
Die Bildtafel aus der Kathedra des Maximian zeigt alles: Ochs und Esel und den Stern, der das Licht in der Höhle symbolisiert, das gewickelte Kind in der Kastenkrippe, einen Josef, der staunend darauf zeigt – gerade hat er das Wunder der großen Stille erfahren –, Maria liegend mit schweren Brüsten und die zu Tode erschrockene Salome, die ihre erstarrte Rechte mit der Linken halten muß. 850 Jahre später wird ein großer flämischer Maler dies Motiv – nunmehr gotisch abgewandelt – noch einmal aufnehmen (vgl. S. 149).

Elfenbeintafel aus der Kathedra des Erzbischofs Maximian. 546-556. Ravenna oder Konstantinopel. Museo arcivescovile, Ravenna. Wahrscheinlich wurde der kostbare Bischofsthron von Kaiser Justinian an Maximian von Pola, der 546 zum Bischof von Ravenna geweiht wurde, gegeben. 1001 schenkte ihn Pietro Orscolo, der Doge von Venedig, an Kaiser Otto III., der jedoch anordnete, daß der Thron für immer in Ravenna bleiben solle.

Und die Hebamme – es ist Zelemi – kommt
heraus aus der Höhle.
Da begegnet ihr Salome.

Und die Hebamme Zelemi spricht:
»Salome, Salome,
ich habe dir etwas zu erzählen:
Nie hat es das gegeben:
Eine Jungfrau hat geboren.
Das ist gegen alle Natur.«

Und Salome spricht:
»So wahr Gott lebt,
wenn ich nicht meinen Finger hineinlege,
wenn ich nicht ihren Zustand untersuche,
so glaube ich nicht,
daß eine Jungfrau geboren hat.«

Und die Hebamme Zelemi geht hinein zu Maria.
»Lege dich bereit.
Es gibt einen Streit um dich.«

Und Salome kommt.
Sie untersucht Maria.
Und sie erhebt ein Wehgeschrei:
»Wehe über mich!
Wehe über meinen Unglauben!
Ich habe dem lebendigen Gott nicht vertraut!«

Und Salomes Hand
ist wie vom Feuer verzehrt ...

Und sie fällt in die Knie vor Gott.
Sie betet:
»Gott meiner Väter, denke an mich.
Laß mich nicht zum Spott werden
vor denen aus Israel.«

Und seht: Der Engel des Herrn –
vor Salome.
Er spricht:
»Gott hört auf dein Gebet.
Tritt herzu. Berühre das Kind!
So wird dir Heilung geschehen.«

Und Salome tut, wie der Engel sagt.
Sie spricht:
»Ich will dich anbeten, Kind.
In dir ist ein König geboren,
ein großer König in Israel.«

Und Salome wird geheilt.
Sie geht voller Freude hinaus aus der Höhle.
Gott hat sie wieder angenommen.

Und eine Stimme ist da,
Engel des Herrn:
»Salome, Salome,
sage nicht weiter,
was du gesehen hast,
verkünde das Wunderbare nicht,
bis er kommen wird nach Jerusalem,
der Knabe Jesus.«

aus dem Marien-Evangelium des Jacobus 9, 1-2

Dies sollst du dir merken,
denn es ist so wahr,
wie ich dich sehe und du mich siehst:
Nicht auf Lichter und Lampen kommt es an,
und es liegt nicht an Mond und Sonne,
sondern was not tut, ist,
daß wir Augen haben,
die Herrlichkeit Gottes zu sehen.

Selma Lagerlöf

Die Visionen der Birgitta von Schweden

»Ich sah eine schwangere Jungfrau von wunderbarer Schönheit, in einen weißen Mantel gehüllt und in eine feine Tunika. Bei ihr war ein ehrwürdiger alter Mann. Und sie hatten einen Ochsen und einen Esel. Sie traten in die Höhle ein, und der Mann kam, nachdem er die Tiere an die Krippe gebunden hatte, und brachte der Jungfrau eine brennende Kerze. Dann verließ er den Raum, um nicht bei der Geburt anwesend zu sein.

Hierauf streifte die Jungfrau ihre Schuhe von den Füßen, löste den Mantel und nahm den Schleier von ihrem Kopf. So blieb sie, nur mit der Tunika bekleidet. Ihre goldenen Haare fielen ihr lose auf die Schultern herab. Dann brachte sie zwei kleine leinene und zwei wollene Tücher hervor, von erlesener Schönheit und Feinheit ...

Und als alles vorbereitet war, kniete die Jungfrau andächtig in Gebetsstellung nieder, und ihr Rücken war gegen die Krippe gewendet. Ihr Angesicht aber war zum Himmel erhoben in der Richtung gegen Osten. Und sie stand auf. Und mit erhobenen Händen stand sie in Ekstase, verloren in Kontemplation. Und während sie so stand, sah ich das Kind in ihrem Schoß sich bewegen, und plötzlich gebar sie in einem Moment ihren Sohn, von dem ein unsagbares Licht ausstrahlte, so daß die Sonne damit nicht zu vergleichen war. Noch viel weniger gab das Kerzenlicht, das Josef ihr aufgestellt hatte, irgendeinen Schein. Das göttliche Licht verschlang das natürliche Kerzenlicht völlig ...

Ich hörte den Gesang der Engel, der überaus lieblich und süß war.

Als nun die Jungfrau fühlte, daß sie schon geboren hatte, betete sie das Kind sogleich an, neigte das Haupt, faltete die Hände und sprach mit großer Ehrfurcht: Sei mir willkommen, mein Gott, mein Herr, mein Sohn.«

Auf der Rückseite des bedeutsamen Bildes von Jan de Beer bezeichnet ein alter Zettel die Darstellung der Mitteltafel als »Die Christnacht«. Es ist eine Christnacht froher und stimmungsvoller Atmosphäre, aber auch vielfältiger Symbolik.

Wir sehen oben singende Engel um die gekrönte Himmelskönigin. Maria ist also wie in Grünewalds Bild S. 84/85 zweimal dargestellt. Wir sehen links musizierende, rechts staunende und anbetende Hirten, im Hintergrund die beiden Hebammen Zelemi und Salome, dahinter weitere herbeieilende Hirten. In der Ferne geschieht, winzig klein, die Verkündigung an Hirten, die um ein Feuer tanzen.

Der Stall ist einerseits ein armseliges Lattengerüst mit Vorhang über einer Katze, einem Herdfeuer, einem Tisch mit Teller und Krug, andererseits eine verfallende Renaissanceruine. Das beruht möglicherweise auf einer Erzählung der Legenda aurea, daß in der Christnacht in einem alten römischen Tempel die Säule des Romulus zerbrach; mit Sicherheit aber ist die Ablösung des Alten und der Beginn des Neuen Bundes gemeint, so wie der Prophet Amos ihn sah: »Der Herr sagt: Es kommt der Tag, an dem ich Israel in seiner alten Größe wiedererstehen lasse. Jetzt gleicht es einer eingestürzten Ruine, aber ich werde die Trümmerteile wiederaufrichten und die Risse vermauern« (Amos 9, 11). Der im Neubau befindliche helle Tempel links dürfte auf diese Amosweissagung zurückgehen, zumal die Brudermordszene im Giebelfeld oben ihn als alttestamentlich ausweist.

Aber ganz eindeutig: Das Bild ist den Visionen der Birgitta von Schweden verpflichtet. Die dem schwedischen Königshaus entstammende Mystikerin und Ordensstifterin (1302-1373), eine weitgereiste und gebildete Frau, hatte 1372 in Betlehem die oben in Ausschnitten wiedergegebene Vision, in der sie die Jungfrau ganz leicht und schnell und ohne Wehen gebären sah. Das Kind aber lag weiß und nackt auf der Erde in einem Licht und Glanz, dem das Sonnenlicht nicht gleichen mochte, geschweige denn das Licht der Kerze in der Hand des alten Josef. Und die Jungfrau betete das Kind in großer Demut an. Und da das Kind fror, nahm sie es an ihre Brust und wärmte es. Danach legte sie es in die Krippe, an die zuvor Josef Ochs und Esel angebunden hatte. Hirten kamen und auch die beiden Hebammen Zelemi und Salome.

Seit diesen Visionen der Birgitta kennt die Kunstgeschichte einen neuen ikonographischen Typ der Geburtsdarstellung: Die knieende Madonna im weißen (so in der Darstellung des Robert Campin S. 149), hier blauen Gewand mit offenem Goldhaar, die ein im Lichtfeld auf dem Boden liegendes nacktes Kind anbetet. Viele Maler der Folgezeit, u.a. Meister Francke, Hans Baldung Grien und Matthias Grünewald wurden von den Visionen der schwedischen Nonne inspiriert.

»Die entscheidende Neuerung aber ist die Lichtmystik« (Edith Neubauer). Der soeben geborene Erlöser ist »das eine Licht der Welt« (Augustinus). Die Nacktheit des Kindes (des Menschen) darüber hinaus aber ist einerseits Signal der beginnenden Renaissance mit ihrer Unbefangenheit gegenüber dem unbekleideten Körper. Andererseits verweist sie dem Glauben der Zeit gemäß, auf Unschuld und Sündlosigkeit der Mutter, denn Maria, von ihrer Mutter Anna »unbefleckt« empfangen – so die apokryphe Überlieferung –, unterlag nicht der Erbsünde der Stammutter Eva.

Jan de Beer, Anbetung der Hirten (Mittelteil eines Triptychons). Um 1520/25. Wallraf-Richartz-Museum, Köln. Im Vordergrund unten, wie die alte Überlieferung von der Geburt des Kindes in der Grotte unter dem Stall es gebietet, der aufgebrochene Boden.

Vom Kind aber gingen Strahlen aus

Als die Stunde näherkam,
erschien die Macht Gottes.

Und das Mädchen Maria schaute zum Himmel
und wurde wie eine Weinrebe.

Und schon begann das Heilsereignis.

Als aber das Licht hervorgekommen war,
betete Maria den an,
den sie geboren hatte.

Vom Kinde aber gingen Strahlen aus
wie die Strahlen der Sonne.

Und rein war das Kind
und liebreich anzuschauen.
Und es verbreitete Frieden.

In jener Stunde aber
Stimmen unsichtbarer Wesen:
Und die sagten: »Amen«.

Und das Licht wurde stärker und stärker.
Und es verdunkelte die Sonne.

Und Licht war in der Höhle,
helles Licht.
Und ein süßer Duft verbreitete sich.

So wurde das Licht geboren.
Und es war wie Tau,
der vom Himmel herabkommt.

Und der Duft in der Höhle
war stärker als aller Wohlgeruch von Salben.

aus dem lateinischen Kindheitsevangelium
der Arundel-Handschrift, 2. Jh.

Das Dijoner Bild des Robert Campin, des populärsten aller altflämischen Maler, der Lehrer Rogiers van der Weyden war, ist zugleich sein Hauptwerk. Berühmt durch die wundervolle einfühlsame Landschaftsmalerei im Hintergrund, berühmt durch die Dreiteilung von Geburt, Hirtenanbetung und Hebammenlegende (letztere in dieser Zeit nur noch selten im Bild), berühmt durch die künstlerische Verarbeitung von Luksevangelium, Marien-Evangelium des Jacobus und von Visionen der heiligen Birgitta von Schweden, berühmt vor allem durch seine großartige kunstvolle Ausführung –, ist es ein Höhepunkt der Tafelmalerei des 15. Jahrhunderts. Nach den Visionen der 1391 heiliggesprochenen Schwedin trägt Maria das weiße Kleid. Die Hände über dem nackten Kind, vor dem sie kniet (das Kind darf nackt sein, hat sie doch rein geboren), wird sie gleich anbetend zusammenlegen. Und dann wird sie das Kind mit zartem mütterlichen Mitgefühl an Brust und Wangen nehmen und in die Krippe betten.
Josef, gar nicht ins Abseits gedrängt, schützt die Kerze. Links oben geht die Sonne auf (es ist also nicht Nacht). Der vom Kind ausgehende Strahlenglanz aber ist stärker denn alles andere Licht.

Nun aber der originelle Bildteil ganz rechts: In prächtige gotische Gewänder gehüllt, sehen wir die beiden Hebammen aus dem Marien-Evangelium des Jacobus. Salome hält uns fast kokett ihre gelähmte Hand entgegen. Auf dem Schriftband über ihr steht, dem Sinne nach übersetzt: »Ich werde glauben, wenn ich es überprüfen (untersuchen) kann.« Im Schriftband des Engels über ihr ist zu lesen, was nach der Erstarrung der Hand gelten wird: »Tange puerum et sanaberis« – »Berühre den Knaben, und du wirst geheilt sein«.
Voll schwingender Poesie all das andere, die Dreierengel des Lobpreises, die drei Hirten der Anbetung, Ochs und Esel in dem zerbrechenden Stall unter dem Strohdach, das bereits ausfleddert.
Nicht zu übersehen ist, daß zwischen dem Text der Arundel-Handschrift und den Visionen der Birgitta von Schweden manche Gemeinsamkeiten bestehen.
Das Spezifische des Arundel-Textes aber ist seine große Zartheit, seine mystische Tiefe: Das Kind, Frieden verbreitend, als Licht geboren, gleichzeitig wie Tau vom Himmel herabkommend; die Mutter wie eine Weinrebe, und süßer Duft in der Höhle, stärker als aller Wohlgeruch von Salben!

Robert Campin (Meister von Flémalle, 1373/79-1444),
Geburt Christi. Um 1420. Musée des Beaux Arts, Dijon.

Das Fest der Feste

Weihnacht – ganz nahe

Ein ganzes Haus weihnachtet sehr

Da bin ich, lieber Freund,
um Ihnen, so gut es durch so viel Ferne geschehen kann,
zu dem mir ewig jungen Kindheitsfest die Hand zu schütteln.
Unten spielt meine Jüngste allerlei süße Melodien,
und im ganzen Haus weihnachtet es sehr.
Zwei Tage lang nichts als Kisten gepackt und Pakete gemacht
und Weihnachtsbriefe an alt und jung in alle Welt gesandt.
Ich habe diesmal nur meine zwei Jüngsten, die Gertrud und Dodo, zu Hause,
und morgen kommt aus Varel noch mein Musiklehrer.
Aber die breitästige zwölf Fuß hohe Tanne steht schon im großen Zimmer.
An den letzten Abenden ist fleißige Hausarbeit gehalten:
der goldene Märchenzweig, die Traubenbüschel des Erlensamens und große Fichtenzapfen,
an denen diesmal lebensgroße Kreuzschnäbel von Papiermaché sich anklammern werden,
während zwei Rotkehlchen neben ihrem Nest mit Eiern im Tannengrün sitzen,
feine weiße Netze,
deren Inhalt sorgsam in Gold und andere nach Lichtfarben gewählte Papiere gewickelt ist,
alles liegt parat,
und morgen helfe ich den Baum schmücken.

Theodor Storm an Gottfried Keller 22. 12. 1882

Immer noch Weihnachten

Lieber Freund!

Mir ist die ganze Zeit so nach Weihnachten zumute, und mir ist so, als müßte ich zu Ihnen kommen und Ihnen das sagen. Es ist solch ein wunderbares Fest, eins, das lebt und wärmt. Es ist ein Fest für Mütter und Kinder und auch für Väter. Es ist ein Fest für alle Menschen. Es kommt über einen und duftet nach Tannen und Wachskerzen und Lebkuchenmännern und nach vielem, was es gab, und nach vielem, was es geben wird.

Ich habe das Gefühl, daß man mit Weihnachten wachsen muß. Mir ist, als ob dann Barrikaden fallen, die man mühsam und kleinlich gegen so vieles und viele aufgebaut hat, als ob man weiter würde und das Gefäß allumfassender, auf daß darin jedes Jahr eine neue weiße Rose aufblühe und den andern zuwinkt und in sie hineinleuchtet und ihnen die Wange streicht mit ihrem Geschimmer und die Welt erfüllt mit Schönheit und Duft.

Paula Modersohn-Becker,
Brief an Rainer Maria Rilke

David Herrliberger (1697-1777).
Zürcher Ausruf-Bild von 1748.
Der Verkäufer bietet drei kleine Bäumchen mit Holzständern feil.
Titel des Bildes:
»Bäumli, Bäumli, Sanicklasbäumli«.

Vom Wort »Weihnacht«

Unsere deutsche Muttersprache hat für das Christfest, das in der lateinischen Liturgie »Nativitas Domini nostri Jesu Christi« heißt, das traute »Weihnacht« geschaffen. Es wird erstmals in der bayrischen Predigtsammlung »Speculum Ecclesiae« im zwölften Jahrhundert schriftlich erwähnt:

diu gnâde diu anegengete sih an dirre naht:
von diu heizet si diu wîhe naht.

»Weihe-Nacht« ist gleichbedeutend mit der anderen schönen deutschen Bezeichnung »Heilige Nacht«. Mag deshalb der Monat Dezember »Heilagmânôth« genannt worden sein? Dieser Ausdruck steht unter den deutschen Monatsnamen – »nomina mensium secundum thodiscam« – im Sanktgaller Codex 397, dem Vademecum jenes berühmten Grimalt, der im neunten Jahrhundert Erzkanzler Ludwigs des Deutschen und Abt von Sankt Gallen war. Nach dem Zeugnis Einhards hat Karl der Große persönlich »Heilagmânôth« geprägt: »Heiliger Monat«.

Eine gewisse Brücke zwischen »Heiliger Nacht« und »Weihe-Nacht« verdankt unsere Sprache um die Jahrtausendwende nicht zuletzt dem Sanktgaller Mönch Notker dem Deutschen. Noch spricht er zwar nicht von Weihnacht. Doch für die Übersetzung des lateinischen Wortes »sacer« – »das durch gottesdienstliche Handlung Geweihte und somit Gott Gehörende« – verwendet er mehrmals schriftlich das in der althochdeutschen Volkssprache gebräuchliche »uuîh« (geweiht). Christus, der Gesalbte, ist für ihn »geuuîeht«; das »Sanctuarium« ist ihm nicht nur das »Gotes hûs« (Gotteshaus), sondern häufiger das »uuîehûs« (das geweihte Haus). Von hier war der Schritt zur geweihten Nacht nicht mehr groß. Weih-Haus und Weih-Nacht sind einander verwandt. Die offizielle Einführung des Weihnachtsfestes im Frankenreich (und damit in dem Reichsteil, der später Deutschland hieß) geschah übrigens auf Beschluß eines Konzils in Mainz im Jahr 813 (Johannes Duft).

Franz Skarbina (1849-1910), Berliner Weihnachtszimmer 1892. Berlin Museum.

Christ-Baum – Lebensbaum

Freiheitsbaum der Französischen Revolution. Kupferstich des 18. Jahrhunderts.

Der Brauch, einen immergrünen Baum zu schmücken, geht auf die vorchristliche Zeit der »Zwölf Nächte« (25. Dezember bis 6. Januar) zurück. Am Tag der Wintersonnenwende (Jul-Fest) stellten die Germanen an ihren Häusern Bäume mit Kerzen auf, um die bösen Geister der Finsternis abzuschrecken. Diese Bäume galten auch als Fruchtbarkeitssymbole, als Zeichen des ewig sich erneuernden Lebens.

Eine frühe Notiz, die zeigt, daß der Baum im Zusammenhang mit dem christlichen Weihnachtsfest eine Rolle zu spielen beginnt, datiert aus dem Jahr 1419. Damals schmückte die Freiburger Bruderschaft der Bäckersknechte im Heilig-Geist-Hospital einen Baum mit Äpfeln, Birnen, Oblaten, Lebkuchen, Flittergold, gefärbten Nüssen und buntem Papier. Eine Deutung all dieser Kostbarkeiten blieb nicht lange aus: Zuckerwerk symbolisiere die süße Gnade Gottes, alles Goldene das Goldgeschenk der Weisen; der Apfel stehe für das Paradies, die Nuß für die Rätselhaftigkeit des Lebens: »Gott gibt dir die Nuß. Aber knacken mußt du sie selbst.« Bereits in der Ammerschweier Waldordnung von 1479 heißt es, daß zu Weihnachten kein Bürger mehr hauen darf »dann einen beume«. Aber erst 100 Jahre später, ab Mitte des 16. Jahrhunderts, begann man Christbäume in den Stuben aufzustellen. Aus dieser Zeit ist die älteste bekannte Fassung des Tannenbaumliedes erhalten: »O danne, du bist ein edler Zweig. Du grünest winter und die liebe sommerzeit. Wenn alle beume dürre sein, so grünest du, du edles dannebeumelein.«

Bezogen auf das Jahr 1605 gibt es schriftliches Zeugnis aus Straßburg: »Zu Weihnachten richtete man Tannenbäume in den Stuben auf. Daran hängte man Rosen, aus vielfarbigem Papier geschnitten, dazu Äpfel, Oblaten und Zuckerwerk.« Manche Behörden nannten das »Unfug«. Doch setzte sich der Brauch, die Tanne zum Christfest ins Zimmer zu holen (jetzt auch mit Kerzen) im 18. Jahrhundert bei Adel und gehobenem Bürgertum durch. Allgemeine Verbreitung fand der Baum zunehmend im 19. Jahrhundert. Mit den Auswanderern kam er nach Amerika und in andere überseeische Gebiete. Festsymbol auch für die »niederen Stände« wurde er nach dem deutsch-französischen Krieg 1870/71, weil der preußische König angeordnet hatte, im Kriegswinter in allen Unterständen und Frontlazaretten Christbäume aufzustellen. Diesen Brauch nahmen dann die Soldaten in ihre Familien mit. In jener Zeit klagte Gottfried Keller in einem Gedicht, daß ausgerechnet die Leute, die »nie mit Tränen ein Reis gepflanzt«, am eifrigsten die Bäume fällten. Den Baum für das Weihnachtsgeschäft zu »vermarkten« (u. a. öffentliche Bäume auf den Plätzen u. dgl.) blieb dann dem 20. Jahrhundert vorbehalten.

Die Wurzel Jesse ist ein Lebensbaum. Der Kreuzesstamm, an dem Jesus starb, wird in vielen Darstellungen mit sprießenden Blättern zum österlichen Lebensbaum. Im verheißenen neuen Jerusalem wächst der Baum des Lebens beiderseits eines Flusses. Er bringt zwölfmal im Jahr Frucht. Mit seinen Blättern werden die Völker geheilt (Offenbarung 22, 2).

Die immergrüne Tanne, Symbol langen Lebens, steht – vielen nicht bewußt – in der reichen Tradition der Lebensbäume. Sie steht in der Tradition der Welten-, Paradieses- und Unsterblichkeitsbäume.

In der Symbolik aller Kulturen rund um die Welt ist der Baum von Bedeutung. Dreh- und Angelpunkt der Welt, verbindet er als Weltachse, axis mundi, Himmel und Erde. Ist er doch der Erde verwurzelt und strebt zugleich mit seinen Zweigen dem Himmel entgegen, ein Symbol wiederum für das Streben des Menschen nach Vollkommenheit.

Genannt sei die Weltesche Yggdrasil der Germanen. Genannt sei der Bodhi-Baum, unter dem der meditierende Buddha die Erleuchtung fand. Genannt seien vor allem aus der biblischen Überlieferung die beiden Paradiesesbäume, der Baum des unvergänglichen Lebens und der Baum, dessen Früchte umfassendes Wissen verleihen (1. Mose 2, 8-9).

Bischof Hippolyt von Rom hat in einer frühchristlichen Osterpredigt einen solchen Baum beschrieben: »Dieser Baum ist von der Erde empor zum Himmel gewachsen. Er ist der feste Stützpunkt des Alls, der Ruhepunkt aller Dinge, die Grundlage des Weltenrunds. Er ist der kosmische Angelpunkt. Er faßt in sich zur Einheit zusammen die ganze Vielgestalt der menschlichen Natur. Er rührt an die höchsten Spitzen des Himmels und festigt mit seinen Füßen die Erde. Die ganze Atmosphäre dazwischen umfaßt er mit seinen unermeßlichen Armen.«

Unser immergrüner unsterblicher Weihnachtsbaum ist in seiner Lichterfülle ein glanzvoller Freiheitsbaum, ein Baum der Erlösung, ein Baum der Erkenntnis, ein Symbol für das Goldene Zeitalter. Seine Kugeln sind Äpfel des Paradieses. Seine brennenden Kerzen symbolisieren Christus als das Licht der Welt.

preise den glanz der weihnachtsbäume die freiheitsbäume geworden

Kurt Marti

Hugo Bürkner, Weihnachten im Wandsbecker Schloß 1796.

Der Kupferstich ist eine der anrührendsten Weihnachtsfeier- (Weihnachtsbaum-) Darstellungen aus der Zeit des späten 18. Jahrhunderts.
»Hoch oben am Weihnachtsbaum hing ein Apfel, so schön, so kunstreich vergoldet, wie kein anderer. Den holte er – Friedrich Perthes – plötzlich mit halsbrecherischer Kunst herab, und dunkel errötend gab er ihn zur nicht geringen Verwunderung der Anwesenden dem ahnenden Mädchen – Caroline Claudius.«

Dargestellt sind von links nach rechts der junge Verleger Friedrich Christoph Perthes (der spätere Schwiegersohn von Matthias Claudius), der Arzt Max Jacobi, Caroline, Rebecca und Matthias Claudius, die Grafen Christian und Friedrich zu Stolberg, sowie (sitzend) der Dichter Friedrich Gottlieb Klopstock. Eine Szene für sich: die Weihnacht der Kinder in dieser Zeit!

Wie Franziskus Weihnachten feierte

Giotto di Bondone (1267-1337), Fresko an der rechten Seitenwand der Oberkirche von S. Francesco in Assisi. 1296-1300. Ausschnitt.

1223 in Greccio: Es gibt die doppelte Überlieferung, die von der Weihnachtsfeier im Wald (Adolf Holl zeichnet sie kommentierend nach) und die von der Weihachtsmesse in der Kirche von Greccio. Letztere ist Gegenstand von Giottos Darstellung 70 Jahre nach dem Tod von Franziskus. Die Überlieferung dazu: Franziskus hatte in der Kirche die Krippe aufgebaut mit Ochs und Esel (hier ganz klein) daneben. Über der Krippe wurde am Altar – der Mönch rechts mit Stola ist offensichtlich der Priester – die Messe gefeiert. Franz diente als Diakon.

Da war da plötzlich das Kind in der Krippe. Franz kniete nieder, hob es heraus und weckte es aus seinem Schlummer.

Giotto zeigt, wie Christuskind und der bereits als Heiliger gesehene Franz (beide tragen den Nimbus) sich liebevoll ansehen. Der Priester gibt sich dieser Szene ganz hin. Ein Mann in blauem Gewand mit blauer Kappe (vielleicht Johannes, der adlige Herr von Greccio) ist tief im Gebet versunken. Zwei Mönche singen Lob. Durch die offene Tür dringen Gläubige (Frauen) herein.

Die theologische Bildaussage dürfte eindeutig sein: Das Kind hat mit dem am Altar gespendeten Brot des Lebens zu tun. Es *ist* das Brot des Lebens.

Nun wird die Krippe aufgestellt,
das Heu herzugetragen,
Ochs und Esel herbeigeführt.
Zu Ehren kommt die fromme Einfalt.
Man spürt den Wert der heiligen Armut.
Und die milde Demut greift ans Herz.
Ja, aus Greccio wird in dieser Stunde
gleichsam ein neues Betlehem.

Thomas von Celano (um 1190- um 1260), erster Biograph des Franziskus

Das neue Betlehem

Am 29. November 1223 bestätigte Papst Honorius III. die endgültige Franz-Regel. Damit war der dreijährige Papierkrieg mit der päpstlichen Kurie und den mit ihr konform gehenden Kräften unter den Minderbrüdern für Franz vorbei, und die Dämonen gaben für eine Weile Ruhe. Franz begann an Weihnachten zu denken.

Was ihm dabei eingefallen ist, als Manifestation seiner Innenwelt, hat durch die Jahrhunderte, alle Jahre wieder, nicht nur die Kinder beglückt.

Franz hielt sich damals in der Niederlassung bei dem Städtchen Greccio auf. Es gab dort eine abgelegene, kleine und dürftige Behausung, in der Franz öfter wohnte. Auch waren die Menschen von Greccio von Franz derart bezaubert, daß viele von ihnen wie Minderbrüder und Minderschwestern lebten, ohne deshalb die Welt (ihre Häuser und Familien) zu verlassen. »Sie gingen in die Religion hinein« (»intrauerunt religionem«), wie die Leo-Geschichten es ausdrücken, uns auf diese Weise einen seltenen und sicher authentischen Hinweis auf die ursprüngliche Gestalt der Franz-Genossenschaft gebend.

Deshalb ist die Weihnachtsfeier des Jahres 1223 nicht nur als Krippenandacht denkwürdig. Sie zeigt uns eine Versammlung von Menschen, die eine neue Art von Gemeinschaftlichkeit gefunden hatten, unter Verzicht auf die alten Hackordnungen und Standesunterschiede, nicht nur zu Weihnachten. Auch der adelige Herr von Greccio, ein gewisser Johannes, scheint unter dem Eindruck von Franzens Persönlichkeit seine Waffen an den Nagel gehängt zu haben, was für einen damaligen Ritter keine leere Geste war.

Zu ihm sprach Franz:

»Ich möchte mit euch allen die Erinnerung an jenes Kind feiern, das in Betlehem geboren wurde. Ich möchte seine Not, die es leiden mußte, mit meinen Augen betrachten, wie es in eine Krippe gelegt und auf Heu gebettet wurde, mit Ochs und Esel dabei!«

»Und wo soll die Feier stattfinden?«

»Im Wald selbstverständlich!«

Celano fährt fort:

»Es nahte aber der Tag der Freude, und aus Greccio wurde gleichsam ein neues Betlehem. Am Heiligen Abend kamen die Männer und Frauen aus der ganzen Gegend mit Fackeln und Lichtern zu der vorbereiteten Stelle, und auch die Brüder aus mehreren Einsiedeleien waren erschienen. Da stand eine Krippe, gefüllt mit Heu, auch ein Ochs und ein Esel wurden herbeigeführt.

Die Leute wurden bei dem neuen Geheimnis mit neuer Freude erfüllt. Der Wald erschallte von den Stimmen, und die Felsen hallten wider von dem Jubel.

Dann legte Franziskus, der Heilige Gottes, die Levitengewänder an und sang mit wohlklingender Stimme das heilige Evangelium. Danach predigte er dem umstehenden Volk von der Geburt des armen Königs. Er geriet dabei in solche Glut, daß er beim Aussprechen des Namens Jesus mit der Zunge über die Lippen fuhr, wie einer, der eben eine köstliche Speise genießt. Auch versagte ihm manchmal die gewöhnliche Sprache, so daß sich seine Stimme mitunter wie das Blöken eines Lammes anhörte. Während er so redete, erblickte ein Mann aus der andächtigen Gemeinde plötzlich in der Krippe ein Knäblein, das wie leblos dalag und von Franz aus seinem tiefen Schlaf aufgeweckt wurde.

Darnach nahmen die Menschen das Heu aus der Krippe in Büscheln nach Hause mit und gaben es den kranken Haustieren als Arznei, worauf die Tiere alle gesund wurden. Auch einige Frauen, die kurz vor der Entbindung standen, legten dieses Heu auf ihren Leib, und hatten dann eine glückliche Geburt. Später wurde an der Stelle der Krippe ein Altar errichtet und eine Kirche gebaut, zur Ehre des seligen Franz, damit dort die Menschen den Leib unseres Christus genießen können.

In der Weihnachtsgeschichte von Greccio ist alles vorhanden, in ursprünglicher Frische, was wir heute mit dem abgeschmackten Namen der Religion vergeblich einzufangen suchen. Eine relativ kleine, relativ homogene Gruppe von Menschen mit klaren und unerfüllten Wünschen.

Jemand von ihnen, freigestellt fürs Außeralltägliche, setzt vorübergehend das Gruppen-Ich frei, als kollektive Schwingung freudvoller Art.

Dabei treten einzelne Menschen spontan aus dem Alltagsbewußtsein heraus, fahren ab, flippen aus und verstärken dadurch die allgemeine Erregung.

Es gibt Heilungswunder.

Der Gesamtvorgang bleibt bei alledem strukturiert, und nachher sind alle erleichtert.

Sogar dem betulichen Celano, der mit dem Bericht von der Weihnachtsfeier von Greccio das erste Buch seiner Franz-Biographie enden läßt, geht bei der Niederschrift dieser Erinnerung das Temperament durch. Das letzte Wort dieses Manuskripts: Halleluja!

Adolf Holl

Laßt die Lindigkeit, die ihr erfahren,
kund sein allen Menschen, die ihr zählt.
Kündet fortan von dem Wunderbaren,
das in dieser Stunde euch beseelt.
Euer Gott ist unter euch getreten.
Segnend ist er euren Herzen nah.
Ja, in euren Taten und Gebeten
sei bezeugt, was euch von ihm geschah.

Jochen Klepper 1938

Das Epiphaniasfest

Um diese Zeit kommt Jesus aus Nazaret in Galiläa und läßt sich von Johannes taufen. Als er aus dem Wasser steigt, sieht er, wie der Himmel sich auftut, und der Geist Gottes kommt wie eine Taube auf ihn herab. Und er hört eine Stimme vom Himmel her sagen: »Du bist mein Sohn. Dir gilt meine Liebe. Dich habe ich erwählt.«

Markus 1, 9-11

Ein Fest der Geburt Christi gab es bis zum ausgehenden 3. Jahrhundert nicht. Noch Origenes (184-256) war der Meinung, es sei eine Sünde, den Geburtstag Jesu zu feiern, so als sei er ein König wie der Pharao. Die Kirche bekannte vor allem den gekreuzigten und auferstandenen Herrn.
Den Sonntag begingen die Christen seit dem 1. Jahrhundert: »Sie waren gewohnt an einem bestimmten Tage vor Sonnenaufgang zusammenzukommen und Christus als einem Gott im Wechselgesang Lieder zu singen«, so der Nichtchrist Plinius der Jüngere (62-114).
Bereits Anfang des 2. Jahrhunderts jedoch feierte die gnostische Sekte der Basilidianer in Alexandria am 6. Januar das mit dem Fest der Jordantaufe verbundene Lichtfest der Epiphanie (griechisch epipháneia = Erscheinung einer heilbringenden Gottheit). Im antiken Alexandria war dies der »Festtag der Geburt des Lichtgottes, des Aion-Helios aus der Jungfrau Kore, sowie das Fest der Heiligung des Wassers am Osiris-Tag und des Weinwunders des Dionysos« (Günther Ristow).
In Betlehem und Jerusalem verband sich das gnostische Lichtfest als Fest des siegreichen Aufgangs der Sonne in Christus dann mit der Magierhuldigung. Daraus entwickelte sich später im ganzen römischen Reich das Epiphaniasfest am 6. Januar als ausschließliches Fest der Anbetung durch die Weisen (im Mittelalter das Dreikönigsfest). Ursprünglich aber war die Magierhuldigung nicht nur mit der Taufe (Titus 3, 4-5: »Es erschien die Menschenfreundlichkeit und Herrlichkeit Gottes. Er hat uns zu neuem Leben gerufen durch das Wasser der Taufe und des heiligen Geistes«) verbunden – nach Apostelgeschichte 19, 4-6 begann die urchristliche Gemeinde auf den Namen Jesus zu taufen –, sondern auch mit der Kana-Hochzeit als einem Zeichen der aufscheinenden Herrlichkeit Christi. Die frühe Christenheit sah also Magierhuldigung, Jordantaufe und Kanawunder als Epiphanien, als Offenbarungen der Herrlichkeit des Gottessohnes.
Erst in Anlehnung an den zunächst noch von Kaiser Constantin geförderten Sol-Kult entstand Anfang des 4. Jahrhunderts ein selbständiges Fest der Geburt Christi, des »novus sol«. Im Konzil von Nicäa 325 wurde im Zusammenhang mit der Auseinandersetzung um die wahre Gottheit Christi die Lehre von der wunderbaren Menschwerdung Gottes in der Geburt zum aussagekräftigen Indiz.
So mag es nicht wundernehmen, daß die Tendenz, dafür ein offizielles Fest zu haben, zunahm. Schon 321 war der »Sonnentag« der Christen, der Sonntag, als wöchentlicher Ruhetag staatsoffiziell eingeführt worden. Nun ersetzte man das Jahresfest des Sol invictus, den 25. Dezember, durch den Geburtstag des neuen unbesiegten Sonnengottes Christus. Eine entsprechende Verordnung ist nicht bekannt. Doch ist in Rom im Jahr 333 ein öffentlicher Weihnachtsgottesdienst am 25. Dezember belegt. Bald war das Fest – Epiphanias war nunmehr davon abgetrennt – beliebt und volkstümlich. Der Mithraskult (25. Dezember als Geburtstag des Sonnengottes Mithras!) erlosch.
Das neue Datum drang dann nach Osten vor. 379 führte Konstantinopel die Feier der Christgeburt am 25. Dezember ein. Es folgten Syrien 386 und Ägypten 431. Später allerdings ging man hier im Osten – in Armenien, der ältesten christlichen Kirche, war die Tradition nie unterbrochen – auf das ursprüngliche Datum des 6. Januar zurück. Das Bild aus dem Fuldaer Sakramentar von 975 zeigt, daß die alte Überlieferung indes im Westen nicht verlorenging. Auch an der Stirnseite des Dreikönigsschreins im Kölner Dom ist es zu sehen: Neben der Anbetung der Könige ist die Jordantaufe dargestellt. Und noch heute ist die Taufgeschichte Leittext des Epiphaniasfestes.

Gerard David (um 1460-1523), Taufe Christi. Um 1505. Ausschnitt. Stedelijk Museum voor Schone Kunsten, Brügge.

Jordantaufe: Der Himmel öffnet sich. Gott spricht. Herrlichkeit Gottes wird offenbar. Kein Wunder, daß manche die Taufgeschichte des Markus mit ihrem zeichenhaften Offenbarungsbekenntnis des Vaters zum menschgewordenen Sohn als die »Weihnachtsgeschichte« des ältesten Evangelisten ansehen. Im Johannesevangelium ist der Täufer, eng verbunden mit dem Christushymnus, weihnachtlicher Lichtverkündiger. Er soll auf das Licht hinweisen (Johannes 1, 8). Nicht von ungefähr wird darum der Rufer in der Wüste, der Bußprediger, der unwürdige Wegbereiter, der Jesus (historisch unbezweifelt) taufte und der (ebenso historisch) unter Herodes Antipas enthauptet wurde, für die adventliche Verkündigung der Kirche in Anspruch genommen, gleichsam als eine Advents- und Weihnachts-Gestalt.

Vorauswissen wie Gleichzeitigkeit war für frühchristliche wie mittelalterliche Theologen und Maler unproblematisch. Die einmalige Darstellung verbindet die drei Texte der alten Epiphanie. Das ottonische Bild zeigt oben links die drei Könige mit ihren Gaben vor einer purpurgekleideten thronenden Theotokos, die mit herrscherlichem Zeigegestus einen Tribut entgegenzunehmen scheint. Der gleiche Gestus – die Parallelität ist bemerkenswert – bei dem kleinen Weltenherrscher auf ihrem Schoß. Josef, wissenden Auges, weist zur Kana-Szene hinüber, wo auf ähnlichem Thron mit schwellendem Sitzpolster neben derselben Maria der österliche Christus mit entsprechender Geste die Wandlung gebietet. Sein Blick geht zum Diener rechts, der zu wissen scheint, daß das Gefäß in seiner Hand, mit dem er die sechs Krüge gleich neu füllen wird, bereits Wein enthält. Unten der Speisemeister, der hier fragend nicht zum Bräutigam, sondern zu Christus selbst kommt. Der Tisch ist geheimnisvoll verhüllt. Die Trinkschalen darauf ähneln den Gabenschalen der Könige. Über der großen Initiale unten links sind die Worte »Epiphanias domini nostri Jesu Christi« deutlich lesbar. Rechts dann die Taufe mit der Taube auf dem Kreuznimbus des nackten Täuflings. Das strömende Jordanwasser scheint vom Himmel herabzukommen. Viermal hier der bekannte Gestus: Von oben aus dem Himmelssegment die Gotteshand, von links die im Bildzentrum schwebende Taufhand des Johannes, bei Christus einmal die zum Vater weisende Hand, zum andern die eingetauchte Hand, die anzeigt: Dies ist das lebendige Wasser von Gott!

Schmuckseite zur Epiphanie mit Bildern zu den drei Epiphanias-Leitgeschichten: Taufe Jesu, Weinwunder bei der Hochzeit in Kana und Anbetung der Könige. Fuldaer Sakramentar. Um 975. Niedersächsische Staats- und Universitätsbibliothek, Göttingen.

Die ganze Schöpfung verkündet's.
Die Magier verkünden's.
Der Stern verkündet es:
Seht, er ist da!
Der Himmel öffnet sich.
Die Jordangewässer schäumen.
Die Taube erscheint:
Dies ist mein lieber Sohn!

Ephraem, der Syrer (um 306-373)

Die Musik der Weihnacht

Es kommt ein Schiff, geladen

Es kumpt ain schiff geladen
recht uff sin höchstes port,
es bringt uns den sune des vatters,
das ewige wore wort.

Uff ainem stillen wage
kumpt uns das schiffelin,
es bringt uns riche gabe,
die heren künigin.

Maria, du edler rose,
aller sälden ain zwy,
du schöner zitenlose,
mach uns von sünden fry.

Das schifflin das gat stille
und bringt uns richen last,
der segel ist die minne,
der hailig gaist der mast.

Johannes Tauler (um 1300-1361)

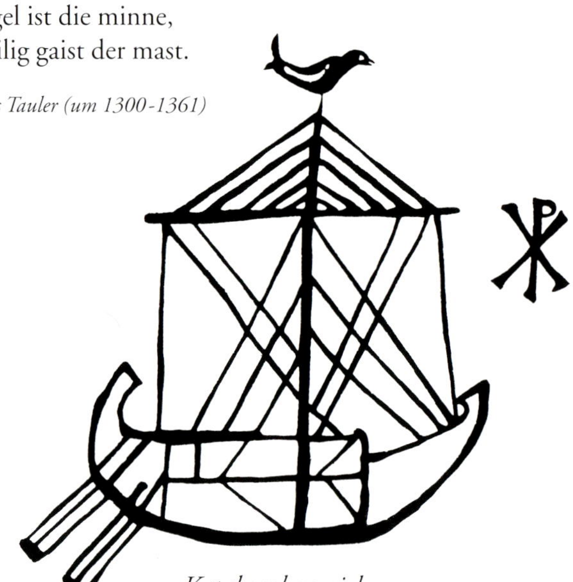

Katakombenzeichnung

Es kommt ein Schiff, geladen
bis an sein' höchsten Bord,
trägt Gottes Sohn voll Gnaden,
des Vaters ewigs Wort.

Das Schiff geht still im Triebe,
es trägt ein teure Last;
das Segel ist die Liebe,
der heilig Geist der Mast.

Der Anker haft' auf Erden,
da ist das Schiff am Land.
Das Wort will Fleisch uns werden,
der Sohn ist uns gesandt.

Zu Betlehem geboren
im Stall ein Kindelein,
gibt sich für uns verloren;
gelobet muß es sein.

Und wer dies Kind mit Freuden
umfangen, küssen will,
muß vorher mit ihm leiden
groß Pein und Marter viel,

danach mit ihm auch sterben,
und geistlich auferstehn,
das ewig Leben erben,
wie an ihm ist geschehn.

Daniel Sudermann um 1626

Das bekannte Adventslied verwendet Bilder, die sich in der Weihnachtsüberlieferung des neuen Testamentes so nicht finden. Das Symbol »Schiff« ist den Christen indes von Anfang an vertraut. »Unsere Zeichen sollen Tauben oder Fische sein, oder ein Schiff, das mit günstigem Winde fährt«, schreibt Clemens von Alexandrien (um 150-215). Zwei Schiffsdarstellungen leiten die christliche Ikonographie in den Katakomben und auf den römischen Sarkophagen ein: das Schiff, von dem aus Jona ins Meer geworfen wird, um dann doch wunderbar zu neuem Leben zu kommen, und die Arche Noah, die die Auserwählten Gottes aus der Weltenkatastrophe rettet.
Von hier aus wird die Sprachwendung Kirchen-Schiff verständlich. Hier ordnet sich auch das Oikoumene-Symbol der Gegenwart als Schiff der Weltgemeinde auf unruhigen Wellen unter dem Kreuz zu. Die abgebildete Katakombenzeichnung ist eindeutig Auferstehungssymbol. Sie verbindet die Taube als Sinnbild friedensgewisser Seelen, die zu Gott eingehen, mit dem Chi-Rho als dem Herrschaftszeichen des lebendigen Christus.

Die christliche Vorstellung von der Ankunft des göttlichen Kindes im Schiff ist, so scheint es, im Zusammenhang mit der mittelalterlichen Marienmystik entstanden: Alles Leben kommt über's Wasser, darum auch der Erlöser. Das bilderreiche Lied des Straßburger Mystikers Johannes Tauler jedenfalls gilt eindeutig Maria als der edlen Rose, der königlichen Herrin. Maria wird im Mittelalter auch als »stella maris«, als »Stern des Meeres« besungen (erstmals in einer Antiphon des 8. Jahrhunderts), wobei diese Bezeichnung vermutlich auf einen Abschreibefehler zurückgeht, denn der Kirchenlehrer Hieronymus (um 345-420) hatte Maria einst »stilla maris«, »Tropfen des Meeres«, genannt.
Bei Daniel Sudermann – er verwendet dieselben Bilder – ändert sich die Tendenz: Hier geht es um das göttliche Kind. Von Geburt an sieht es seinem Tod und seiner Auferstehung entgegen, wobei die Leser und Sänger des Liedes in dieses Geschehen einbezogen sind.

Die Fahrt der ägyptischen Maria nach Jerusalem.

Bildfenster (Ausschnitt). Kathedrale von Bourges, 14. Jh.

Nicht Maria, die Mutter Jesu, ist auf diesem geheimnisvollen Schiff zu sehen, sondern die ägyptische Maria aus Alexandrien, die einer frühchristlichen Legende zufolge gleich der Frau aus Lukas 7 als Prostituierte (nach 47 Jahren Buße in der Wüste) zu Christus gefunden hatte (um 270).

Gewählt wurde das farbkräftig leuchtende Glasbild – es ist von spiritueller Kraft –, weil es viel von der Stimmung des Liedes wiedergibt. Man mag in der Frau, die ihre Rechte auf den (schwangeren?) Leib legt, die mit der Linken das Schiff zu liebkosen scheint, durchaus auch die Maria sehen, die nach Strophe 1 des Liedes den Gottessohn voll Gnaden trägt. Still geht das Schiff im Triebe. Mit dem geblähten Segel der Liebe. Es trägt eine teure Last. Es hat ein Ziel.

Religionsgeschichtlich hat das Schiff, das die Gottheit trägt, eine reiche Tradition. In Ägypten kommt es als Barke der Götter. Ebenso lassen die meereskundigen Griechen das Schiff die Götter-Epiphanie tragen. Insasse des nordischen Götterschiffes mit dem Hammer als Mast ist der Gott Thor. Und der babylonische Gott Marduk fuhr von seinem Grabraum außerhalb der Stadt zur Stätte seiner Auferstehungsfeier mit einem Schiffswagen. Auch die Römer kannten den »adventus« von Göttern und Kaisern im Schiff. Der Saatgott Saturn, so die römische Legende, kam einst zu Schiff in Italien an, um dort das Goldene Zeitalter heraufzubeschwören. Im Jahr 40 v. Chr. erschienen in Gallien Bronzemünzen mit dem Doppelbild Caesars und Octavians, die auf der Rückseite das Adventsschiff Saturns und darüber einen Stern zeigten. Botschaft: Wie einst Saturn, so brachte jetzt Octavian Glück und Gedeihen nach Gallien. Und der Stern war der Adventsstern, der das Adventsschiff geleitete, die große Zeitenwende anzuzeigen: »Sieh, wie alles sich freut des kommenden Weltenjahrhunderts« (Vergil).

»Seinem Advent harren die Reiche entgegen«, heißt es, bezogen auf Augustus, in Vergils Aeneis. Und es gibt den Advent zu Pferde. Die Reisekaiser, vor allem Hadrian, prägten Münzen darauf. Die hier abgebildete Münze mit der Umschrift Adventus Augusti (Ankunft des Augustus) zeigt den Kaiser Decius (249-251), wie er mit grüßend ausgestreckter Hand in eine Stadt einreitet. Wer möchte sich da nicht der Ankunft des Königs Christus auf dem Füllen der Eselin in Jerusalem erinnern.

Singt Fried den Menschen weit und breit

Seit sie in Betlehem das »Gloria in excelsis deo, et in terra pax hominibus bonae voluntatis« sangen, sind die Engel aus der Musik der Weihnacht nicht mehr fortzudenken.

Engel mit Laute (1518) aus dem Englischen Gruß von Veit Stoß (1445-1533).

Lorenzkirche, Nürnberg.

Fröhlich soll mein Herze springen dieser Zeit,
da vor Freud alle Engel singen.
Hört, hört, wie mit vollen Choren alle Luft laute ruft:
Christus ist geboren.

Paul Gerhardt 1653

Vom Himmel hoch, o Engel, kommt. Eia, eia, susani, susani, susani.
Kommt singt und klingt, kommt pfeift und trombt.
Halleluja, Halleluja. Von Jesus singt und Maria.
Kommt ohne Instrumenten nicht, bringt Lauten, Harfen, Geigen mit.
Laßt hören euer Stimmen viel mit Orgel- und mit Saitenspiel.
Hier muß die Musik himmlisch sein, weil dies ein himmlisch Kindelein.
Die Stimmen müssen lieblich gehn und Tag und Nacht nicht stille stehn.
Das Saitenspiel muß lauten süß, davon das Kindlein schlafen muß.
Singt Fried den Menschen weit und breit, eia, eia, susani, susani, susani.
Gott Preis und Ehr in Ewigkeit.
Halleluja, Halleluja. Von Jesus singt und Maria.

Friedrich von Spee 1623

Ein Lied von Menschen und Engeln vernehme ich

Dieses Bild spiegelt die in der Renaissance wiederaufblühende Heiterkeit und Freude am Leben. Grundlage des Bildprogramms der Kanzel ist der Psalm 150:

Luca della Robbia (1400-1482), Posaunenbläser und Tanzende aus der Sängerkanzel (1431-1438).

Dommuseum, Florenz.

Lobet Gott in seinem Heiligtum,
lobet ihn in der Feste seiner Macht.
Lobet ihn für seine Taten.
Lobet ihn in seiner großen Herrlichkeit.
Lobet ihn mit Posaunen.
Lobet ihn mit Psalter und Harfe.
Lobet ihn mit Pauken und Reigen.
Lobet ihn mit Saiten und Pfeifen.
Lobet ihn mit hellen Zimbeln.
Lobet ihn mit klingenden Zimbeln.
Halleluja.

Psalm 150, 1-6

Singet und spielet dem Herrn
in eurem Herzen.

Brief an die Gemeinde in Ephesus 5, 19

Rühmt ihn mit festlichem Reigentanz.
Singt ihm zum Takt der Tamburine.
Ehrt ihn mit eurem Saitenspiel.

Psalm 149, 3

Alles singet und tanzet alle Welt,
halleluja, halleluja,
denn geboren ist
uns der Herre Christ,
aller Menschenwelt Erlöser.
Alles singet und tanzet alle Welt,
halleluja, halleluja.

Psallite

Es gibt Vertonungen von Lukas 2, die klingender Widerhall der kerygmatischen Anrede, tönender Inbegriff des Amen derer sind, die wie die Hirten das Evangelium gehört und ausgerichtet haben.

Walter Dignath

Jauchzet, frohlocket,
auf, preiset die Tage.
Rühmet, was heute der Höchste getan!
Lasset das Zagen,
verbannet die Klage, stimmet voll Jauchzen und Fröhlichkeit an!

Johann Sebastian Bach, Weihnachtsoratorium, Eingangschor

Man mag bei diesem Jubelchor die Worte Augustins mitschwingen hören:

Frohlockt,
ihr Schwachen und Kranken.
Es ist der Geburtstag des heilenden Arztes.
Frohlockt, ihr Gefangenen.
Es ist der Geburtstag des Retters.
Frohlockt, ihr Sklaven.
Es ist der Geburtstag des Befreiers.
Frohlockt, ihr Christen alle:
Es ist der Geburtstag Christi.

In seiner Calsov-Bibel notierte Bach am Rande von 2. Chronik 5,13 (120 Priester mit Trompeten setzten gleichzeitig mit den Sängern, den Becken und anderen Instrumenten ein, und alle miteinander priesen Gott mit den Worten: »Der Herr ist gut zu uns. Seine Liebe hört niemals auf.«) »Bei einer andächtigen Musik ist allzeit Gott in seiner Gnaden Gegenwart.« Dies dürfte jeder empfinden, der Bachs Weihnachtsoratorium von 1734/35 hört, eine Musik, in deren Arien die Erschütterung, die die dargestellten Ereignisse bewirken, aufgelöst, sowie mit lyrischen Melodien und ausdrucksstarken Rhythmen auf eine höhere Ebene gehoben wird. Genannt seien die Baßarie aus Teil 1 des sechsteiligen Werkes »Großer Herr, o starker König« mit der Zeile »Der die ganze Welt erhält, muß in harten Krippen schlafen« und die Baßarie aus Teil 5 mit der Zeile »Dein Wort soll mir die hellste Kerze in allen meinen Werken sein«.

Von elementarer, zugleich majestätischer Eindringlichkeit dieses Musikwerkes zur Weihnacht aber sind die auch in den Texten meisterhaften Choralvertonungen, nicht zuletzt »Ich steh an deiner Krippen hier« von Paul Gerhardt (1653) in Teil 6 oder »Das hat er alles uns getan«, Strophe 7 aus Martin Luthers »Gelobet seist du, Jesu Christ« (1524), in Teil 3:

Ich steh an deiner Krippen hier,
o Jesu, du mein Leben.
Ich komme, bring und schenke dir,
was du mir hast gegeben.
Nimm hin, es ist mein Geist und Sinn,
Herz, Seel und Mut, nimm alles hin
und laß dir's wohlgefallen.

Das hat er alles uns getan,
sein groß Lieb zu zeigen an.
Des freu sich alle Christenheit
und dank ihm des in Ewigkeit. Kyrieleis.

Was Roger Tellart im Hinblick auf die 70 Jahre ältere »Historia von der freud- und gnadenreichen Geburt Gottes und Marien Sohnes, Jesu Christi«, das Meisterwerk des alten Heinrich Schütz (1585-1672) von 1664 schreibt, dürfte gleicherweise von Bachs Weihnachtsoratorium gelten: »Es ist eine Offenbarung seiner lutherischen Inbrunst, des Weiteren das Streben, eine volkstümliche, fast einfältige Stimmung wiederzugewinnen, die die Glückseligkeit des liturgischen Festes und einen unwiederbringlichen Duft der Kindheit zu verbreiten imstande ist.«

Musizierende Rokokoengel (1749) von Gottfried Bernhard Goetz. Deckenfresko, Wallfahrtskirche Birnau (Bodensee).
Das Bild entstand kurz nach der Zeit, da Johann Sebastian Bach sein Weihnachtsoratorium komponierte.
Mit den Bach-Instrumenten Pauken, Trompeten, Cello, Viola (die Singenden fehlen nicht) musizieren die Engel gleichsam so etwas wie ein himmlisches Weihnachtsoratorium.

Stille Nacht, heilige Nacht

Ein Lied, das um die Welt geht

Stille Nacht, heilige Nacht!
Alles schläft, einsam wacht
nur das traute, hochheilige Paar.
Holder Knabe im lockigen Haar:
schlaf in himmlischer Ruh,
schlaf in himmlischer Ruh!

Stille Nacht, heilige Nacht!
Gottes Sohn, o wie lacht.
Lieb aus deinem göttlichen Mund,
da uns schlägt die rettende Stund,
Christ in deiner Geburt,
Christ in deiner Geburt!

Stille Nacht, heilige Nacht,
wo sich heut alle Macht
väterlicher Liebe ergoß
und als Bruder liebreich umschloß
Christ die Völker der Welt.
Christ die Völker der Welt!

Stille Nacht, heilige Nacht!
Hirten erst kundgemacht;
durch der Engel Halleluja
tönt es laut von fern und nah:
Christ, der Retter, ist da,
Christ, der Retter, ist da!

Josef Mohr 1818 (1838)

»Stille Nacht« ist vom Charakter her ein Pastorale, ein Hirtenlied im 6/8 Takt mit Punktierungen und einer ganz einfachen Harmonik. Franz Xaver Gruber, Lehrer und Organist in Oberndorf bei Salzburg, fand am Weihnachtsabend 1818, als ihm Josef Mohr, Koadjutor des Pfarrers, den Text übermittelt hatte, traumwandlerisch die Melodie, die einer jahrhundertealten Überlieferung von Hirtengesängen zu Schalmei und Dudelsack entsprach. Noch in der Christmette des gleichen Abends zum Klingen gebracht, breitete sich das Lied mit seinem friedvollen idyllischen (in manchen Passagen auch kitschigen) Text ungeahnt rasch aus. In viele Sprachen übersetzt, wurde es bald als »Tiroler Volkslied« allüberall in der Welt gesungen. Auch heute ist es noch für viele – gerade auch für Kirchenferne – Mittelpunkt der Christvesper am Heiligen Abend. Das gibt ihm eine eigentümliche Würde. Gleicherweise wirksam in allen Altersstufen, entspricht es offensichtlich der menschlichen Sehnsucht nach Ruhe, Frieden, nach einer heilen Welt – nach dem verlorenen Paradies. Neuerdings hat es auch einen festen Platz im Evangelischen Gesangbuch (EG 46) gefunden, leider ohne die vierte Strophe des ursprünglich 6-strophigen Liedes, die oikoumenische Strophe (»... und als Bruder liebreich umschloß Christ die Völker der Welt«). Die »Poesie einer glücklichen Hirtenwelt«, die dieses Lied mit seinem verhaltenen Charme in Wort und Ton spiegelt, hat auch die Kunstmusik inspiriert: Max Reger nahm es 1903 in seine Choralkantate »Vom Himmel hoch, da komm ich her« auf; es findet sich darüber hinaus in Arthur Honeggers »Cantate de Noël« und in der »Weihnachtsmusik« von Arnold Schönberg.

Geertgen tot Sint Jans. Geburt und Hirtenverkündigung. Um 1480-1495. London, The National Gallery.
Der Maler lebte als Laie im Orden der Johanniter in Haarlem. Er hatte ein besonderes Verhältnis zu Johannes dem Täufer.
Daher sein Name: »Der kleine Gerhard von St. Johannes«.

Christgeburt in den Kulturen

Bei den armenischen Christen

Die armenische Kirche, eine der ältesten der Christenheit – schon vor Constantin, im Jahr 301, wurde in Armenien das Christentum als Staatsreligion eingeführt – entwickelte eine eigenständige Kultur. Das Kreuz spielte darin eine große Rolle, aber auch die »jungfräuliche Maria als Mutter des einzigen Gottessohnes«. Der berühmte Bilderstreit, der von 726-843 das byzantinische Reich erschütterte, berührte Armenien kaum. In den Klöstern entstand eine reiche Bildkunst, die im 13./14.Jahrhundert ihren Höhepunkt erreichte. Diesem »Goldenen Zeitalter« gehört unser Bild an, das, gänzlich unkonventionell in der Komposition, von rhythmischer Farbigkeit (Rot beherrschend; Blau, Grün, Gelb spielen harmonisch hinein) nur so sprüht. Festlich, anmutig, märchenhaft, fröhlich und doch voller Ehrfurcht vor dem Mysterium der Menschwerdung Gottes, wirkt es fast orientalisch. Das Licht kommt dem Kind aus göttlicher Sphäre zu. In die Lichtbahn eingebunden ist der Stern. Maria sitzt, weist mit der Rechten auf den gewickelten Sohn mit großem Kreuznimbus, der über ihr zu schweben scheint. Ochs und (roter!) Esel sind ganz nahe; ja der Esel berührt das Kind mit seinem Maul. Drei Engel (Trinität! Dreifache Dimension des Gloria!) schauen – man sieht nur die Köpfe – aus einem Wolkengebilde hervor. Die drei Könige – einer barhäuptig, einer mit Krone, der dritte oben mit muslimischer Kopfbedeckung – kommen mit ihren kostbaren Gaben von rechts. Zwei nimbierte Hirten sind unter dem Sternenhimmel von links unten her unterwegs. Der eine bläst den aus ihren Hürden aufsteigenden Schafen – eins rot, eins grün – sein Flötenlied. Alles (Randleisten, Wickelbinden) ist reich ornamentiert. Man spürt dem mönchischen(?) Künstler die Lust am Ornament förmlich ab. Alles schwingt, ist von Heiterkeit und Freude durchflutet. Ein einmaliges Weihnachtsbild. Ein Geschenk an die Christenheit.

Geburt Christi. Evangeliar. 2. Hälfte des 14.Jahrhunderts. Jerewan, Matenadaran.

Heute ist das Fest der Geburt – o frohe Botschaft.
Heute gebar die Jungfrau – o frohe Botschaft –
den unsterblichen König – o frohe Botschaft.

aus der armenischen Weihnachtsliturgie

Bei den äthiopischen Christen

Josefs Traum. Flucht nach Ägypten. Äthiopische Buchmalerei. British Museum, London.

Seit neutestamentlicher Zeit waren die Länder Nordafrikas offen für die christliche Botschaft. Schon 330 – Kaiser Constantin lebte noch – nahm das alte Reich Axum (Vorläufer von Eritreia und Äthiopien) unter seinem König Ezana das Christentum als Staatsreligion an. Auch jüdische Glaubens- und Lebensformen (Feier des Sabbats, Beschneidung) wurden übernommen. Den Ansturm des Islam überlebte die äthiopisch-orthodoxe Kirche dank ihrer unzugänglichen Lage im Hochland. Die christliche Kunst der Äthiopier entfaltete sich – anders als in Schwarzafrika südlich der Sahara, wo man fast ausschließlich die Skulptur bevorzugte – in Malereien auf Kirchenwänden, auf Holztafeln (Ikonen) und in (heute noch) handgeschriebenen Büchern aus Pergament.

Unser Bild ist in seiner Komposition (2 Szenen) einmalig. Vorbilder gibt es weder im Osten noch im Westen.

1. Szene: Eine Dienerin ist im Spiel. Links oben erhält der Engel Weisung von Gott, Josef zu wecken. Der Bote – das Grün seines Flugels berührt das Grün des Baumes – fährt hernieder, berührt Josef, der auf einem Lager mit gelber Sternendecke, den Kopf aufgestützt, ruht, am Nimbus. Hinter Josef die Dienerin. Daneben Maria und das Kind. Alle haben die Augen geschlossen.

2. Szene: Die Familie ist jetzt unterwegs. Die Blicke gehen voraus. Josef, jetzt ohne Nimbus, barhäuptig, dicht an Maria, hat einen Stock (mit einer Last?) geschultert und eine kleine Tasche in der Hand. Maria trägt ihr Kind nach afrikanischer Sitte auf dem Rücken, hinter dem es hervorlugt. Kein Esel. Vielmehr hat die Dienerin weiteres Gepäck auf dem Kopf. Man weiß, was not tut, wenn es auf die Wanderschaft geht.

Die Schrift oben, wechselweise rot und schwarz geschrieben, ist Ge-ez, die altäthiopische Sprache, die heute nur noch in der Liturgie der äthiopischen Kirche Verwendung findet.

Die Farben, vorwiegend Gelb, Rot und Blau, verleihen dem Ganzen (wie im armenischen Weihnachtsbild) einen lichten, heiteren, ja, trotz des ernsten Anlasses sogar festlichen Charakter.

Bei schwarzafrikanischen Christen

Der liegende Engel beim Krippenkind. Ernest Chibanga, Ebenholzkrippe 1977 (Ausschnitt). Kirchengemeinde St. Johannis, Lüneburg.

Die Makonde, etwa fünfhunderttausend, sind in der gleichnamigen wasserlosen Makonde-Hochebene beiderseits des Ruvumaflusses (im Norden Tanzania, früher englisch, fortschrittlicher; im Süden Mosambik, früher portugiesisch, weniger entwikkelt) beheimatet.
Ihr kostbares Gebrauchswasser tragen oder pumpen sie die steilen Hänge vom Fluß herauf. Reichlicher Tau läßt eine karge Landwirtschaft zu.
Viele Makonde aber müssen sich Arbeit in anderen Ländern suchen. Daheimgebliebene arbeiten als Töpfer, Korbmacher, Weber, vor allem aber – solange sie zurückdenken können – als Schnitzer.
In diesem afrikanischen Volk, das so gern singt und tanzt, das dem Fremden, wie alle Armen in der Welt, gastfreundlich, offen, freigebig entgegenkommt, liegt eine außerordentliche schöpferische Kraft.
Dem Islam verschlossen sich die Makonde. Dem Christentum, vermittelt durch belgische Benediktiner, öffneten sie sich. Dennoch blieben matriarchalische Strukturen (der Bruder der Mutter ist die bestimmende Figur in der Familie; der Mann lebt im Dorf und in der Sippe der Frau) und alte religiöse Praktiken (kultische Feiern, Initiationsriten, Medizinmänner, bei den Frauen z.T. noch Lippenpflöcke) erhalten.
Der Makonde fürchtet den Tod nicht. Er sieht sich als Element in einem nie versiegenden fortlaufenden Strom der Lebenskraft. Er begreift sich als Teil der Schöpfung. Darum kann er mit Tieren und Bäumen so gut umgehen.
Die Schnitzer (es gibt überall unterschiedliche Begabungen) bevorzugen das schwer zu bearbeitende Ebenholz (in Mosambik ist es die mehr braun gemaserte Varies). Oft verdreht gewachsen, erregt dies Holz die Phantasie: Der Makonde beginnt zu meditieren, zu träumen. Er folgt dem Rhythmus des Holzes, zugleich dem, was durch ihn hindurchgeht. Er arbeitet mit ganz einfachem, oft selbst hergestelltem Werkzeug. Er arbeitet mit Hingabe, mit kaum erlahmendem Fleiß. Oft ist er auch Bauer, tauscht den Meißel mit der Hacke.
Was, vermehrt seit 25 Jahren, seit das Touristeninteresse einsetzte, entsteht, ist im christlichen Bereich Bildkunst von machtvoll-rhythmischer Bewegung, die vom Tanz geborgt scheint, expressionistische Kunst, in Europa den großen Bildwerken der Romantik und der Gotik vergleichbar. Was entsteht, sind eindrucksvolle Kruzifixe, Osterleuchter, mit Darstellungen aus AT und NT (Mose, Jona, Pessach, Abendmahl, Taufe, Auferstehung; immer auch die Bedrohung durch Dämonisches), vor allem aber riesige aus ganzen Baumstämmen geschnitzte Weihnachtskrippen (in Deutschland u. a. Beispiele bei den Steyler Mönchen in St. Augustin nahe Bonn, in der Johanneskirche Lüneburg oder in der Krippana nahe der belgischen Grenze bei Eupen). Anders als afrikanische Kunst südlich des Äquators sonst ist die Schnitzkunst der Makonde einzigartig in Stil und Reichtum, Weltkunst, angeschlossen an den Kosmos, so wie die Musik Bachs angeschlossen ist an den Kosmos.
Lüneburger Christen erwarben die Weihnachtskrippe des Makonde-Künstlers Ernest Chibanga 1979. Dem erstaunten Besucher der Johanneskirche tut es sich auf: Ein langgestreckter, in seiner Form völlig erhaltener Ebenholzstamm ist über und über bevölkert mit herausgeholten glattpolierten ebenholzschwarzen Figuren. Zu sehen sind das Kind im Stroh, Maria und Josef, die das Ereignis nicht fassen können, anbetend knieende Hirten, Könige, aus ihrem Schlaf erwachend, Herodes, mächtig, bedrohlich aufgereckt (zu seinen Füßen der Stern). Vor allem aber die Botenfiguren, die großen Engel, die betenden Engel, der Engel mit der tönenden Posaune und – wo gibt es das sonst noch? – der an der Krippe *liegende* Engel mit den weitgebreiteten Flügeln. »Gott wird Mensch, dir Mensch zugute«, dir Mensch in aller Welt, nicht zuletzt dir Mensch in Schwarzafrika. Den Schwarzen, wer möchte es anders denken, ist das Kind ein schwarzer Gottessohn.

Bei indonesischen Christen

In eine tropische Landschaft, in der Reisfeldterrassen und üppig grünende Büsche den Hintergrund bilden, sehen wir uns versetzt. Man spürt förmlich den heißen Hauch der Luft. Die leichte Bekleidung der Figuren erhöht diesen Eindruck. Ketut Lasia, der balinesische Maler und Christ inmitten einer hinduistisch geprägten Umwelt, führt uns in seine heimische Landschaft.

Kuhhirten, balinesische Reisbauern, sind zur Krippe gekommen und in die Knie gefallen. Der mit dem Stirnband blickt verwundert fragend, der mit dem Hut betet an. Die Tiere haben sich zwischen Grünpflanzen, einem Futterkorb und einer Wasserschale gelagert. Ihre wachen Augen scheinen zu sagen, daß sie etwas ahnen von dem großen Geheimnis dieser Geburt. Es ist, als hätten sie ihre Behausung, den Stall, gern zur Verfügung gestellt.

Über das schwellende Grün in der Futterraufe ist eine Decke gebreitet. Darauf liegt das Kind. Gelöst liegt es da, die Arme locker, wie segnend ausgebreitet. Es ist nackt. Über seinem Kopf zeigt sich eine hellgelb strahlende Blüte, die einzige auf dem Bild. Maria im indonesischen Sarong hebt mit ihrer Linken die Decke ein wenig an. Ihre Rechte liegt über dem Herzen. Alles, was da von den Hirten gesagt wird, bewahrt sie ganz tief innen.

Der junge Josef, knieend wie alle, berührt behutsam das Krippenbett, zeigt damit seine Nähe zum Kind, zu dem Geburtsgeschehen, an. Die Krippe wiederum berührt den tragenden Hauspfosten, der ein lebender aus dem Dachfirst heraus seine Krone entwickelnder Baum ist. Es ist der Baum des Lebens, der Weltenbaum, hinaufreichend in den Kosmos.

Ein stilles Bild hat Ketut Lasia hier geschaffen, ein Bild, in dem die Farben Grün, Hellbraun, Gelb, Blau, Weiß und Rot zart miteinander spielen.

Weihnachten in den Reisfeldern. Ketut Lasia, Bali.

Eine intime Szene tut sich auf. Sofort ist deutlich: Im Hochland der Anden kommen keine Könige zu dem Kind. Es sind Hirten, die Ärmsten der Armen. Vorn sind Ochs und Esel abgebildet, wie die christliche Überlieferung es auch den Peruanern, die zu nahezu 100 Prozent Christen sind, gebietet. Doch das eigentliche Bezugstier der Andenbevölkerung ist das Lama als Lastenträger, als Milch- und Wollieferant.

Warm gekleidet sind die Hirten – das Hochlandklima ist rauh. Der anbetend-knieende junge Hirte links und der ganz alte Hirte rechts tragen ohrenbedeckende Wollmützen. Dem dritten, staunend verharrenden Hirten – er trägt einen Hut – legt der alte Hirt vertrauensvoll die Hände auf Schulter und Arm.

In der Dreizahl der Hirten spiegeln sich – behutsame Andeutung des Künstlers –, ebenso wie in ihren drei Lebensaltern, die drei Könige.

Mit der Kraft bäuerlicher Kunst ist diese Lehmkrippe geformt und gebrannt und dann mit vorwiegend braunen und weißen Farbtönen dekorativ bemalt. Staunen spiegelt sich, innige Frömmigkeit. Ein wissender Josef hält dienstbar ein Trinkgefäß bereit. Maria wendet sich mit liebevollen Gesten dem Kind zu. Dieses aber, in Vorderansicht, ebenfalls durch eine Wollmütze geschützt, mit hintermaltem Nimbus, bildet mitten in dem breiten einbrechenden Lichtstrahl eindeutig das Zentrum.

Lehmkrippe aus Peru. Um 1990.

Sehnsucht nach der Krippe aus Lehm

O, möchte es mir doch gestattet sein, jene Krippe zu sehen, in welcher der Herr einst lag!
Jetzt haben wir Christen ehrenhalber die aus Lehm gefertigte Krippe entfernt und durch eine silberne ersetzt.
Aber für mich ist jene, die man fortgeschafft hat, wertvoller.
Ich verachte nicht diejenigen, welche der Ehre wegen die silberne Krippe aufgestellt haben,
wie ich auch diejenigen nicht verachte, die für den Tempel goldene Gefäße angefertigt haben.
Aber ich bewundere den Herrn, der, obwohl Weltenschöpfer, nicht zwischen Gold und Silber,
sondern auf Lehm geboren wurde.

Hieronymus (um 345-420)

Bei den Muslimen

Marjam und Isa, die muslimische Erzählung von der Geburt Jesu

Marjam heißt das junge Mädchen, Marjam, die Dienende. Sie ist von Allah auserwählt. Sie ist ganz rein.
Kein Mann hat sie berührt.
Marjam geht fort von ihren Eltern. Sie wandert weit, nach Osten.
Wie ein Vorhang ist es zwischen ihr und den Ihren.
Und da, wie sie geht, vor ihr ein junger Mann, schön von Gestalt und Angesicht. Ibril ist es, Gabriel, der Engel.
Marjam erschrickt. »Bitte tu mir nichts. Allah wird mich beschützen!«
Sie hat den Engel nicht erkannt.
Er aber spricht: »Ich bin Ibril, der Bote. Ich komme von Allah. Ich bringe dir gute Nachricht: Einen Sohn wirst du bekommen, Marjam.
Er wird den Menschen etwas zeigen. Er wird ein Zeichen sein.«
Marjam spricht: »Wie soll das gehen? Kein Mann hat mich berührt.«
Er spricht: »Allah hat es beschlossen. Allah wird es bewirken. Nichts ist unmöglich für Allah. Er spricht: ›Es sei!‹ – Und es ist.
Und Isa, dein Sohn, wird Freude bringen. Barmherzig wird er sein.«
Und wie Ibril es sagte, so geschieht es. Marjam empfängt einen Sohn.
Neun Monate vergehen. Und Marjam ist an einem entlegenen Ort, weit weg, wo niemand sie kennt.
Da setzen die Wehen ein.
Ein Baum ist dort, eine Dattelpalme.
Und Marjam spricht zum Baum: »Ach wäre ich doch vorher gestorben und ganz und gar vergessen.«
Verzweifelt ist Marjam. Sie ist untröstlich. Sie hat keinen Mann für ihr Kind.
Da, eine Stimme, wie von unten herauf, Ibrils Stimme:
»Sei nicht traurig! Sieh, dort fließt Wasser! Und schüttle den Stamm.
Dann fallen Datteln auf dich herab. Dann iß und trink und sei fröhlich!«
Und Marjam schüttelt die Dattelpalme.
Da hat sie herrliche Früchte. Und sie ißt und sie trinkt von dem sprudelnden Wasser.
Und dann bringt sie ihr Kind zur Welt, Isa, das Jesuskind.
Und sie wickelt und pflegt es und gibt ihm zu trinken.
Marjam freut sich, denn sie weiß: Dies Kind ist der Sohn der Wahrheit.
Doch sie werden sich streiten seinetwegen.
Marjam weiß: Allahs Sohn ist er nicht. Denn Allah ist der eine Gott.
Er hat keinen Sohn. Aber wenn er etwas beschließt, so spricht er »Es sei!« – Und es ist.
Marjam ist guten Mutes: Sie hat Isa geboren, den Sohn der Wahrheit.

Nach dem Koran. Sure 19, 16-26, 34-35

Marjam schüttelt die Palme.
Geburt Jesu nach dem Koran, Sure 19. Qisas Al-Anbia. 16. Jh. Sehr schön zeigt das Bild die für jeden Muslimen immer gegenwärtige Wüstenzone – dagegen das weiß und grau aufsprudelnde Wasser. Marjam mit Kopftuch ist wie eine reiche Muslimin gekleidet. Das Kind, fest verschnürt (!), liegt in einem Flammenfeld auf dem Boden.

Bei den Hindus

Darstellung im Tempel. Gemälde eines unbekannten Hindukünstlers. Indien, 1. Hälfte des 17. Jahrhunderts.

Religiös tolerante Mogulherrscher des 17. Jahrhunderts im nördlichen Indien haben von christlichen Missionaren die Botschaft des Lukasevangeliums gehört. Eine besondere Vorliebe für die Weihnachtsgeschichten ist entstanden. Hindukünstler bei Hofe malen dazu Miniaturen, ganz frei. Aus diesem Umkreis stammt das Bild.

Die Personen, die sich dem Kind zuwenden, »sind frei aus den Evangeliengeschichten ausgewählt und stellen vermutlich den alten Simeon, die Prophetin Hanna und hinter Maria den Apostel Johannes dar« (Hans-Ruedi Weber).

Simeon, der, erfüllt vom Geiste Gottes, auf die Rettung Israels wartete, ist hier ein schöner älterer Mann mit weißem Haupthaar und Bart. Er rafft einen Vorhang (den Tempelvorhang?) beiseite und gibt so den Blick auf die Szene gewissermaßen frei. Neben ihm die Prophetin Hanna, die laut Lukas hinzukommt, um Gott zu loben. Sie hält eine Traube (gleich der Traube in der Schale rechts) – wohl als Gabe für das Kind – in der Hand. Ihr Blick geht zu Maria. Mit ihrem Gesicht aber ist sie dem vertrauend aufschauenden Kind ganz nahe. Beide, Simeon wie Hanna, sind einfach gekleidet, wirken wie wohlgelittene Hofbedienstte in höherer Stellung.

In der Mitte vor dem dunkel getönten Hintergrund mit groß aufscheinendem Nimbus, mit kostbaren Ohrclips unter dem schwarzlockigen Haar, mit reichem Perlenschmuck um Hals und Hand, mit sechs Ringen an den Fingern, ja mit rotlackierten Fingernägeln: Maria. Sie allein trägt den Nimbus. Sie ist die Hauptfigur. Sie ist ganz und gar Fürstin.

Auf der Stirn trägt sie, wie der junge Josef, neben ihr, das Zeichen ihrer Hindukaste. Lässig hingelehnt, hat sie ein großes Umschlagtuch – die Blöße ihres sonst nackten Sohnes damit deckend – um sich geworfen. Das schwer wirkende Kind hält sie dennoch mit leichten Händen. Ihr Kopf ist geneigt. Ihr Blick geht zu der dargereichten Blume.

Angedeutet ist eine delikate Raumausstattung: ein bemalter Wandteil, eine Nische mit gläsernem Fläschchen oben, unten die korbgeflochtene Schale mit Früchten. Alles atmet Kultiviertheit, höfischen Geist, Sensibilität. Dem Hindukünstler war es schwer vorstellbar, daß ein Gott, der auf die Erde kommt, nicht unter den Zeichen höchster Pracht erscheinen sollte.

Weihnachten an einem indischen (muslimischen) Hof des 17. Jahrhunderts – ein behutsam behütetes Miteinander in einer scheinbar heilen Welt.

Jede Kultur in jeder Zeit findet ihren eigenen Ausdruck.

Hinzuzufügen ist, daß eine andere Deutung die Person links vorn mit Kopftuch männlich und dann in den drei umgebenden Figuren (drei Lebensalter!) die drei Weisen – zwei davon mit Gaben – sieht.

Bei den Buddhisten

Geburt Christi mit Tieren.
Bild aus Sri Lanka. Um 1990.

Die buddhistische Legende erzählt: Es hatte der Königin Maya geträumt – in einem Traum voller Wonnen –, ein Prachtelefant, strahlend wie Schnee und Silber, sei in ihre Seite eingegangen.
Und als sie nach zehn Monaten die Geburt nahen fühlte, bat sie ihren Gemahl, sie zum Lumbini-Hain, den sie schon als Kind geliebt hatte, bringen zu lassen. Und dort, zur Zeit des Mai-Vollmondes, gebar sie, sich an einen Ast lehnend, ohne Wehen – in einem Augenblick unter Bäumen, Blumen, Vögeln und Bienen. Ein Licht durchstrahlte die Welten, und die Erde erzitterte, als der Sohn aus ihrer Seite hervorkam.
Zurück im Palast, traten die weisen Männer, die Brahmanen, herzu und sagten:
»Ein großer Mann wird der Prinz werden, ein weltbeherrschender König, in dessen Reich Gerechtigkeit wohnt. Er wird der Welt ein neues, ein besseres Gesetz geben. Er wird ein Friedensreich aufrichten bis zur Grenze des Weltmeeres. Alle Völker werden glücklich sein unter seiner Herrschaft.«
Und am fünften Tag nach der Geburt ließ der Vater Shuddodana die Zeremonie der Namensgebung ausrichten. Und das Kind erhielt den Namen Siddharta, »der das Ziel erreicht«.
Und der ehrwürdige Einsiedler und Seher Asita kam und nahm das Kind auf seine Arme und sprach: »Er wird ein Buddha sein, ein Erleuchteter. Er wird das Rad des Gesetzes drehen, das Rad der Lehre. Eine neue Lehre wird er in Umlauf bringen. Und das Reich der Wahrheit wird er begründen, den Menschen zum Heil und zur Freude.«

Unübersehbar hier die Anklänge an das, was später (auch von der Nonne Birgitta aus Schweden) aus dem Umkreis der Christus-Geburt erzählt werden wird.

Ein buddhistischer Mönch – Hattigamana Uttaranda aus Sri Lanka – schaut die Geburt des Stifters der christlichen Religion im bäuerlichen Haus eines srilankischen Dorfes. Eine Laterne erhellt den Raum. Drei Tiere links oben, eins gehörnt, repräsentieren Ochs und Esel. Balken im Hintergrund bilden ein Kreuz mit Dornen auf dem Querarm. Herab züngelt eine Schlange, Symbol tödlicher Bedrohung für das Kind.
Maria auf der harten Liege hält das Neugeborene dicht an ihre Brust. Sie scheint zu schlafen. Josef, im angedeuteten Lotussitz vor der Liege, legt seine Rechte in behutsamer Anteilnahme auf das Kind. Beide, Maria und Josef, tragen – im heißen Sri Lanka verständlich – leichte blaue Gewandung. Beide sind sehr jung.
Die Religionen begegnen einander, denn die Gazellen im Vordergrund sind die Geburtstiere Buddhas. Sie erinnern an den Gazellenhain von Sarnath, wo Buddha seine erste Lehre hielt.

Eine Buddhastrophe läßt christliche Weihnachtslieder anklingen:

Der Buddha wird sein das Kleinod ohnegleichen.
Er ist geboren den Menschen zum Heil und zur Freude
im Land Sakyas, im Dorf Lumbini.
Des sind wir froh und selig.

aus der Legende vom greisen Seher Asita

In China

Maria mit dem Kind. China, 17. Jh. London, British Museum.

Eine fremdartig eindringliche, sehr stille Darstellung: Die mächtige Gottesmutter mit dem eingewinkelten Bein, dessen Fuß nach außen zeigt, majestätisch, ernst, den Kopf verhüllt, schaut mit dem kahlgeschorenen auf ihrem Schoß stehenden Christusknaben (ihre Hände umfangen ihn zart) in eine Richtung. Wohin mögen sie sehen?

Das Kind, es ist ein kleiner buddhistischer Novize in einem roten Kleid mit Goldborte am Hals, hält an langem Stengel die Lotosblume, die für Schöpfung, Reinheit und göttliche Geburt steht, aber auch als Sinnbild der Erleuchtung, nach der die menschlische Seele strebt, gilt. Der lange Stengel verweist darüber hinaus auf die Nabelschnur, die den Menschen mit seinen Ursprüngen verbindet. In dem dunkel verschatteten Hintergrund rechts eine Taube – nahezu in allen Kulturen Sinnbild der Sanftheit, der Reinheit, der Unschuld, des Friedens – und eine Vase mit einzelner Blume.

Gespiegelt ist in diesem Bild der uralte, ursprünglich männliche Bodhisattva Avolokiteshvara (»der Herr, der auf die Leiden der Welt blickt«), der sich im Pantheon buddhistischer Erlösergestalten seit dem 10. Jahrhundert in die weibliche Gottheit Guanjin, die Göttin der Barmherzigkeit und des Kindersegens, wandelte. Fast zwangsläufig wurde Guanjin dann für manche Christen in China zur Muttergottes, zur »Chinesischen Madonna«.

Buddhisten – Christen

Wie wollen der Welt ein Zeichen geben.
Aufhören soll die Gier nach Macht,
Ruhm und Geld.
Aufhören soll das Nicht-Wissen.
Wissen soll der Mensch, was er tut.
Seid niemandem feind!
Seid euch selber nicht feind!
Wacht auf!
Ans andere Ufer hat uns das Fährboot gebracht.
Der Fluß hat zwei Ufer.
Wer nur an sich, an seinen Besitz,
nur an seinen Ruhm und an seinen Erfolg denkt,
der sieht das andere Ufer nicht:
den anderen Menschen,
die Armut, das Mißlingen,
den Verlust und den Tod!

aus der buddhistischen Lehre (Paul Schwarzenau); sie könnte ebensogut christliche Lehre sein

Ein Student, den der Zen-Meister Gasan besuchte,
fragte diesen:
»Haben Sie jemals die christliche Bibel gelesen?«
»Nein, lies sie mir vor«, sagte Gasan.
Der Student öffnete die Bibel und las
aus dem Matthäus-Evangelium:
»Und warum sorgt ihr euch um Kleidung?
Betrachtet die Lilien auf dem Felde, wie sie wachsen.
Sie arbeiten nicht und spinnen nicht, und doch
sage ich euch: Selbst Salomo in all seiner Pracht
war nicht gekleidet wie eine von ihnen …
Sorgt euch deshalb nicht ängstlich
um den morgigen Tag,
denn der morgige Tag wird für sich selbst sorgen.«
Gasan sagte: »Wer solche Worte aussprach, ist
meiner Meinung nach ein erleuchteter Mensch.«
Der Student fuhr fort: »Bittet, und es wird euch
gegeben werden; suchet, und ihr werdet finden;
wer anklopft, dem wird aufgetan werden.«
Gasan bemerkte: »Das ist ausgezeichnet.
Wer das sagte, der ist nicht fern der Buddhaschaft!«

aus dem Zen-Buddhismus

Bei den nestorianischen Christen

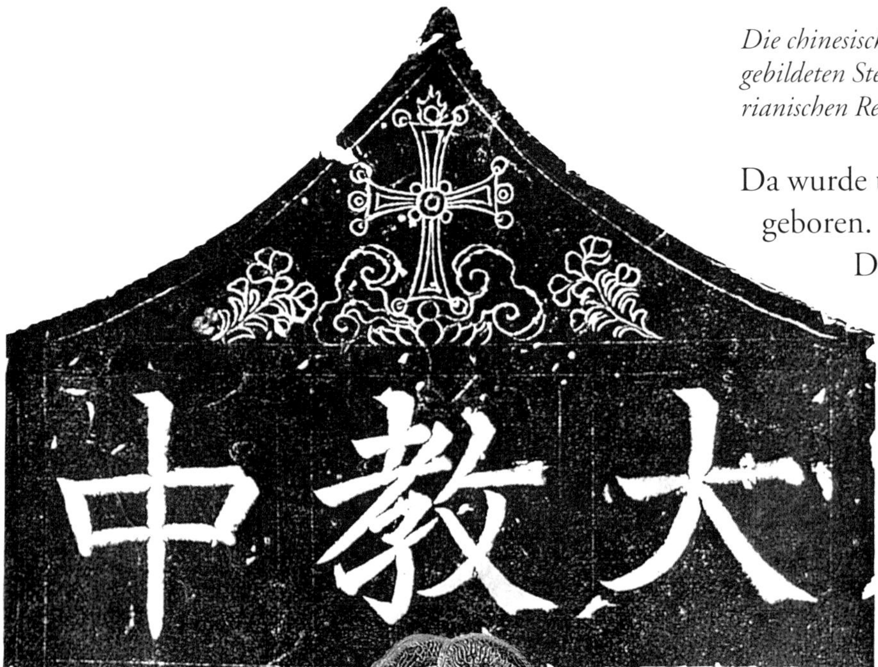

Die chinesischen Schriftzeichen sind Beginn des Titels der abgebildeten Stele. Er lautet: »Die Tafel der Verbreitung der Nestorianischen Religion von Ta-Tsin (das ist Syrien) in China«.

Da wurde unser Gott aus der Dreieinigkeit
geboren.
Der Erhabene, der Messias, verbarg seine
Hoheit
und kam als Mensch auf die Welt.
Die Engel der Himmel verkündeten
die frohe Botschaft.
Eine Jungfrau gebar einen Weisen in
Ta-Tsin.
Ein leuchtender Stern kündete das
glückliche Ereignis.
Perser sahen sein Leuchten.
Eiligst machten sie sich auf den Weg,
um Gaben darzubringen.

Er erfüllt das alte Gesetz.
Er regiert das Volk,
dem rechten Glauben gemäß.
Er läutert das Irdische.
Er macht das Himmlische vollkommen.
Er entfaltet das Leben.
Er zerstört den Tod.
Eine strahlende Sonne hängt er an den Himmel.
Die Reiche der Finsternis werden ausgelöscht.

Der »Weihnachtstext« der Stele (Auszug).
Die Tafel wurde 781 n. Chr. aufgestellt.

China, das Land der Weisheit, sah Jesus als den neugeborenen Weisheitslehrer. »Eine Jungfrau gebar einen Weisen, das ist die älteste Zusammenfassung der Weihnachtsgeschichte, wie sie in China erzählt wurde« (Hans-Ruedi Weber). Seit die Nestorianische Religion von Persien und Turkestan her in den Norden und Nordosten des Riesenreiches eingedrungen war (um 635 kam der nestorianische Missionar A-lo-pen nach China), versuchten missionierte Chinesen, ihr überliefertes Glaubensgut mit der neuen Religion zu verbinden.

In kleiner, sehr schöner Schrift enthält die Stele ein Glaubensbekenntnis und die Geschichte dieser ersten Kirche in China. Ein geschmücktes Kreuz als Symbol des auferstandenen, verklärten Christus, im oberen Teil der Stele über Wolken und Lotosblumen eingraviert, zeigt die innige Verschmelzung von Buddhismus, chinesischer Weisheitslehre und Christentum. Denn: der Buddha sitzt nicht selten auf einer Lotosblume, und die Weisheit wird in China oft durch Wolken symbolisiert.

Nestorius aus Antiochia, ein berühmter Prediger, wurde 428 von Kaiser Theodosius II. zum Bischof von Konstantinopel berufen. Er forderte die Anerkennung einer einzigen, der menschlichen Natur Christi. Die Bezeichnung »Theotokos« (»Gottesgebärerin«) für Maria lehnte er ab. Sein erbitterter Gegner in dieser Frage war der Patriarch Kyrill von Alexandrien, der Nestorius am ersten Tag der Synode von Ephesus (431) – Nestorius war noch nicht eingetroffen – absetzen ließ. Nestorius floh, wurde 433 verbannt, kam mit seinen Anhängern nach Persien. Hier wurde die »Religion« der Nestorianer (Nestorius starb um 450) etwa 485 zur anerkannten christlichen Kirche im Perserreich. Im 7. Jh. erfolgte von Persien aus dann die Missionstätigkeit in China.

Der Schalom der Weihnacht

Das Schalom-Weihnachtsbild des Sandro Botticelli

Schalom, Friede, das ist ein weiter, sehr tiefer Begriff. Er umfaßt Ganzheit, Gerechtigkeit, Wohlergehen, Freiheit, Freundschaft, Heil für alle. Schalom, das ist das Geschenk des Gottesfriedens, der alles, was Menschen zu bewerkstelligen, zu denken, zu schauen vermögen, übersteigt, der tiefer reicht als alle Ängste.

»Mystische Geburt Christi« nannte Botticelli sein Bild, das er im Jahre 1500 malte. Der Bildraum ist von Gestalten, vor allem von Engeln, überflutet. In vier Zonen sehen wir sie. Unten umarmen drei Engel in »zärtlich-unzärtlicher Verstrickung« (E. Domay) je einen olivenzweigbekränzten Mann. Wo gab es das je im Bild, daß Engel Menschen küssen? »Nie ist Engelfreundschaft mit Menschen großartiger sichtbar geworden als hier« (A. Rosenberg). Gewissermaßen eingesprenkelt in diese Umarmungszeremonie finden sich ganz konträr als »Rest des Mittelalters« herumliegend fünf kleine Teufelsgestalten, drei davon tot. Ganz offensichtlich sind sie ausgeschaltet.

Ein Weg führt von hier zur Haupt-, zur Krippenzone. Links drei vornehm gekleidete knieende Männer unterschiedlichen Alters – die drei Könige –, die von einem Engel auf die zentrale Szene verwiesen werden. Rechts zwei ländlich gekleidete Männer – Hirten –, einer gerade von einem Engel bekränzt. In der Mitte, unter einer Architektur, die zugleich Grotte und Stall ist, das nackte Kind, das seiner übergroßen anbetenden Mutter die eine Hand entgegenstreckt. Inmitten einer buntbewegten Engelwelt beginnt es sein Leben. Davor ein kauernder Josef.

Dritte Zone: Auf dem Dach eine Trinität von Engeln, die aus einem Buch einen Lobgesang anstimmen. Oben aber tanzen gleichzeitig vor dem Gold-Himmel der Ewigkeit und dem blauen Himmel dieser Welt zwölf Engel in wechselnd farbigen Gewändern einen großartigen Reigen. In den Händen halten sie kleine Ölbäume mit Schriftbändern und goldenen Kronen daran. Ihre Körper schwingen im Rhythmus himmlischer Melodien. Die Kronen künden vom Sieg des eben geborenen Weltenherrschers. Alles in großer pathetischer Bewegung wie auf einer Bühne.

Der griechische Text über dem Ganzen lautet übersetzt: »Ich, Sandro, malte dieses Bild am Ende des Jahres 1500 in der Zeit der Wirren in Italien nach dem ersten Jahr, da der Teufel losgelassen war und die Worte zur Erfahrung wurden, die im 11. Kapitel der Offenbarung des Johannes stehen. Nachher aber wird der Teufel gemäß dem 12. Kapitel mit Fesseln geschlagen und mit Füßen getreten werden wie auf meinem Bild.«

In Offenbarung 12, 10 bekämpft Michael mit seinen Engeln die Teufel und stürzt sie auf die Erde herab (s. Bild). Botticelli war in Florenz ein Parteigänger des dämonischen Dominikanermönches Savonarola, der die Oberflächlichkeit des Lebens in der Stadt (vor allem bei den Medici-Fürsten und der Geistlichkeit) als Werke des Bösen angeprangert hatte und der dafür 1498 auf dem Scheiterhaufen geendet war. Botticelli sah Savonarola und dessen Gefährten als Märtyrer. Mit seinem Bild wollte er ihnen ein Denkmal setzen.

Von der Offenbarung her glaubte Botticelli an die Wiederkunft Christi: Der kommende Christus wird im Kind des Friedens, dem Besieger des Bösen, dem Kind der Niedrigkeit und Verborgenheit, über dem dennoch das Gotteslicht aufstrahlt, sichtbar. M.a.W., jene Herrlichkeit, die mit der Wiederkunft Christi die Welt überfluten wird, leuchtet bereits über den Feldern von Betlehem auf. Es geht vordringlich um *jene* Herrlichkeit, kurz: um das Licht vom unerschöpften Lichte (siehe den Goldhimmel in der vierten Zone).

Und darum vermag nur der wirklich Weihnachten zu feiern, der dieses Licht Christi erwartet. Das könnte auch für Menschen am Anfang des 3. Jahrtausends eine Perspektive sein.

Botticelli sah diese Wiederkunft Christi ganz konkret als Anbruch eines neuen Friedensreiches in seinem geliebten Florenz. Darum die Ölbaumzweige als Symbole des Friedens. Darum die menschenumarmenden Engel als Künder des Friedens: »Friede sei mit dir!« Darum die Atmosphäre einer vollkommenen Hingabe. Alles spricht von der tiefen Friedenssehnsucht des Künstlers.

Das Bild, mystisch, spirituell, war keine Auftragsarbeit. Botticelli hat es für sich selbst gemalt. Es ist Ausdruck eines ganz persönlichen Bekenntnisses.

Sinnenfreude ist da, Heiterkeit, eine wundervolle Farbsinfonie. Engel sind da, einerseits schöne Florentiner Mädchen, gut gewachsen, edel gekleidet, festlich ausgelassen, andererseits Wesen einer »zeitlosen Glückseligkeit« (Augustinus).

Ein neues Lebensgefühl, das der Renaissance, bricht sich Bahn.

Sandro Botticelli (1445-1510),
Mystische Geburt Christi. Tempera auf Holz. 1500.
The National Gallery, London.

Der Gott in Menschverlassenheit
Der Mensch in Gottverlassenheit

Hundert Herodes, tausend

Welch dunkle Nacht!
Neigt sich die Welt dem Untergang?
Große schwarze Wolken künden tödliche Stürme!
Haß und Ehrgeiz machen die Völker rot von Blut.
Weihnachten?
Heilige Nacht?
Nacht des Friedens?
Morgenröte der Zeiten,
von Menschen erwartet?
Weihnacht, wo ist dein Glanz?
Die Krippe erglänzt nicht mehr. Das Licht deiner Nacht,
sage, wo ist es?
Hundert Herodes, tausend,
schwingen rasend
ihr mörderisches Schwert gegen deinen Christus,
den du in einer Nacht
uns gabst in Betlehem,
zum Heil gesandt
durch die Güte des Vaters,
der jetzt lebt im verletzten Herzen der Hilflosen,
der Ausgebeuteten, derer, die sich erheben
gegen die Unterdrückung!
Weihnachten heute?
Himmel, öffne dich, daß es Gerechtigkeit regne!

Heladio Camacho, Mexiko

Die Römer, gewiß ein kriegerisches Volk,
hatten immerhin eine Friedensgöttin: »Pax«!
Sie bildeten sie seit dem Jahr 44 v. Chr. auf ihren Münzen ab.
Augustus führte im Jahr 10 v. Chr. den Pax-Kult offiziell ein.
Hier eine Münze des Kaisers Maximinus Thrax (235-238).
Umschrift: Pax Augusti.

Wo bist du, Schalom – Gerechtigkeit, Freiheit, Heil für alle? Voller Schmerz fragt Heladio Camacho so. »Hundert Herodes, tausend, schwingen rasend ihr mörderisches Schwert!« Wo ist sie, die Pax Christiana? So mögen Unzählige in den 2000 Jahren seit der Geburt gefragt haben angesichts all der Leiden, der Folter, der Schmerzen, die gerade auch Christen – in Kreuzzügen, Zwangschristianisierung, Inquisition und Hexenverbrennung – immer wieder verursacht haben.

Pax, pax – et non est pax!
»Diese falschen Heuchler, die zu den Völkern sagen ›Friede! Friede!‹ – und es ist doch kein Friede! Statt zu begießen, was ich pflanze, damit es wachse, trachten sie danach, es auszureißen, damit es verwelke«, klagt Erzbischof Bonifatius (672-754), Apostel der Deutschen, Reformer, Märtyrer, in einem Brief an seinen Freund in England, den blinden Bischof Daniel von Winchester.

Und so ist es geblieben über die Jahrhunderte hinweg:
Pax, pax – et non est pax!

Man schätzt, daß in den weit über 4000 Kriegen des Menschengeschlechts, die sich erfassen lassen, etwa 3,5 Milliarden Menschen umgekommen sind. In 5 1/2 Jahrtausenden überblickbarer menschlicher Geschichte hat es knapp 300 Jahre Frieden gegeben.

Kriegs-Weihnacht

1914-1918

Alles verdeutlicht diese Karikatur. Lange Kolonnen von Soldaten des Ersten Weltkrieges mit Tornister, Pickelhaube und geschultertem Gewehr marschieren durch die eiskalte Winterlandschaft auf einen riesigen brennenden Christbaum zu, über dem »Et in terra pax«, »Friede auf Erden« steht. Scharf, böse, beißend zeigt Theodor Heine den Aberwitz des Krieges auf:

In den Tod für den schimmernden Baum!

Thomas Theodor Heine, Das Kriegsziel. 1916.
»Simplizissimus«, Jg. 21, Nr. 38, S. 481.

Ebendies meint auch Kurt Tucholsky, wenn er formuliert: »Gewehre rechts, Gewehre links, das Christkind in der Mitten«.
Und schon im 19. Jahrhundert geißelte Hoffmann von Fallersleben die Verquickung von christlichem Gedankengut und Kriegsbegeisterung mit den Worten: »Ihr habt die Bibel in den Händen, das Bajonett auf dem Gewehr... Soll so sich unser Leiden wenden? Ist das des Heiles Wiederkehr?«

Wir wollen nicht nur Bataillone
von Betern mobilmachen, nein,
eine heilige Streitmacht von Betern.

Wilhelm II.

Die Glocken läuten
und die Salven krachen.
Nun danket Gott
als Mörder und als Christ.

Bertolt Brecht

»Sühne, Buße, Absolution? Gibt es eine Zeitung, die heute noch, immer wieder ausruft: ›Wir haben geirrt! Wir haben uns belügen lassen!‹? Das wäre noch der mildeste Fall. Gibt es auch nur eine, die nun den Lesern jahrelang das wahre Gesicht des Krieges eingetrommelt hätte, so, wie sie ihnen jahrelang diese widerwärtige Mordbegeisterung eingebleut hat? ›Wir konnten uns doch nicht beschlagnahmen lassen!‹ Und nachher? Als es keinen Zensor mehr gab? Was konntet ihr da nicht? Habt ihr einmal, ein einziges Mal nur, wenigstens nachher die volle, nackte, verlaust-blutige Wahrheit gezeigt? Nachrichten wollen die Zeitungen, Nachrichten wollen sie alle. Die Wahrheit will keine.«

Kurt Tucholsky, »Vor Verdun«.

»Wieviele schreckliche Kriege werden angezettelt, nur weil solche, die Macht dazu haben, ihren Willen anderen aufzwingen wollen«, schreibt bereits im 4. Jahrhundert der Kirchenvater Augustinus: »Das ist wie eine ungeheure Wasserflut, die über uns alle hinweggeht. Der Mensch ist ein mit Vernunft begabtes, mit Würde ausgestattetes Wesen. Er kann nichts zu seiner Entschuldigung vorbringen, wenn er seinen Bruder mit Streit, mit Krieg überzieht. Wir sehnen uns nach Frieden mit glühendem Verlangen, nach dem vollkommenen Frieden. Da werden Tugenden nicht mehr gegen Laster ankämpfen. Schmerz ist nicht mehr da. Auch nicht Angst vor dem Tod. Der sterbliche Mensch ist verbunden mit dem unsterblichen Gott. Er lebt in Eintracht mit sich selbst, mit einem guten Nachbarn, mit einem guten Staat. Wieviel besser ist das, als andere durch Krieg zu Paaren zu treiben.«

Siehe auf den Bergen die Füße eines guten Boten, der da Frieden verkündet.

Nahum 2,1

1939-1945

Als der Krieg kam, wurden drei Hirten Soldat.
Sie gedachten des Engels und sagten: »Friede auf Erden«.
Der erste verlor ein Bein.
Der zweite bekam das Ritterkreuz.
Der dritte wurde am Pfahl erschossen.

Rudolf Otto Wiemer

Dezember 1942

Wie Wintergewitter ein rollender Hall.
Zerschossen die Lehmwand von Betlehems Stall.
Es liegt Maria erschlagen vorm Tor.
Ihr blutig Haar an die Steine fror.
Drei Landser ziehen vermummt vorbei.
Nicht brennt ihr Ohr von des Kindes Schrei.
Im Beutel den letzten Sonnblumenkern,
sie suchen den Weg und sehn keinen Stern.
Aurum, thus, myrrham offerunt ...
Um kahles Gehöft streicht Krähe und Hund.
... quia natus est nobis dominus.
Auf kahlem Gerippe glänzt Öl und Ruß.
Vor Stalingrad verweht die Chaussee.
Sie führt in die Totenkammer aus Schnee.

Peter Huchel

Am Beispiel von Hirten und Weisen zeigen Rudolf Otto Wiemer und Peter Huchel auf ein anderes Betlehem, ein Betlehem in Finsternis, Krieg und Todesqual. Am Pfahl erschossen – einer mit einem makabren Kreuz (Ritter-Kreuz) – die Totenkammer aus Schnee: Unzählige gehen elendiglich zugrunde. »Eine bis zum baren Grauen gesteigerte Negation« nennt Walter Jens das Huchel-Gedicht: Krieg – nicht Frieden, Dunkelheit – nicht Licht; der Stall zerschossen, die Mutter erschlagen, ein schreiendes Kind, die Weisen frierende vermummte Landser, ohne Hoffnung, ohne Stern; Krähe und Hund statt Ochs und Esel, Gerippe zerstörten Kriegsgerätes ringsum: Stalingrad, kein Betlehem!

Warum ein solcher Wahnsinn? Warum dies kriegerische Rüsten aufeinander zu? »Kanonen kann man nicht verbessern, man kann sie nur verschlimmern«, sagt der Dichter Reinhold Schneider, der zutiefst am Zweiten Weltkrieg und an der Wiederaufrüstungskampagne danach litt. Und dann die bedauernswertesten Opfer, die Kinder! »Warum werden Kinder ermordet, lachende, fröhliche, vertrauende Kinder?« fragt der 10-jährige David Luschnat aus dem ehemaligen Jugoslawien, Kinder, so voller Lebenslust und Hunger auf Zukunft.
Allein, was der chinesische Dichter Li Tai-bai (701-762) schon vor 1300 Jahren sagte, darf gelten: »Es sei verflucht der Krieg, verflucht das Werk der Waffen. Es hat der Weise nichts mit ihrem Wahn zu schaffen.«

Das Friedens-Antlitz des 20. Jahrhunderts

Ernst Barlach (1870-1938), Der Schwebende. Güstrower Ehrenmal 1927. Dom, Güstrow; Antoniterkirche, Köln.

Barlachs Schwebender ist ein Friedensengel. Es ist der Engel mit dem Gesicht der Käthe Kollwitz. »Ihr Gesicht ist mir in den Engel hineingekommen, ohne daß ich es gewollt hätte. Hätte ich mir so etwas vorgenommen, es wäre wahrscheinlich mißglückt« (Ernst Barlach). Käthe Kollwitz setzte sich seit dem Kriegstod ihres jungen Sohnes Peter in Flandern 1914 unablässig für den Frieden ein: »Nachts weinen die jungen Soldaten, bevor sie sterben. – Immer derselbe Traum: er wäre noch da, es wäre noch eine Möglichkeit, daß er lebte und wiederkehrte. Und dann noch im Traum die Erkenntnis: er ist tot. – Saatfrüchte sollen nicht vermahlen werden« (Tagebuch 6. 2. 1915).

»Sag ›Nein‹, wenn du nicht töten willst«, ruft Wolfgang Borchert, der Frühverstorbene, der an seinen Kriegserfahrungen zerbrach, 1947 allen, die den Mut zum Ernstfall haben, zu.

Einer hat »Nein« gesagt:

Entlasse mich aus dem Heeresdienst.
Bis heute habe ich dir gedient. Jetzt will ich Gott dienen.
Ich bin jetzt ein »Soldat« Christi.
Lange habe ich darüber nachgedacht.
Jetzt weiß ich es:
Es ist mir nicht erlaubt zu kämpfen.
Es ist mir nicht erlaubt zu töten.

Martin von Tours (316-397), der »erste Kriegsdienstverweigerer«, 356 zum römischen Feldherrn Julian, dem späteren Kaiser.

Gott ist ein Gott des Friedens.

Erster Brief des Paulus an die Gemeinde in Korinth 14, 33.

Ist Friede nun?

Ist Friede nun, für den so viele starben?
Und haben Groß' und Kleine guten Willen,
die Friedenssehnsucht dieser Welt zu stillen?

Es sind zum Bersten voll die großen Arsenale
rund um die Welt mit mörderischen Waffen,
und in den Drähten lauern die Signale ...

Es weht Gesang aus stolzen Kathedralen,
und Weihrauch wölkt um strahlende Monstranzen,
und Mühlen sind, die die Gebete mahlen ...

Doch während in Kapellen und in Krypten
mein Name klingt in Litanein und Psalmen,
verfolgt man mich. Denn mein Ägypten
hat keine Pyramiden, keine Palmen.
Ich werde in vereisten Güterzügen
mich in der Mutter letzten Mantel schmiegen.

Ich bin gefangen hinter Stacheldrähten,
und der im Bergwerk seinen Hauch verpfändet.
Ich bin der ärmste Nachfahr des Proleten,
ein Sklave, den des Herren Willkür schändet.
Ich bin die Nummer auf dem Häftlingskleide,
der Judenstern, zwei Buchstaben von Kreide.

Und hätten sie nicht recht? Die nach mir kamen,
die Schüler und Verkünder meiner Lehre,
sie spannen mich in eines Wortes Rahmen,
sie stutzen meinen Wuchs mit ihrer Schere
wie Buchs und Rotdorn. Doch ich überschwemme
mit meinem Wachstum alle ihre Dämme.

Ich spreche EPHATA! – sie werden *sehen*!
Sie werden sehn – ich komme täglich wieder –
und tief bestürzt auf ihrem Wege stehen.
Denn wisset: im geringsten meiner Brüder
bin *ich* verheißen, und was sie *ihm* geben,
das läßt *mich* immer für sie leben.

So will ich wieder unter Menschen wohnen
als der Gesalbte (mit dem Öl der Zähren),
als der Gekrönte (mit der Dornenkrone).
Und – als das Kind. Kein Bote selger Sphären
wird je in dieser Zeit voll Kümmernissen
mehr frohe Botschaft für die Erde wissen.

Ich komme, wenn ich gleich nicht wiederkehre.
Der Friede EUCH! Gott in der Höh' die Ehre!

Rudolf Hagelstange

Der gelbe Juden-Stern

Ich werde in vereisten Güterzügen
mich in der Mutter letzten Mantel schmiegen ...

Ich bin der ärmste Nachfahr des Proleten,
ein Sklave, den des Herren Willkür schändet ...

Ich bin gefangen hinter Stacheldrähten,
und der im Bergwerk seinen Hauch verpfändet ...

Ich bin die Nummer auf dem Häftlingskleide,
der Judenstern, zwei Buchstaben von Kreide ...

Jesus selbst ist in all dem gefoltert, gepeinigt –, so beschreibt Rudolf Hagelstange das Grauen, das entsetzlichste, absurdeste des 20. Jahrhunderts, die Shoah (den Holocaust), die »Gottesfinsternis« (Pinchas Lapide), die »größte Tragödie der Menschheit« (Elie Wiesel).

»Verse vor oder nach Auschwitz, der großen Kehre,
jenseits derer sich der Bericht über die Geburt eines Juden in jüdischer Umgebung anders liest als zuvor ...
Der Stern am Himmel ist der gelbe Judenstern ...«

Walter Jens

Heute war kein Jude mit dem Stern in der Weihnachtskirche.

Tagebuchaufzeichnung Jochen Kleppers vom 25. 12. 1941

Älteste bekannte Darstellung des Wortes »Schalom«.
Mosaik, Israel.

Wir haben aufgehört
Zeichen zu deuten Zeichen
zu geben

Gebt mir ein Zeichen
wo Freunde sind
neue
denn die alten sind tot
unter einem fremden Stern

wo Bäume noch sprechen
und wo man Blumen liebt
auch so etwas soll es noch geben
sagt der gelbe Stern

Die Jüdin Rose Ausländer

Ein Stern
hat wohl noch
Licht

Der Jude Paul Celan

Ich glaube,
daß unsere Welt weder heil noch heillos,
sondern heilbar ist,
heilbar durch gemeinsame Arbeit an jenem Weltfrieden,
der kein frommer Wunschtraum bleiben darf.

Der Jude Pinchas Lapide

Homines bonae voluntatis

Die Welt wird auf den Kopf gestellt

Sandro Botticelli, Mystische Geburt Christi. Ausschnitt.

Menschen und Engel küssen einander. Einer wird dem andern zum Engel. Das Böse ist besiegt. Der Weg zur Krippe ist frei. Wenn das geschieht – alle Maßstäbe verändert –, dann beginnt das Wort der Weihnacht zu sprechen.

Zu denen hebt das Wort der Weihnacht an zu sprechen, die arm und elend sind,
und denen die Einsamkeit oft das Herz abdrücken will.
Denen verkündet Jesus seinen Frieden,
die hier so viel ungelöste Rätsel ihres Daseins haben.
Nicht daß Jesus den Kampf wegnimmt,
wir bleiben im Kampf.
Aber sein Frieden hat den Himmel aufgerissen
und in das Dunkel dieser Welt das helle Licht strömen lassen.
Gott ist in ihm gekommen.
Laßt uns zur Krippe gehen und schauen,
wie in diesem Kind Gottes Friede zu uns kommt.

Friedrich von Bodelschwingh

Sowohl der Heidenkaiser als auch der Judenknabe wurden Heiland,
Gottessohn und Friedensbringer genannt.
Aber der echte Held, der wahre Mann Gottes, sitzt nicht auf einem goldenen Thron,
sondern liegt hilflos in einem ärmlichen Futtertrog.
Daß Gottes Wille in der Demut ist, daß er, der Herr der Welt, bei den Bedrückten und Zerknirschten wohnt,
daß der Weg der Niedrigkeit zum Himmel führt, das ist die dreifach revolutionäre Stoßkraft
dieser jüdischen Frohbotschaft, die noch immer nicht aufgehört hat, Machthaber in Frage zu stellen
und kleinen Leuten Mut einzuflößen. Wie das Exodusereignis hat auch sie eine Bresche geschlagen
in die Zwingburgen aller Tyrannei, einen Ausweg geöffnet für alles menschliche Elend,
und sie bleibt bis heute
eine unüberhörbare Herausforderung an die Gewalt.

Pinchas Lapide

Der Engel des Friedens

Als die Menge der himmlischen Heerscharen über den Feldern von Betlehem jubelte: »Ehre sei Gott in den Höhen und Friede auf Erden unter den Menschen«, hörte ein kleiner Engel plötzlich zu singen auf. Obwohl er im unendlichen Chor nur eine kleine Stimme hatte, machte sich sein Schweigen doch bemerkbar. Engel singen in geschlossenen Reihen, da fällt jede Lücke sogleich auf. Die Sänger neben ihm stutzten und setzten ebenfalls aus. Das Schweigen pflanzte sich rasch fort und hätte beinahe den ganzen Chor ins Wanken gebracht, wenn nicht einige unbeirrbare Großengel mit kräftigem Anschwellen der Stimmen den Zusammenbruch des Gesanges verhindert hätten.

Einer von ihnen ging dem gefährlichen Schweigen nach. Mit bewährtem Kopfnicken ordnete er das weitere Singen in der Umgebung und wandte sich dann dem kleinen Engel zu.

»Warum willst du nicht singen?« fragte er ihn streng.

Der antwortete: »Ich wollte ja singen. Ich habe meinen Part gesungen bis zum ›Ehre sei Gott in den Höhen‹. Aber als dann das mit dem ›Frieden auf Erden unter den Menschen‹ kam, konnte ich nicht mehr weiter mitsingen.

Auf einmal sah ich die vielen römischen Soldaten in diesem Land und in allen Ländern. Immer und überall verbreiten sie Krieg und Schrecken, bringen Junge und Alte um und nennen das römischen Frieden. Und auch wo nicht Soldaten sind, herrschen Streit und Gewalt, fliegen Fäuste und böse Worte zwischen den Menschen und regiert die Bitterkeit gegen Andersdenkende. Sogar dieses Paar mit dem neugeborenen Kind mußte wegen der Steuer des Augustus nach Betlehem ziehen, und wer weiß, was die Menschen mit diesem Kind machen werden!«

»Weißt denn du es?« unterbrach ihn der Großengel.

»Nein, ich weiß es nicht und kann es nicht voraussehen«, erwiderte der Kleine. »Aber das, was sich sehe, genügt mir. Es ist nicht wahr, daß auf Erden Friede unter den Menschen ist, und ich singe nicht gegen meine Überzeugung!« Und er zeigte ein trotziges Gesicht. Einige seiner jüngeren Nachbarn riefen laut Beifall.

»Schweigt! – vielmehr: singt!« rief der große Engel ihnen zu und nahm den jungen Rebellen zur Seite.

Dort sprach er ihm zu: »Du willst also wissen, was Friede ist? Du lässest zu, daß ein friedloser Gedanke durch dein Gemüt zieht, und steckst andere mit deiner Unruhe an? Du brichst die Harmonie unseres Gotteslobes und störst die Einheit der himmlischen Welt, weil dir der Unfriede der menschlichen Welt zu schaffen macht? Du verstehst nicht, was in dieser Nacht in Betlehem geschehen ist, und willst die Not der ganzen Welt verstehen?«

Der kleine Engel verteidigte sich: »Ich behaupte nicht, alles zu verstehen. Aber ich merke doch den Unterschied zwischen dem, was wir singen, und dem, was auf Erden ist. Der Unterschied ist für mein Empfinden zu groß, und ich halte diese Spannung nicht länger aus.«

Der große Engel schaute ihn lange schweigend an. Er sah wie abwesend aus. Es war, als ob er auf eine höhere Weisung lauschen würde. Dann nickte er und begann zu reden:

»Gut. Du leidest am Zwiespalt zwischen Himmel und Erde, zwischen der Höhe und der Tiefe. So wisse denn, daß in dieser Nacht eben dieser Zwiespalt überbrückt wurde. Dieses Kind, das geboren wurde und um dessen Zukunft du dir Sorgen machst, soll unseren Frieden in die Welt bringen. Gott gibt in dieser Nacht seinen Frieden allen und will auch den Streit der Menschen gegen ihn beenden. Deshalb singen wir, auch wenn die Menschen dieses Geheimnis mit all seinen Auswirkungen noch nicht hören und verstehen. Wir übertönen mit unserem Gesang nicht den Zwiespalt, wie du meinst. Wir singen das neue Lied.«

Der kleine Engel rief: »Wenn es so ist, singe ich gern weiter.«

Der große schüttelte den Kopf und sprach: »Du wirst nicht mitsingen. Du wirst einen andern Dienst übernehmen. Du wirst nicht mit uns in die Höhe zurückkehren. Du wirst von heute an den Frieden Gottes und dieses Kindes zu den Menschen tragen. Tag und Nacht wirst du unterwegs sein. Du sollst an ihre Häuser pochen und ihnen die Sehnsucht nach ihm in die Herzen legen. Du sollst bei ihren trotzigen und langwierigen Verhandlungen dabeisein und mitten ins Gewirr der Meinungen und Drohungen deine Gedanken fallen lassen. Du sollst ihre heuchlerischen Worte aufdecken und die anderen gegen die falschen Töne mißtrauisch machen, damit die wahre Meinung zum Vorschein kommt und sie erschrecken. Sie werden dir die Türe weisen, aber du wirst auf der Schwelle sitzen bleiben und hartnäckig warten. Du sollst die Unschuldigen unter deine Flügel nehmen und ihr Geschrei an uns weiterleiten. Du wirst nichts zu singen haben, du wirst viel weinen und klagen müssen.«

Der kleine Engel war unter diesen Worten zuerst noch kleiner, dann aber größer und größer geworden, ohne daß er es selber merkte. Er wollte sich gegen diese schwere Aufgabe auflehnen, aber der andere Engel sagte:

»Du hast es so gewollt. Du liebst die Wahrheit mehr als das Gotteslob. Dieses Merkmal deines Wesens wird nun zu deinem Auftrag. Und nun geh. Unser Gesang wird dich begleiten, damit du nie vergißt, daß der Friede in dieser Nacht zur Welt gekommen ist.«

Während er noch redete, brach er von einer Palme einen Zweig und hauchte darauf. Und er sprach: »Nimm diesen Zweig mit dir. Er bewahrt den Geruch des Himmels und wird dich in den menschlichen Dünsten stärken.« Dann ging er an seinen Platz im himmlischen Chor zurück und sang weiter.

Der Engel des Friedens aber setzte seinen Fuß auf die Felder von Betlehem. Er wanderte mit den Hirten zu dem Kind in der Krippe und öffnete ihnen die Herzen, daß sie verstanden, was sie sahen. Dann ging er in die weite Welt und begann zu wirken. Angefochten und immer neu verwundet, tut er seither seinen Dienst und sorgt dafür, daß die Sehnsucht nach dem Frieden nie mehr verschwindet, sondern wächst, Menschen beunruhigt und dazu antreibt, Frieden zu suchen und zu schaffen. Wer sich ihm öffnet und ihm hilft, hört plötzlich wie von ferne einen Gesang, der ihn ermutigt, das Werk des Friedens unter den Menschen weiterzuführen.

Werner Reiser

Otto Dix (1891-1969), Drei Könige. Aus den Lithographien zum Matthäusevangelium. 1960.

Das Wort der Weihnacht

Und das Wort ist Armut geworden –
im Gewand des Armen,
der nichts anderes als den Müll der anderen hat.

Und das Wort ist Todeskampf geworden –
in der verwelkten Brust der Frau,
die aus Trauer über ihren ermordeten Mann gealtert ist.

Und das Wort ist tausendfach erstorbenes Seufzen geworden –
im regungslosen Mund des verhungerten Kindes.

Und das Wort ist Revolte geworden –
im Angesicht des leblosen Körpers von Gaspar Sánchez Toma,
den der Geheimdienst ermordet hat.

Und das Wort ist Gefahr geworden –
immer gegenwärtig in siebzigtausend vom Tod zerrissenen Familien.

Und das Wort ist unerbittliche Anklage geworden –
in den glühenden Kratern an den Körpern der Gefolterten.

Das Wort hat uns messerscharf getroffen
an der Stelle unserer Schande,
die die schmerzliche Wahrheit der Armen ist.

Das Wort hat den Geist wehen lassen
über die vertrockneten Gebeine unsrer Mumienkirchen,
die Wachtposten des Schweigens sind.

Und das Wort ist Weg geworden in der Wildnis,
Entscheidung unter den Bauern,
Liebe bei den Frauen,
Einheit bei den Arbeitern und
Stern für alle, die den Schlaf vertreiben.

Und das Wort ist Licht geworden,
das Wort ist Geschichte geworden,
das Wort ist Konflikt geworden,
das Wort ist unbändiger Geist geworden
und hat seine Samenkörner ausgestreut
im Gebirge,
in der Nähe des Flusses
und im Tal ...

Und die Menschen guten Willens
vernahmen den Gesang der Engel.

Müde gewordene Knie gewannen wieder Kraft,
zitternde Hände wurden wieder stark,
und das Volk, das im Dunklen verloren war,
sah ein Licht.

Und da:
Das Wort wurde Fleisch im freiheitsschwangeren Vaterland,
der Geist ließ die Armen, die Hoffnung geschmiedet hatten,
sich erheben.
Das Wort wurde Fleisch in dem Volk,
das einen neuen Tag anbrechen sah.

Und das Wort wurde Samenkorn der Gerechtigkeit,
und wir haben den Frieden empfangen.

Und wir haben seine Herrlichkeit gesehen –
in den Augen der Armen,
die endlich zu Menschen geworden.

Und die Gnade und die Wahrheit
sind zum Fest geworden –
im Lächeln der Kinder,
die endlich das Leben erlangen.

Und die, die den Stern sahen,
haben uns den Weg geöffnet.
Jetzt können wir unseres Weges gehen.

Währenddessen stirbt Herodes allmählich.

Denn das Wort ist Gericht geworden.

Und das Wort ist Vergebung geworden;
und die Herzen der Menschen haben gelernt,
aus Liebe zu schlagen.

Und das Wort sät weiter Zukunft
in den Furchen der Hoffnung.

Das Wort lädt uns an seinen Tisch.
Und wir werden kommen von Ost und West,
von Nord und Süd;
und in Ewigkeit
werden wir endlich fröhlich sein ...

Julia Esquivel, Guatemala

Links: Drei Männer kommen gerade an. Woher? – Das ist ganz offen. Wohin? – Das ist ganz deutlich: Zum Kind!
Der erste, alt, trägt einen karierten Mantel mit Linien im Stoff. Der zweite, bärtig wie der erste, aber jünger, ist dunkel gewandet. Beide wenden ihre Blicke dem Kind zu. Der dritte, es ist unverkennbar der Schwarze, schaut aus dem Bild heraus; ein Gesicht, wie das eines Kranken, aufwärts gerichtet, wie um Erbarmen flehend.
Die drei wie ein Block, gleichzeitig geschieden durch die unterschiedliche Gewandung, die unterschiedlichen Köpfe.
Die Erzählung von Wolfgang Borchert kommt in den Sinn, seine drei dunklen Könige, die nachts durch die Vorstadt tappen. Maria, eine kräftige Frau, barfuß, mit breitgestellten Beinen, mit Kleid, Kopftuch und Umhang, sitzt auf einer Bank. Ihr strenges Gesicht mit den niedergeschlagenen Augen ist dem Kind nur verhalten zugewandt. Mit langgestreckten Armen hält sie es ein wenig von sich, dem ersten der drei Männer entgegen. Der beugt sich liebevoll.
Der Stall ist eine offene Hütte im Anschnitt. Oben spannt sich das Dachgebälk bis in den Vordergrund.
Josef ist nicht zu sehen, keine Krippe, weder Ochs noch Esel. Die drei Männer haben auch nichts mitzubringen. Hier ist kein weihnachtliches Jubelfest. Hier ist nüchterner, harter Alltag. Hier sind nicht Gold, Weihrauch und Myrrhe. Aber hier sind Menschen in ihrer Zuwendung.
Es geht kein Lichtglanz aus. Und doch ist Licht in dem Bild. Zwischen dem gelösten Gesicht des Kindes und dem behutsam sich neigenden Kopf des ersten Königs ist es vorhanden. Im Zentrum begibt sich etwas: Einer hat seinen Heiland erkannt – aber auch der zweite, der dritte.

Eine Geschichte – einfach und streng

Ja, ich kann meine Erfahrungen mit dieser herrlichen und zugleich unsäglichen Geschichte schon mitzuteilen versuchen. Zuerst: Ich habe sie als Kind auswendig lernen müssen.
Unter dem brennenden Weihnachtsbaum war sie aufzusagen mit allen schwierigen Worten: »Quirinius – schwanger«. Der Gabentisch war noch mit einem Tuch zugedeckt. Ich blieb oft stecken, weil ich versuchte herauszubekommen, was unter der Decke lag. Ich mußte die ganze Geschichte aufsagen bis zur Rückkehr der Hirten zu ihren Herden. Ich war ein Einzelkind. *Meine* Kinder hatten es besser. Es waren drei, so hatte jedes nur ein Drittel der Mühe.
Aber es war schon gut, den Text gleichsam mit der Muttermilch aufzunehmen. Er hielt nun ein Leben lang. Er gehört für mich zu den sieben oder acht Abschnitten der Bibel, die gewissermaßen abrufbar sind, unverlierbar, unvergeßlich, unbeirrbar. Das ist sehr merkwürdig. Diese einfache Geschichte. Dieser zur Legende gestempelte Versuch, das Unbeschreibliche zu beschreiben. Dieser Traum vom Frieden, dem völligen, unteilbaren Frieden.
Ich habe wohl zwei Dutzend Mal über den Text zu predigen versucht. Dabei kann man gar nicht ernsthaft über ihn predigen. Meine einfache Bauerngemeinde in Oberschlesien hat das wohl geahnt. Sie ließ am Heiligen Abend ihren Pastor nur die Geschichte vorlesen, langsam und auch in drei Abschnitten, kein Wort darüber hinaus; natürlich auch, weil die Kirche kalt und dunkel war und das Vieh auf die Fütterung wartete.
Man kann die Geschichte nur nacherzählen – oder man kann über die eine oder andere Gestalt, über diese oder jene Szene nachdenken und sie in die Welt stellen, in der wir leben! Wer noch von Augustus und Quirinius redet? Was sie wohl in dieser Nacht geträumt haben mögen? Von den Eltern kann man reden, von den Hirten, von den Tieren. Von den Engeln schon gar nicht mehr. Nur von dem, was sie sangen.
Ja, und von dem Kinde. Von dem Kinde immerzu. Daß Gott ein Kind wurde und ein Kind Gottes Sohn. Und was dies wohl mit unsern Kindern und Enkeln zu tun haben könnte, die wir nun mit immer schrecklicheren Waffen dem Untergang weihen. Und was und wer aus dem Kind wurde, welcher Mensch, welcher einmalige Mensch, und wie er starb. Und wer ihn umbrachte – und warum.
Man hat also ein Leben lang zu tun, um über die Geschichte nachzudenken. Sie wechselt ihre Farben und ihr Gesicht und bleibt doch immer die gleiche. Das letzte Mal mit seiner Mutter sie zu hören, das erste Mal mit seiner Frau, das erste Mal mit einem eigenen lebenden Kind, das erste Mal im Krieg. Und dann 1945, als alles vorüber war und ich mit Hunderten von Flüchtlingen in einer fremden Kirche, in einer fremden Stadt die Geschichte hörte, dieselbe Geschichte wie zu Hause, das es nun nicht mehr gab. Sentimentalitäten? Nun, warum nicht?
Dabei ist es ja eine unglaubliche, eine strenge Geschichte. Nicht der Kaiser, sondern dies Kind. Kein königlicher Palast, sondern der Stall. Nicht die Würdenträger des Landes, sondern die Hirten. Nicht die Macht der Menschen, sondern Gottes Macht. Nicht Gewalt, sondern Friede. Nichts Riesiges, sondern ein Winzling – mein Herr und mein Gott.
Die Welt wird auf den Kopf gestellt. Alle Maße werden verändert, radikal verändert. Du brauchst nur zu rühren an diese Geschichte, und du berührst den starken Strom der Freiheit der Kinder Gottes. Nichts von Idylle. Genau genommen: Revolution.
Und das mit diesen Bildern: Maria mit dem Kinde, die erschrockenen Männer auf dem Felde, das Blöken der Schafe – und ein ferner Kaiser, der schläft und nicht weiß, daß dieses Kind sein Kaiserreich zerbrechen wird.
Und Licht, viel Licht, unbeschreibliches Licht.
Das sind meine Erfahrungen mit dieser Geschichte. Ich möchte sie mir vorlesen lassen, wenn ich sterbe, sie und den Bericht von Jesu Tod.

Heinrich Albertz

Wir feiern Weihnachten,
auf daß diese Geburt auch in uns geschieht.
Wenn sie nicht in mir geschieht,
was hilft sie mir dann?
Gerade, daß sie auch in mir geschieht,
darin liegt ja alles.

Meister Eckhart (um 1260-1328)

Ein Bild – einfach und streng

Otto Pankok (1893-1966). Die Geburt.

Kohlebild 1933. Aus: »Die Passion«.

Kunstwerke von Rang zum Themenkreis »Weihnachten« sind in der Kunst des 20. Jahrhunderts eher rar. Reinhold Schneiders auf neue Lieder der Weihnacht bezogenes Wort läßt sich auch auf Bildwerke anwenden: »Es werden keine neuen sinnfällig-transparenten Bilder gefunden, die diese Zeit beantworten und ihr über sich selbst hinweghelfen können!« Eine Ausnahme macht ohne Zweifel das Geburtsbild von Otto Pankok aus dem Passionszyklus von 1933, in dem es an zweiter Stelle vor 21 Bildern zu Predigt und Handeln Jesu und dann folgenden 35 Bildern zur eigentlichen Passion steht. »Ein Winzling – mein Herr und mein Gott«, schreibt Heinrich Albertz. Hier hat der Winzling einen ausdrucksvoll großen Kopf, ein starkes Gesicht. Mit den ausgebreiteten Händen, mit dem geöffneten Mund, mit den Augen zur Mutter hin scheint er zu schreien.

Aber es ist kein Säuglingswimmern, vielmehr, so scheint es, Protestgeschrei. Ja, es ist Aufschrei gegen die Gottesfinsternis der Welt. Es ist das Kind, das zu den Proletariern und Arbeitslosen, zu den Ausgestoßenen und Verachteten, zu den Gequälten, den Verzweifelten, zu den nach Erlösung Hungernden gekommen ist.

Nicht in einer Krippe liegt dieses Kind, vielmehr, in ein großes Tuch gehüllt, auf einem Deckenlager. Über ihm die mädchenhafte Mutter, auch warm verhüllt, mit ihrer linken Hand nah am Kopf des Neugeborenen. Dahinter aufgehäuftes Stroh.

Und wiederum dahinter, vor der mächtigen Bretterwand des offenen Stalles, gebückt, mit geschlossenen Augen lauschend, ganz auf Mutter und Kind hin ausgerichtet, Josef. Links die Köpfe von Ochs und Esel. Vorne ein Sack. Man denkt, es seien Kartoffeln, die Nahrung der Armen, darin. Sonst aber, vor allem auf dem Weg draußen zu den Bergen hin, Dunkelheit, nur wenig sparsames Licht.

»Ich zitterte in der Finsternis«, schreibt Otto Pankok im Vorwort zum ersten Druck seines Werkes 1936. Gewiß, es ist ein dunkles Szenarium der Armut, aber nicht ohne geheime Hoffnung.

»Kunst ist ein Extrakt der Zeit«, schreibt Otto Pankok: »Sie darf nicht abseits vom Leben und von den geschichtlichen Vorgängen stehen ... Sie ist Stellungnahme gegen alles, was das Leben gemein, sinnlos, eng macht. Ich versuchte, mit meiner Passion eine Darstellung zu geben von einem Kampf, der sich in den Herzen – nicht in den Kunstausstellungen – abspielt.«

Der Sohn Gottes war für Pankok ein Bruder der gequälten Zigeuner, mit denen er jahrelang am Stadtrand von Düsseldorf zusammenlebte.

»Es erhob sich die Macht über die Liebe«, schreibt Otto Pankok: »Und die Macht schlug die Liebe zu Boden« (gemeint ist eindeutig die beginnende Macht der Nationalsozialisten, die Pankoks Werk alsbald inkriminierten). »Aber die Liebe war dennoch stärker«, schreibt Otto Pankok.

Ein einfaches, strenges, ja hartes Bild. In seinen dunklen Aspekten ganz Ausdruck des 20. Jahrhunderts mit all dem Grauen von Dresden, Auschwitz und Hiroshima. Ein Bild, in seiner ekstatischen Erregung spätmittelalterlichen Bildern, etwa denen des Matthias Grünewald, verwandt. Ein Bild als Anklage. Im Blick ist der Mensch auf einer Erde, »die ihm Dornen und Disteln trägt« (Friedrich Muckmann). Dennoch: Ein geheimes Licht liegt über der Szene. Tröstlichkeit leuchtet auf in dieser Zusammenschau von Heilsgeschichte und Gegenwart: »Die Liebe war dennoch stärker.«

Kunst auf der Suche nach der Wahrheit. Ernst Barlach schrieb an Otto Pankok: »Ihr Werk redet ernst und mit der eindringlichen Kraft der Überzeugung zu mir.« – »Christus ist das Urthema der Menschheit«, sagt Otto Pankok: »Er blieb lebendig durch die Jahrhunderte. Er siegte und unterlag. Er siegte und unterlag wieder. Die Menschen müssen immer auf's neue mit ihm ringen. Aber er war, und er ist, und er wird sein.«

Heut schliesst er wieder auf die Tür

Skulptur aus der Portalwandung der Kirche St. Trophime in Arles. Um 1120.
Ein ganz einmaliges Bild:
Die Paradiesespforte ist geöffnet. Von der Hand Gottes.
Der Wächterengel links hält das Schwert nach hinten,
nach vorn aber den Botenstab, den sonst der Verkündigungsengel Gabriel trägt.
Von rechts, aus einer langen (hier nicht sichtbaren) Reihe ein Seliger,
der sich dem Bereich Gottes nur mit bedeckten Augen nähern kann.
Darüber lobpreisende Engel.

Heut schließt er wieder auf die Tür
zum schönen Paradeis.
Der Cherub steht nicht mehr dafür.
Gott sei Lob, Ehr und Preis.

Aus dem Lied, »Lobt Gott, ihr Christen, alle gleich« des böhmischen Schulmeisters und Kantors Nikolaus Herman. Er schrieb es kurz vor seinem Tod 1561.

Und es war, wie es sein wird

... bis wir endlich bereit werden
für diese ganz andere,
unvergleichliche Nacht.

Wir haben sie schon oft durchschritten
und doch noch nicht erfahren.
Und auf einmal steigt sie aus der Erinnerung
herauf als der Friede,
an dem wir vorübergingen,
und das Königreich,
dessen kein Ende sein wird.

Hier ist der große Friede,
der unser ganzes Leben löst.
Er war längst in ihm geborgen,
aber wir wußten es nicht
und suchten ihn ruhelos.

Und es war, wie es sein wird,
solange diese Erde währt.

Durch den Nebel der Tage,
das Dunkel der Sternenwelt
leuchtet der Weihnachtstag
in überschwenglichem Licht.

Die Welt dessen,
der die Dinge der Erde erhoben hat
zur Sprache ewiger Dinge,
ist herbeigekommen.

Reinhold Schneider
(zusammengestellt von Dietrich Steinwede)

Ernst Barlach (1870-1938), Der neue Tag. Lithographie 1932. Ernst Barlach Museum Wedel.

Sie blasen sie hinaus, voller Kraft, die neue, die unwiderstehliche Botschaft ...

Abbildungsnachweis

soweit bei den Angaben zu den Abbildungen nicht bereits angegeben

21 (u.) Peter Conolly.
23 Erich Lessing, AKG Berlin.
48 Ars liturgica. Kunstverlag Maria Laach.
64 Giraudon/Bavaria, Düsseldorf.
66 (u.) Hilla und Max Mosche Jacoby.
67 (l.) Hilla und Max Mosche Jacoby.
73 (o.) Giraudon/Bavaria, Düsseldorf.
76 CMNHS.
97 (M./r.) Bildarchiv Preußischer Kulturbesitz, Berlin.
107 Rainer Gaertner, Wiehl.
128 Bildarchiv Preußischer Kulturbesitz, Berlin.
131 Erich Lessing, AKG Berlin.
137 Hilla und Max Mosche Jacoby.
140 Bildarchiv Preußischer Kulturbesitz, Berlin.
146 Rheinisches Bildarchiv, Köln.
154 Toni Schneiders, Lindau.
161 Erich Lessing, AKG Berlin.
163 Archiv Wolf-Christian von der Mülbe, Dachau.
164 Österreichische Nationalbibliothek, Musiksammlung, Wien.
179 Thomas Theodor Heine, Das Kriegsziel, 1916, © VG Bild-Kunst, Bonn 1999.
181 Ernst Barlach, Güstrower Ehrenmal, Bronze, 1927, WVZ Nr.: I-336, © Ernst und Hans Barlach Lizenzverwaltung, Ratzeburg.
186 Otto Dix, Drei Könige, aus den Lithographien zum Matthäus-evangelium, 1960, © VG Bild-Kunst, Bonn 1999.
189 Otto Pankok, Die Geburt, 1933, © Otto Pankok Museum, Hünxe.
191 Ernst Barlach, Der neue Tag, Lithographie, 1932, WVZ II-294, © Ernst und Hans Barlach Lizenzverwaltung, Ratzeburg.

Fotographien Münzabbildungen: Daniel Kölsche/Das Fotoarchiv. Weitere Fotomotive: Dietrich Steinwede, Bonn-Bad Godesberg, und Patmos Archiv, Düsseldorf.

Textverzeichnis:

17 Marie Luise Kaschnitz, Kein Zauberspruch, Insel Verlag, Frankfurt a.M. 1972
24 Pinchas Lapide, Aus: Helmut Gollwitzer/Pinchas Lapide, Ein Flüchtlingskind. Auslegungen zu Lukas 2. © Chr. Kaiser/Gütersloher Verlagshaus, Gütersloh. Aus: Martin Buber, Zwei Glaubensweisen. In: Gesammelte Werke I, München/Heidelberg 1962. © Gütersloher Verlagshaus, Gütersloh. Aus: Schalom Ben-Chorin, Bruder Jesus. Der Nazarener in jüdischer Sicht, © 1970 Paul List Verlag, München.
28 S. S. 24
30 S. S. 24
59 Manfred Hausmann, Jahre des Lebens. Gedichte, Neukirchener Verlag, Neukirchen-Vluyn 1974. (Um 1 Str. gekürzt)
78/79 Otto Betz, Vorwort zu Alfons Rosenberg, Engel und Dämonen. Gestaltwandel eines Urbildes, Kösel-Verlag, München 1986.
88 Jörg Zink, Was die Nacht hell macht. Weihnachten in Bildern von Rembrandt. © Verlag am Eschbach, Eschbach/Markgräflerland 1982.
108 Dagmar Nick, Dreikönigsritt, aus: Annemarie Gregor-Dellin (Hg.), Ein Licht auf Erden, München 1963. © Rimbaud Verlag, Aachen.
155 Adolf Holl, Der letzte Christ. Franz von Assisi, Stuttgart 1979, 286-289. © Autor.
178 Heladio Camacho, Mexiko, aus: Knecht-Gottes-Lieder. Lesebuch aus den christlichen Gemeinden Lateinamerikas, hg. von Klaus Körner. © 1992 BVU Buchverlag Union, München, Berlin.
180 Rudolf Otto Wiemer, aus dem Gedicht »Nachrichten aus Bethlehem«, in: Wortwechsel, Wolfgang Fietkau Verlag, Berlin.
180 Peter Huchel, aus: Sternenreuse, München 1967, © Rechtsnachfolge Peter Huchel.
182 Rudolf Hagelstange, aus dem Gedicht »Die Epiphanie des Herrn in unserer Zeit«, in: Und es geschah zur Nacht. Mein Weihnachtsbuch, © 1978 Paul List Verlag, München.
183 Rose Ausländer, Auch so etwas (Titel des zitierten Gedichts), aus: So sicher atmet nur der Tod, Pfaffenweiler Presse, 79292 Pfaffenweiler (1983/1998).
184 S. S. 24
185 Werner Reiser, Vom Engel, der nicht mitsingen wollte (Originaltitel), aus: Der Geburtstag von Adam und Eva. Neue Legenden und Parabeln, Friedrich Reinhardt Verlag, Basel 1973.
187 Julia Esquivel, aus: s. S. 178 (gekürzt).
188 Heinrich Albertz, aus: Walter Jens (Hg.), Frieden. Die Weihnachtsgeschichte in unserer Zeit, Stuttgart 1981, © Ilse Albertz, Bremen.